特殊兒童教學法

毛連塭 著

作者簡介

毛連塭

　　台灣省台南市人，民國二十七年生

學歷

　　國立台灣師大學士、美國北科大碩士、畢堡德大學博士

經歷

　　小學教師，大學教授，台東縣、高雄市及台北市教育局長，教育部國教司長，台灣省政府副秘書長，台北市立師院院長

著作

　　「盲生混合教育之理論和實際」、「盲童定向移動研究」、「視覺障礙兒童教育診斷」、「口語溝通缺陷兒童之教育」、「資優教育教學模式」、「綜合充實制資優教育」、「學習障礙兒童的成長與教育」、「資優學生課程發展」、「精熟學習法」、「生活教育與道德成長」、「資優教育－課程與教學」

現任

　　國立教育資料館館長

自序

從事特殊教育工作三十多年，一直希望看到一本綜合性的特殊兒童教學法及補救教學的方法問世，可是似乎尚在產生的過程中。過去，對於特殊兒童教學法的研究多持分類法，如創思教學法、資優兒童教材教法、視障兒童教材教法、聽障兒童教材教法、智能不足兒童教材教法，雖然有時會開設特殊兒童教學法，開課時仍然分類授課。其實，許多方法都可以跨越的，以工作分析法為例，任何特殊兒童都可以用得上，以特教數十年之經驗，深知特殊教學法與普通教學之關係，以及各種特殊兒童教學法的關聯，因此，作者決定以不分類的方式來敘寫。

本書的完成，特別感謝黃萬居教授、王美芬教授、楊坤堂教授、林建平教授、許碧勳教授、王華沛教授賜稿，更謝謝內子鄭梅合主任和陳樹勝老師的核稿，鍾主任萬梅、曾校長雪娥和蔡主任淑桂的協編。

毛連塭　謹識
民國八十八年六月

目錄

1

緒論

第一節 特殊教育的基本理念

一、特殊教育的涵義

　　所謂「特殊教育」是針對「普通教育」而言。顧名思義，普通教育乃是爲普通兒童所提供的教育，而特殊教育乃是爲特殊兒童所提供的教育。不過，二者在實際上並不那麼容易區分。關於「特殊兒童」的定義，各國稍有不同，各家看法也有差異。一般而言，所謂「特殊兒童」是指某些兒童，其在生理上、心理上及智能上異於普通兒童，在正常教育環境下無法發揮其最大潛能，必須藉助於特殊方法，才能使其有最大的發展，這些兒童稱爲特殊兒童。所以，特殊兒童的條件至少須合乎下列幾項：(1)在生理上、心理上及智能上異於普通兒童；(2)在正常環境下無法發揮其最大潛能者；(3)必須藉助於特殊方法才能有最大發展者。爲這些特殊兒童所提供的特殊教材、教法，稱爲「特殊教育」。

二、特殊教育理念的演變

㈠由養護導向而教育導向而職業導向

　　有了人類便有特殊兒童，在人權思想尚未發達的民初時期，特殊（殘障）兒童往往被拋棄而自生自滅，雖有存活者，亦多被當做嘲弄的工具，絲毫沒有受到尊重。宗教發達之後，教會開始接受這些殘障兒童，並給予養護使能勉強過活。時至今日，除宗教團體的養護外，民間機構和政府機構也開始負起養護的責任，甚至由完全養護演進給予「教養」並重，因為在教養院中仍有不少可以接受教育者，且經過教育之後仍有工作謀生之可能。

　　當負責殘障兒童養護工作的人員發現特殊兒童的教育可能性之後，乃企圖以各種方法來教導特殊兒童，其開始多由非教育專業人員擔任，如傳教士、醫師或心理學家等。心理學和教育學發達之後，人們對特殊兒童的了解日深，其教導方法也日漸發展，特殊教育專業人員逐漸增多，因此，特殊教育逐漸成為一種專業。其安置方式也逐漸由隔離的教養機構朝向住宿學校，住宿學校成為殘障兒童生活和學習的空間。二百年來，由於隔離制的缺失，特殊教育理念逐漸改變，殘障兒童逐漸走出住宿學校而與普通兒童開始接觸，首先是普通學校和住宿學校的合作，稱為合作制，特殊兒童住在住宿學校中，而部分時間到普通學校去就讀。其後，特殊兒童的才能逐漸被肯定，因而其學習空間逐漸由住宿學校轉移到普通學校。開始時，多數特殊兒童被安置在普通學校

的特殊班中，爲實現混合教育和回歸主流的理想，安置的方式更由特殊班而資源班，最後以巡迴輔導或諮詢教師的方式來協助混合於普通班就讀的學生。

特殊兒童不能一輩子受教育，他必須生活，必須就業。因此，特殊教育應以職業爲導向，特殊兒童能夠獲得工作，不論是否可以賴以維生，都是最好的復健方式。

㈡由隔離而混合

特殊教育開始之後，部分人士認爲特殊兒童的病況會傳染，或把特殊兒童視爲二等國民，但爲不負上帝慈悲之心，因而予以隔離收容，以滿足「眼不見爲淨」的心理。心理學、醫學和教育學發達之後，特殊兒童才從桎梏中被解放出來，人們才逐漸眞正了解特殊兒童，因此，將特殊兒童安置在最少限制的環境中，和正常兒童混合在一起，以收相互學習，相互協助之效。

㈢由分類走向不分類

特殊教育開始之初，多採分類的教育方式，例如盲、聾、智能不足和肢體傷殘等，各有其教學方式和專業領域。惟近年來逐漸發現特殊兒童相同處多於相異處，因此，逐漸採取不分類的方式。例如不論何種特殊兒童，都需要發展認知、語言、動作、社會和情緒行爲等。

㈣由輕度殘障教育朝向重度殘障教育

早期的貴族多屬英才教育，國民教育理念發展之後，平民式的普通教育出現，但對輕度殘障者仍認爲難於教導。因此，特殊

教育初期，能夠教導輕度殘障者已屬難能可貴。特殊教育發達之後，運用心理學、教育科學和其他專業的知能，重度障礙者的教育權利才獲得肯定。

㈤教育對象由明顯障礙者朝向不明顯的障礙者教育

　　明顯障礙的特殊兒童如盲、聾、智能不足等較容易被發現，也較易引起人們的同情心，因此，較早受到關懷照顧，因而提供安養教育。不明顯障礙者如學習障礙等不易被發現其異常現象，因此，也就較晚提供教育服務。

㈥由絕對論走向相對論

　　對於特殊兒童的看法，過去往往以殘障的有無來認定，醫學和心理學的鑑定往往是特殊兒童鑑定的唯一標準，此種絕對論的看法因社會學理念的介入而逐漸改變。易言之，所謂「特殊兒童」乃依其環境的看法而定。眾人均如此，則不特殊，若眾人皆視爲特殊則成爲「特殊」。故所謂「特殊」會因所處環境的改變而改變。例如智能不足兒童在需要抽象智能的社會中便易顯現其智能不足的現象，但在只需體力的環境中則不一定會較普通兒童差。所謂「你如何看我，我便如此看我，我如此看我，我便成了那樣的我」，便是相對論特殊教育觀的最佳描述。

㈦由殘障的有無朝向需要的有無

　　特殊兒童的最早定義，往往以殘障的有無做爲標準。近年來，特殊教育的觀念已逐漸改變，不以殘障的有無爲準據，而視特殊兒童是否需要特殊協助而定。蓋許多特殊兒童可以經由自我

努力而無需特殊協助，但是許多特殊兒童為求最大潛能發展，必須有賴特殊教育的協助，故特殊教育的提供，不以殘障的有無為標準，而以需要性的有無為依據。英國稱特殊兒童為 Children with special needs，美國許多特教師資培育機構的課程設計，也以特殊兒童的需求類別為重組課程之依據。

㈧由學齡特殊兒童教育擴展至學前特殊幼兒教育

從特殊教育發展史來看，早期特殊教育的對象係以較大的特殊兒童為主，其後由於心理學和特殊教育學研究的結果，證明早期介入對殘障兒童的發展甚有助益。尤其幼兒教育理念和方法發展之後，特殊兒童的早期介入更有可能且有效。因此，許多學前特殊幼兒教育實驗計畫逐漸開展，早期介入的年齡也越來越低。美國特殊教育法也規定特殊幼兒宜從零歲開始接受免費特殊教育。

第二節　特殊教育方法的發展

一、發展的分期

對於特殊兒童施予特殊教育，乃是近二百多年來的事。特殊

教育的方法雖然隨著教育哲學、教育心理學及教育科技發展的影響而有所改變，但是並沒有明顯的階段分期。惟從特殊兒童教學方法的演變，可以粗略分成三個階段：第一階段是特殊兒童和普通兒童完全採取相同的教學方法；第二階段是因應特殊兒童的個別差異而採取適異性的教育方法；第三階段則是教育科技的利用，提昇了教學效果。

二、普通教學法階段

由特殊教育的發展來看，特殊兒童原是被遺棄的一群，至多也是給予生存養護而已。俟專家學者發現特殊兒童仍然可以學習之後，並沒有同時研發出各種特殊的教學方法，而是和普通兒童在一起接受普通教育的方法，即使對於特殊兒童施予個別教學，仍然以一般的教學方法來施教，只是在學習媒體上有所不同而已。例如：盲生無法以視覺學習，則多用聽覺和觸覺，且多以記憶為主；聽障兒童無法以聽覺學習，則採取視覺管道，以文字和手語溝通；智能不足兒童在文字學習上多數被放棄；其他非明顯障礙之特殊兒童，則無法有效學習而被視為「不用功」的兒童。時至今日，許多國家的許多教室中仍然有許多不被特殊照顧的特殊兒童，他們和普通兒童接受同樣的教材，教師則以同樣的教法來教學，進度也和普通兒童完全一樣，不論他們是否已經學會。在此階段，有些特殊兒童固然可以學到一些東西，但常是零碎的、片斷的、粗淺的、簡單的、非學術性的。多數特殊兒童中途輟學，提早離開學校，即使留下來，也成為教室內的客人，「隨

班附讀」地完成了規定的年限而已。此時期的教師並沒有接受特
殊教育的訓練，更沒有教導特殊兒童的經驗與知能，他們只好以
教導普通兒童的方法來教導特殊兒童，即使有心想教好，也無能
為力。

三、特殊教學法階段

迨學者專家認識特殊兒童的個別差異之後，乃針對特殊兒童
的特殊需要發展不同的方法。因受醫學、哲學、教育學、心理
學、科學及方法學的影響，不同的時代有不同的方法發展。有些
沿續至今，有些蛻變成另外一種方法，有些經試用後就消失了；
有些採自普通教育，有些則應用至普通教育，有些通用於普通教
育和特殊教育的範圍，有些則只適用於特殊兒童。茲略述於後：

㈠感官訓練法

伊達(Itard)是第一位給予智能不足兒童教育的醫生，他因教
導狼兒而流芳百世。他和塞根(Seguin)都嘗試以感覺訓練來矯治智
能不足的現象，其後如蒙特梭貝和許多從事特殊教育工作者也將
感官動作訓練融入他們的方法中。時至今日，知動訓練仍然成為
智能不足兒童教育的重要課程。

㈡腦傷兒童教學法

史特勞斯(Strauss)發現腦傷兒童有一些共同特徵，如分心、
固執等，稱為史特勞斯症候，因而特別設計單純化的學習環境，

使腦傷兒童在學習時不致於分心。

㈢多重感官法

　　對於學習障礙的兒童常因學習通道的缺陷而造成學習困難，多重感官的訓練方式（又稱 VATK 法，即聽、視、觸及動覺法）對於他們甚有幫助。

㈣行為目標教學法

　　行為目標本非一種教學的方法，而是敘述教學目標的一種方式，但是，其對教學方法的影響卻是至大且鉅，不論普通教育或是特殊教育都採取行為目標來敘寫教學目標。時至今日，各種教學法幾乎和行為目標脫離不了關係。

㈤工作分析法

　　欲教給特殊兒童之概念、項目或單元若太繁雜，則不易學習。經工作分析之手續後，可以達到最簡、最易學習之細目。所以，工作分析乃是將欲教學之主要概念或大概念、大項目視為主要工作(task)，視其內涵分析成較小且完整的小概念或小項目，再將此小概念或小項目視為次要概念或次要項目，依其內涵再分析成更小的概念、項目，如此分析下去，直到最小且完整之細目為止。此為教材編造及編序教學前所必須之手續。

㈥編序教學

　　編序教學乃是將前述經工作分析之概念或項目，依難易順序由易而難、簡而繁，小而大編排教材，以利特殊兒童學習。

㈦概念分析法

特殊兒童學習抽象概念常有困難，概念分析法乃是將概念依其屬性加以分析，以爲編造教材及教學之依據。

㈧精熟學習法

針對班級中較差學生的學習個性，布魯姆(Bloom)提出精熟學習的策略，這種學習的策略，已轉化爲具體的教學步驟，成爲適合所有兒童的精熟學習法，其對學習遲緩者最有助益。

㈨工作中心的方法

此法認爲智能不足兒童雖在認知性學習上有困難，在一般作業學習上卻可以完成學習活動，例如製作桌椅、耕種農事等，課程設計可以這些工作之作業爲中心，將認知性學習如數字、語文等配合在作業中學習，效果較佳。

㈩精簡課程

此種課程設計係特殊教育發展之初，尚不知特殊兒童的學習特性，也尚未發展特殊教學方法，而將課程內容、份量、難度加以精簡，以用來教導特殊兒童，此種方式目前已很少使用。

(十一)統整生活經驗中心課程

此課程設計係以兒童生活領域爲中心來設計課程，再依兒童的發展階段，發展不同教材，目前仍甚受重視。

㈡社會學習課程

此課程以教導兒童學習適應社會生活的社會技能爲主要設計內容，數、理、語言及生活觀念均融入其中。

㈢視聽自學法

將編序教材放入視聽器材中，如錄音機、放映機等，教導兒童自行操作這些器材進行學習，必要時也可由教師操作，其作用和方式與編序教學相近。

㈣精準教學法

林詩禮(Landsley)應用行爲目標法和火箭發射原理設計了精準教學六環表，用以記錄學習結果，期兒童精準達到學習目標，以彰顯責任績效的意義。

㈤診斷一處方教學法

此方法結合了醫學、心理學和教育學的模式，由診斷開始，以確實困難或病因之所在，再依據診斷結果加以處方，以利教學。

㈥感覺統合訓練

針對感覺統合有缺陷的兒童，艾綠絲(Ayres)曾設計一套訓練方案，目前在醫療機構或學校已多有所採用，其效果也未見一致。

㈦結構化教學

　　針對特殊兒童的需要，將教學環境、時間、視覺和教材等加以結構化，以利學習而提高學習效果。

四、科技應用階段

　　科技發明對特殊兒童的教學有很大的幫助，首先是助讀、助學、助走、助聽以及助用等工具的發明，減少了特殊兒童學習上、生活上的困難。接著是科技發明直接應用在教學上，如教學機等。尤其電腦發明之後，使很多不可教的變成可教育性，「天下沒有不可教的兒童」這句話因科技的應用和輔具的創發已將實現。

2

有效能的教學
與特殊教育

第一節　有效教學的涵義

一、答對並不等於學會

當老師或父母看到自己的學生或子女的試卷答對了，都會很高興，尤其是得到滿分，老師或父母親會更高興，甚至給予相當的獎賞。可是，我們要問：「兒童答對了試題，是不是就表示他已經學會了？」答案可能是肯定的，也可能是否定的。因為兒童可能真正學會了，所以答對，如此，則答案是肯定的。除非由於無心之過的「粗心」所造成。但是也有可能兒童雖然答對了，但是並沒有真正懂，除了猜對答案之外，也可能有其他的原因，值得我們繼續追尋下去。

反之，當兒童答錯了，除了所謂的「粗心」外，是否表示他完全不懂。當然，完全不懂將無法答對題目，但是學會了一部分，也可能無法答對試題。

兒童學習某一概念，如果將此一概念分為十分，當兒童學會了八分，他還有二分沒有學會，則他對這個概念並沒有完全懂。如果試題正好是在他學會的那十分之八的概念範圍內，他就可答對，可是他並沒有完全學會；如果試題落在他尚未學會的那十分

之二的概念範圍內，他可能答錯，可是，這並不表示他完全不懂。

老師和父母親常常會說：「為什麼他（兒童或子女）最怕變化性的題目，為什麼有時候答對有時候卻答錯，為什麼最怕某一類的題目，卻不怕同概念的另一類題目。」如何去了解原因，如何決定採取何種補救措施，值得我們進一步去探討。

答對了並不等於學會了，答錯了也並不表示完全不懂。

二、「教過了」也不等於「教會了」

許多特殊教育工作者常常抱怨說：「我全心全力教導學生，幾乎盡了全力，為什麼還是學不會？」「我已經教過了，會不會是他們的事情。」對於這種說法，朱匯森先生有一句名言：「教過了不等於教會了。」許多教師為了趕進度，或不知道學生的程度，因而雖然努力教學，但是未能了解學生學習的效果，所以不知道他們是否學會了。教學工作如果只求「教過了」，而不求「教會了」，那麼，對教師和學生而言，都是在浪費時間，也就是浪費了生命。教師白白浪費了教學的時間，學生白白浪費了學習的時間，這種沒有效果的教學，可以說是無效的教學。如果吾人能將這些時間用之於輔導學生做有益的學習，且能講究方法，注意內容，則教師不僅「教過了」，而且兒童將是「學會了」，這樣才是有效的教學。

我國國民教育發達，學齡兒童就學率已高達百分之百，據推估，中等程度的學生約佔三分之二，其餘三分之一不是學得太

快，就是學得太慢，甚至於若沒有適當的方法和調整適當的內容，則完全學不會。擔任普通班教學的級任教師，若沒有個別差異和因材施教的觀念，則常常會有「教過了」，而不是「教會了」的現象。

　　對於中等生而言，固然在當今集體大班教學情況之下，課程的設計和教材的提供多以中等生為參照標的，但是，在教學過程中，難免有些學生會因某種因素而無法完全接受教學內容，教師若不能及時警覺而予以適當補救或輔導，則會有上述「教過了」而非「教會了」的現象。對於優等生而言，固然其對於一般教材能學得快學得好，但是，並不能保證一定完全學得會，尤其教師的教學方式不合學生的學習型態，或是教學的內容無法引起其興趣，甚至對其產生排斥現象時，則可能有意無意之間無法學會教學內容，也就產生了所謂的高智商低成就生了。至於智能不足兒童在普通班級中常常都是被忽略的一群，他們無法了解全部的教材，教師為顧及大多數同學的進度，往往無法照顧到班級中的每一位成員，因此，智能不足兒童常常是「學過了」，但並不是「學會了」。即使在資源班或啟智班中，教師若不能了解學生的起點行為，然後提供適當的教材，運用適當的教學方法，則難有滿意的學習效果。

　　上述情形都是針對知識科目的學習而言，其實，在藝能科目的教學或生活自理能力的訓練上也有同樣的情形。體育老師教體育，若不了解兒童動作技能的發展現況，音樂科老師若不了解學生的音樂程度，特殊班教師若不知智能不足兒童的起點行為，率而進行教學，則常常教學費時，但未能收效，也就是教師「教過了」，學生並不是「學會了」。

三、有效教學的涵義

討論「有效教學」的問題之前，我們可以先討論有關教學的性質。

教學到底是藝術還是科學？或是藝術和科學的結合？歷來學者各有主張。如果是藝術，則那些是教學藝術？教學藝術要達到的教學目標是什麼？如果教學是科學，那麼，那些是教學的科學，教學科學化要達到的教學目標又是什麼？如果教學是藝術和科學的結合，那麼，在教學過程中，那些是藝術的部分？那些是科學的部分？二者如何區分？如何融合？其欲達到的教學目標又是什麼？三者教學目標是否相同？有何異同？都是值得探討的問題。

從教學效能或有效教學的觀點來看，如果教學是藝術，則教學藝術化所欲達到的教學目標，將是教學效能所欲追尋的，如果教學是科學，則教學科學化所要達到的教學目標，將是教學效能的效標。同樣的，如果教學是藝術和科學的結合，則其所設定之教學目標，也就是教學效能所欲達到的效標。對教師而言，就是教會了，對學生而言，就是學會了。

第二節　有效教學的基本模式

　　教育的對象是兒童，教育工作乃是將兒童導向我們所期望的目標。教學活動居於教學目標和教學對象之間，教師根據課程設計，安排適當教材和教具，運用適當教法，布置適當教學情境，實施教學，並在教學過程中或對教學結果進行教學評量，以了解教學成效。所以教學是以教學目標為導向的有認知意義或有價值目的的活動。一個簡單的教學模式，至少應包括教學目標、教學對象（兒童）和教法活動三大要素，而有效的教學應在三方面妥善安排，密切配合，以發揮最大功能。

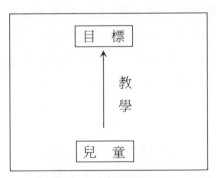

【圖2-1】教學簡示圖

一、教學目標

　　教學目標乃是教學活動的指針，沒有目標的教學，正如沒有目的地的航程一樣，失去了導引的方針，不知何去何從。針對「目標的教學」(Teaching by Objectives)乃是以教學目標爲導向和評量標準的一種教學方式。教學者先訂定教學目標，再分析教學目標並據以編寫教學單元，進而實施教學，教學目標的達成才是教學活動之結束。有了教學目標，但是不夠明確，則教學活動也無法正確地把握方向。據說，從前有一位國王，要臣子去替他選妃子，大家都不知道他要選妃的條件，又不敢問。所以第一位便選了一位身材高大的女孩，他以爲國王比較喜歡高大的妃子，結果國王很不高興，就把那位臣子處死了。第二位知道了第一位的處境，便另選了一位身材嬌小的女孩，國王還是不滿意，第二位臣子還是遭到處死的命運。第三位只好硬著頭皮再找另一型的女孩，結果都沒有成功，因爲國王並沒有明示條件，所以無人可以達到所期望的目標。教學亦然，如果教師不預先明示教學目標，則教學活動和學生的學習活動將不知何往，教師所提示的教學目標越明確，教學活動的方向越容易掌握。教學目標的敘寫方式有很多種，其中以行爲目標最能提示教師的教學目標和學生的學習目標，因此，行爲目標的敘寫，便成爲呈現教學目標的主流。

　　敘寫行爲目標，至少應符合下列五個條件：

　　1.可以觀察的。教學目標所欲達成的行爲應是可以觀察的，如果不能觀察，則很難向學生說明清楚。

2.可以評量的。教學目標的行為必須是可以評量的，才能知道教學結果是否達到預期的目標，否則只能憑主觀看法，難有客觀標準以評量教學成就。

3.所敘寫的是學生的行為而非教師的行為。

4.行為發生的情境應予敘明。

5.評量的標準宜明定。

　　例如給予十題三位數除以二位數答數為二位數的除法，學生能在五分鐘內做完，且至少做對九題。此題所敘寫的是學生的行為，該行為是可以觀察，也可以測量的，「給予十題三位數除以二位數答數為二位數的除法」是行為發生的情境，而「五分鐘內做完，且至少做對九題」是屬於期望達到的標準。教師可以依據此教學目標授予學生三位數除以二位數答數為二位數的除法，教學之後，觀察學生是否能在五分鐘內做完十題，且達到做對九題的標準。如果未達到標準，就應實施補救教學，目標明確，教學有序，師生都知道自己努力的方向，效果必然良好。當然，過度瑣碎的行為目標曾受到很多的批評，因此，部分主張以較普遍或較大範圍的行為目標來代替過細的行為目標，如學生能以基本四則運算來解應用題。此種敘寫方式允許學生採取應用、分析、綜合或評價方式等解題，而不限於知識一種。

　　一般大班教學，教師往往根據教科書的內容來訂定教學目標，由於教科書的內容往往是依年級編訂的，所以無法顧及全部學生的實際程度。教師若完全據以教學，必然會有部分學生無法接受。尤其是智能不足或學習障礙等特殊兒童，更無法學會所教的教材，教學必然沒有效果。因此，教師確定教學目標時，應該先考查學生的起點行為，從而認定可以達到的目標行為或終點行

為；教學時，又能先從低於起點行為的舊經驗教起，那麼，教學效果必能事半功倍。

教學目標有大有小，有廣有窄。小至於簡單行為目標的達成，單元教學目標往往包括數個行為目標，且儘可能涵蓋認知、技能和情意的目標，以求達到同時學習的效果。較長遠性、廣泛性或概括性的教學目標通常稱為教育目標或課程目標。教育目標可以因課程之不同而有不同的教育目標，如語言課程有語文的教育目標；數學有數學的教育目標；其他社會科、自然科或藝能科也有其特定的教育目標。不同兒童也可以有不同的教育目標，例如普通兒童的教育目標是：(1)基本知能；(2)人際關係；(3)公民責任；(4)經濟效益。智能不足兒童之教育目標除了上述目標外，特重生活自理能力之培養。而資優兒童之教育目標除仍應重視普通兒童的教育目標外，仍應培養下列能力：(1)普通核心課程；(2)高層思考能力；(3)產出能力；(4)獨立學習的能力和態度；(5)健全人格發展。

此外，不同階段的學生有其不同階段的發展任務，此發展任務也可以轉化成教育目標。假如幼兒時期有助兒童的發展任務，幼兒園的教育目標就可以根據幼兒時期的發展任務來訂定。同理，兒童時期或青少年時期也各有其不同其他時期的發展任務，國小、國中及高中（職）的教育目標便可以參考這些發展任務來訂定。

許多專家學者更從學術研究的立場提出了對於教育目標或教學目標的不同看法。例如：桑代克認為學習應涵蓋主學習、副學習和附學習三種教學目標，此三者應在教學活動中同時達成，這就是所謂的同時學習原則。布魯姆(Bloom, 1956)分別就認知、技

能和情意三部分分析其教學目標。在認知方面包括知識、理解、
應用、分析、綜合和評鑑等目標；在情意方面包括接受、反應、
價值觀、組織化、人格化等；在技能方面包括知覺、心向、模
仿、機械化、複雜反應和創造等。懷爾斯(Wiles)分析過去有關教
學研究的文獻，發現可以歸納成三種教學方式：

1. 直接教學：是一種以教師為中心的教學方式，由教師將欲教
   學之內容直接教給學生。
2. 間接教學：此種教學方式強調師生互動，在互動中完成學習
   活動。
3. 自我引導學習：此種方式係以學生為中心，教師輔導學生選
   擇主題、訂定目標、設計學習方案，在教師輔導下自行完成
   學習任務。

　　由於教學方式不同，其欲達到的教學目標也不同，而所謂有
效教學的條件也大異其趣。其次，吉爾福特(Guilford)根據思考的
內容、過程和結果三方面來分析智能的結構，發展出智能結構理
論，如方體狀，共有一百二十個細格，每一細格代表一種智能因
子，每一智能因子可以做為教學的目標。米克(Meeker)所設計的
SOI 教學模式，乃是根據這個原理所提出的。

二、教學模式

(一)醫學模式

　　主張本模式的學者認為特殊兒童的學習困難乃源自於其生理

疾病或機體缺陷。就病源學而言，神經學上的功能失常，生物學上的錯亂和遺傳學上的因素都可能是殘障的主因。所以特殊教育應與醫學密切配合，多多徵詢醫療單位的意見，尋求醫療人員的協助與支持。

本模式主張醫學診斷應先於教育介入，安置前應先實施徹底的生理、生物和神經學上的診斷，尤其大腦病理的檢查對病況的了解和治療更有其積極的意義，病因的發現有助於醫學治療和教育治療的實施。依據本模式理論所發現出來的特殊教學法有過程訓練法(process training methods)，這種方法是從生物心理學的觀點來看教學方法，尤其在感官訓練和知覺組織方面的增進，更與醫學有關。在教育安置和治療之前，應先做好醫學診斷和神經學評估的工作。

馬霍尼(Mahoney, 1980)對於醫學模式提出四點批評：
1. 並非所有學習困難都源自於生物學病因，許多環境因素可能造成兒童學習上的困難，尤其源自二者的交互作用。
2. 教師不宜將學生的學習困難都歸之於生物學病因，因而忽略了教育的責任。
3. 多數特殊兒童並不需要長期的醫療服務。
4. 依據醫學模式所發展出來的方法並不一定能有效達成教育目標。

馬氏的批評固然有其理由，但是，即使採互動說仍然不能忽視生物學的因素。易言之，醫學模式仍有其存在價值。

㈡發展模式

本模式認為生物學因素影響兒童青少年的認知和社會能力的

發展，所有兒童和青少年都經過相同的發展階段而達成熟。特殊
兒童也不例外，只是速度快慢不同而已。當然，環境因素也會影
響兒童和青少年的發展，但其影響程度不及生物學因素。贊成發
展模式的學者認為教育工作者的任務乃在發展兒童和青少年當前
的發展階段，然後以此為起點行為，依循發展階段的順序，設計
適當的教學方案，提供適當教學以協助兒童青少年發展。他們相
信，特殊兒童青少年的發展遲緩現象可透過教育的手段而改善，
當然不宜超過正常兒童和青少年的發展階段。對於無法適應普通
環境者，宜特別考慮特殊隔離的設施，給予特別的治療，才能有
助於其發展。本模式對過程訓練法、認知訓練法和後設認知訓練
法都有影響。

　　本模式重視兒童和青少年的發展階段為其優點，但較不能符
合兒童和青少年的心理需求。舉例來說，對於一位十五歲的青少
年，若其發展階段和五歲兒童相近，其教學方式應有別於五歲兒
童。教育工作者一方面應注意學生的發展狀況，一方面也應考慮
其心理需求，才能有效協助其成長。

㈢行為模式

　　本模式認為行為分析乃是特殊教育方法的基本工作，強調可
觀察的行為可透過外在環境事件的改變而加以改變，包括前因事
件和後果事件的安排以期產生可欲行為，消滅不可欲行為。身心
障礙兒童或學習困難兒童常有一些不當的行為方式，教師應針對
此不當行為，操弄其前因事件和後果事件，使其消除不當行為，
進而培養可欲行為。

　　本模式影響特殊教育方法至鉅，如應用行為分析法、精準教

學法、精熟學習法、直接教學法和電腦輔助教學等。這些方法當中，或強調前因刺激的控制，或強調增強方式的安排，或強調系統的分析與記錄，或強調系統化的編序學習，都是特殊兒童教學中經常採用的方法。

行為模式所受到的質疑和批評是太機械化，缺乏人性化。尤其認知學派認為行為的改變並不一定產生訊息處理的效果，對於認知和語言的學習有其限制。其實，行為模式運用刺激控制和增強安排所產生的行為改變的效果是相當顯著的。

㈣認知模式

認知模式所強調的和行為模式正好相對，強調內在心理思考過程而非外在反應和可觀察之行為。本模式認為人類不是被動地對環境產生反應，而是主動地去理解環境的意義，所以特別重視大腦的訊息處理功能以了解訊息的涵義。經常研究的主題如注意、知覺、記憶、概念化、理解、推理、問題解決和做決定等。他們認為學習乃是學習者認知功能的改變，而學習困難者常有認知功能上的缺陷。

認知模式對特殊教育的方法也有相當的影響，例如認知和統合認知訓練法所強調的思考訓練，過程訓練法所強調的感官訓練都受其影響，惟重在認知領域而非生物領域。

認知模式也受到不少批評。有人認為認知訓練並不能適合所有行為，尤其對於發展遲緩者就不可有過高的期望。不過一般而言，認知缺陷和學業成績的確有相當的關係存在，故本模式仍有其實用上的價值。

㈤人文模式

　　人文學派的理論主張人類都有自我實現的傾向。所以本模式認爲教育的目的乃在教導學生對自己學習活動的決定負起更大的責任，而成爲一位自我引導和獨立的個體。教師的職責乃在布置適當的環境以激發學生自我實現的傾向，使學生樂於學習、成長，勇於找尋、精熟和創造，重視學生需求的滿足。在教育上，情意目標重於學業目標，他們認爲有健全的社會和情意發展，才能有良好的學業表現。所以兒童和青少年的社會和情緒發展最爲重要，然而卻常被忽視，爲使學生有良好的適應，必須重視其需求和自我的因素。學生功課不好，常起因於社會適應的問題，學生的過動，常因班級缺乏興趣所致，所以對於學習困難兒童應重視其社會技能的學習、動機的激發和人際關係的改善，因而提倡合作學習法。

　　對於人文模式的批評是：諮商或小型團體輔導對特殊兒童行爲的改變效果不大。不過，強調特殊學生的社會和情意發展卻是其他模式所沒有的。

㈥生態模式

　　本模式認爲學生行爲乃是個人與環境互動的結果。任何人都生活在其生態系統中，隨時產生互動作用，必須能夠圓滿和諧，學生才能有良好的適應，否則就會造成學習上、生活上和情緒上的問題。教育工作者應一方面分析個體，一方面分析環境，更應該分析此生態系統的互動情形，教育的目的乃在維持或恢復生態系統的平衡，其方法是改變兒童以適應環境或改變環境的要求以

符合學生的能力。因此，生態系統中的家長、兄弟姊妹、教師、同伴等以及其他社區成員，都應參與特殊學生的教育計畫，使與專業人員攜手合作，尤其著重其工作關係。

本模式常受到的批評是：

1. 採取社會學的理念，不夠具體。

2. 討論很多「互動」和「環境」問題太理想化無法落實。

3. 不適用於基本學業方面。

實際上，本模式提倡教師超越教育範圍，從更寬廣的社會生態角色來處理學生問題，有時將更有效。

㈦連續性的特殊教育模式

學習到底是刺激反應的聯結呢？還是以認知場地理論為基礎呢？這個問題已爭論多年而不得其解。蓋聶(Gagné, 1965)在其名著〈學習的條件〉(The Conditions of Learning)一書中特別加以剖析，他認為根據某種實驗結果而推論一種涵蓋全部學習理論的作法值得商榷，他特別提出「學習階層」的理論，以說明各種教學方法的運用性。茲說明他所主張的八種學習階層如下：

1. 訊號學習(Signal Learning)

這是最簡單最基本的學習，此種方式的學習可以巴夫洛夫(Pavlov)的實驗說明之。他以鈴聲來引發狗的唾液反射，當鈴聲信號一響，狗的唾液反射便產生。此種包括不隨意反應的學習活動，實際上是一種反射動作，並非真正的學習。

2. 刺激反應學習(S-R Learning)

這種方式的學習可以斯肯納(Skinner)的操作制約實驗說明之。鴿子啄盤子而食物落下，因而獲得食物。此種學習，已含有

隨意動作在內，不同於前述的符號學習。

3.連鎖學習(Chaining Learning)

這種方式的學習係以柯勒(Köhler)的實驗為代表。柯氏實驗猩猩以木棍取香蕉說明各種刺激反應的連鎖活動，即 S-R-S-R-S-R ……。

4.語言聯結的學習(Verbal Association)

兒童利用連鎖學習的方法將語言和其所代表的實體加以聯結。如把「杯子」和「杯」的音加以聯結，又和「杯」字加以聯結，此為語言之始。

5.多重區別學習(Multiple Discrimination)

兒童學習對不同的聲音或實物作不同的、選擇性的適當反應。如兒童學會「ㄐ」可以代表不同的意義如「雞」、「機」……等，又對「雞」也學會知道各種不同的「雞」等。

6.概念學習(Concept Learning)

兒童學會以某一名稱來代表具有同一屬性的事物。也就是學習這一組屬性事物的概念。如顏色、形狀、大小等。

7.原理原則學習(Principle Learning)

兒童學會將各種概念加以結合而形成原理原則。例如將圓和滾動的概念加以結合而形成圓形物體會滾動的原則。

8.問題解決的學習(Problem-Solving Learning)

兒童學會結合原理原則並應用以解決實際問題。例如：兒童知道圓球會滾動，則為避免滾動，將球置於不會滾動之處。

蓋氏認為學習有上述的階段，後一階層的學習乃植基於上一階層的完全學習。易言之，前一階層的學習能力尚未發展，則後一階層的學習活動將會有困難。

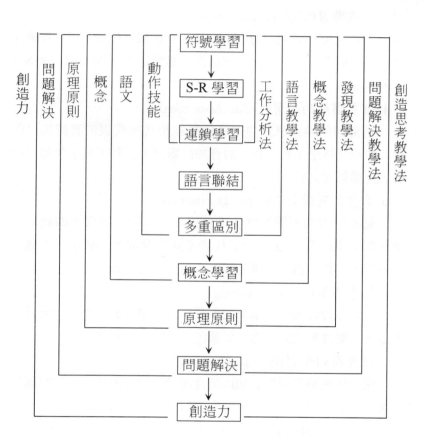

【圖 2-2】學習階層和各種能力、教學方法之關係

　　由學習階層理論來看，概念教學更居於整個教學階層的中間地位。要做好概念教學，必須先做語言聯結的學習，而語言聯結的學習又植基於多種區別、連鎖和 S-R 等學習活動之上。學好了概念，原理原則的學習和問題解決的學習才能切實有效。

　　上述學習階層的每一階層各有其功能。例如動作技能的學習則以第三階層以前的學習活動為主；簡單的語文學習則以第五階層以前為主要學習方法；概念學習則以第六階層以前的學習為主；同樣地，原理原則的學習和問題解決的學習則依序以第七和第八階層以前的學習活動為主。

　　除了上述的學習階層外，尚有培養創造力的活動未包括在內。因此，創造思考教學的提倡有其必要。

　　各階層有其培養能力之需要，而為培養各種能力也有其不同的方法。例如編序教學適用於連鎖學習和部分的語言聯結和多重區別的學習；語言聯結的教學法則適用於語言的獲得；概念分析教學法則適用於概念的學習；發現教學法則對原理原則的學習有其效用；問題解決法可以教導學生學習解決問題的技能；創造思考教學則可以培養學生創造思考的能力。

　　總之，特殊教育的教學目標是多重的，在不同階段對不同兒童宜訂定不同的適當目標，才能有助於教學活動的進行。

三、教學對象

　　教育的對象是人，不同的人有不同的能力和需求，因此，必須設計不同的教育方式，例如社會教育乃為成人的需要所設計

的,而學校教育乃是為學生發展上的需要所規畫的,學校教育中的特殊教育更是為特殊兒童的需要所安排的。本書的教學對象係以在學的學生為限。

　　每個人都有其個別差異,正如不同的原料一樣,為使不同的原料變成不同功用的成品,因而有不同的工廠設計不同的製造過程,才能製造成理想的成品。在製造過程中,製造者往往希望以最短的時間,最少的消耗,而能製造出最高品質的物品。教學工作亦然,教學者將視學生的個別差異,設計不同的教材和教學方案,希望以最經濟有效的方法,教導出最高品質的學生,就效能、效率和效果言都是一致的,尤其在品質管制的理念上,更有待教育工作者去建立,但是,如果進一步去探討,仍會發現學校教學和工廠製造有許多不同之處。在工廠,相同的原料經過相同模子的加工後其成品相同,不同的原料經過相同模子的加工後,其成品在外表上也是相同的;教育工作則否,能力相同的兒童經過同一學校教師的教學後,其發展並不一定相同,能力不等的兒童經過同一學校教師的教學後,必然會有不同的結果,尤其不同能力的兒童經過不同方式的教學後其發展也各不相同。其重點乃在如何適應其個別差異以發展其最大潛能。正如一位雕刻家在雕塑之前,必先仔細檢視每一塊玉石、木頭或泥土,然後根據其特質加以雕琢,才能把該素材的特性充分表現出來。不過,教師從事教育工作和雕塑家從事雕塑工作仍然不同,雕塑的對象是物,可以任由雕塑家來改變,而教育的對象是兒童,兒童是有生命的,他有他的理想、抱負、能力和需要,教師固然可以教育他、影響他,甚至塑造他,但是,仍然無法使學生完全根據教師的方式來發展。甚至於可能抗拒教師的教學方式,而自我尋找一種適

合他自己的方式。

　　就某些方面來說，兒童都是一樣的，他們都有愛與被愛的需求，也都渴望被讚賞，希望有朋友，都有一般衣食住行育樂等基本需求。但是，就另一方面來說，每位兒童都有其不同之處。根據統計學的原理來看，約有三分之二中等程度的兒童屬於普通兒童，其能力雖然較爲相近，但是，也各有其獨特的個別差異。身高體重等生理特徵各有不同，能力、性格和許多心理特質也有相當的差異性存在，所以，仍然是異質性高於同質性的團體。異於普通兒童者稱爲特殊兒童。根據我們特殊教育法的規定可分爲下列幾類：智能障礙、視覺障礙、聽覺障礙、語言障礙、肢體障礙、身體病弱、嚴重情緒障礙、學習障礙、多重障礙、自閉症、發展遲緩及其他顯著障礙等。

四、教學活動

　　教學活動乃是教師依據課程安排，針對教學目標，將教材授予學生。爲使教學有效，教師往往藉由教具或各種教學媒體，並活用各種教學方法，善用各種教學資源，利用各種教學空間，使學生順利接受教學，而正確達到教學目標。

(一)教師

　　教師是教學活動的策畫者、執行者和評量者，關係於教學的成敗至鉅，所以說「有怎樣的老師就有怎樣的學生」。教師策畫教學活動時，應注意下列幾點：

1. 先了解兒童能力水準，才能訂定適當的教學目標。尤其應體認兒童的個別差異，例如智能不足兒童在許多方面不同於資優兒童，視障兒童和聽障兒童也有其相異之處。即使普通兒童之間仍然存在著相當的差異性，能了解兒童之間的異同，才能提供適當的教材。

2. 了解教學目標，教學活動才能正確。

3. 知道有那些教學資源可以利用，包括人力資源、物力資源及財力資源等。妥善規畫教學資源不僅可以避免浪費，而且可以有效助長教學效果。

4. 妥善分配教學時間與空間。「教學需要時間，但不浪費時間。」教學活動不能速成，少數教師或父母看到兒童不會答便替他做答，而不能耐心地教導，給予時間讓他去操弄、嘗試、思考。兒童學習是需要時間，透過一定的學習過程，才能真正學得或學會。因此，必須妥善規畫時間分配，安排適宜的教學進程，提供適合程度的教材，否則是教過了卻沒學會，便是浪費時間。在教學空間的利用，也應事先加以安排。所謂「工欲善其事，必先利其器」應包括教學資源和教學空間，適當的教學空間當有助於教學活動的進行和教學效果的增進。例如在音樂教室上音樂，在自然科教室上自然，總比在普通教室上音樂、自然來得好。安排教師教學活動，應包括活動前的準備，活動環境的布置，活動進程的安排，教材的提供方式，教學時間的把握，教學氣氛的激發，良好的師生互動，學習情形的立即監控與回饋，和教學結果之評量等，都應先加以規畫。以教學評量之規則為例，如教學評量的效標何在？教學評量之工具為何？評量的方式、時機及

預期效益等都應事先加以策畫。

　　教師執行教學活動時應儘可能依據所規畫的教學方案（俗稱教案），當然，不是一成不變的，因為教學活動是動態的，在教學中常常會有預料之外的事情發生，教師必須具備應變的能力，隨時根據實際情況，決定採取何種對策，才能保證教學活動之順利進行。

　　教師評量教學活動應以自己評量較為適當，不一定要藉助於外人。必要時，可以採取師生互評的策略，所謂師生互評並不是由學生來評量老師，而是教師自己藉內省來評量自己執行教學活動的成效；同時，從學生的反應、回饋和學習成果中來評量教學效果。許多教師往往以學習成績的優劣做為學生努力的指標，作為督促學生用功的依據，而忽視藉學生的學習成果來檢討自己的教學情形，以為改進教學之依據。學生的成就表現可以說是教師教學成效的最佳試金石，不一定要學生正式地來評量老師，但是可以透過學習過程的觀察，學習成績的表現，和非正式的師生溝通晤談，得到相當珍貴的訊息，教師者能善加利用，便可以達到教學評量的目的。

(二)教案

　　教案乃是教學活動的規畫書，也是教學活動的指引方案，目前大多稱為教學活動設計。教案應載明單元名稱或主題、教學者、學生程度分析、教學目標和教學重點、教學資源之取得與安排、教學方法之運用、教材之編選、教學進程之安排、教學時間之分配、教學空間之利用、師生互動之預期，及教學評量之方式等。

教案之敘寫有詳有簡，詳案應包括上述所有項目，簡案則可視需要由教師增減之。有經驗的教師往往以更簡單的方式列出教學備忘錄，教學時憑藉經驗和知能，仍能運用自如。

教案由教學者自行編寫，但採協同教學或小組教學者往往由小組成員共商編寫之。在特殊教育方案，更歡迎家長參與編寫，例如：個別化教學方案的編寫往往邀請家長參與，使家長可以了解兒童的程度及進步情形，更可以讓父母親在家協助教學，以增長教學成果，具有延續和增強保留的效果。

㈢教學資源

教學資源包括有助於教學目標之達成的一切人力、物力和能力資源。廣義的教學資源可以包括教材在內，狹義的教學資源則否。人力教學資源除級任教師外，學校中任何教職員工、社區中的相關人士及家長等，凡是具有與教學單元有關之智能者都可以妥加利用；例如：某工友善於棋奕，則在分組活動中不妨聘爲棋奕組的指導老師；社區中的醫生也往往是健康教育的最佳資源人物。家長中也不乏專才者，如能善加利用，當有助於教學活動之進行和教學目標之達成。物力資源包括一切學校內外可資利用的教材、教具和教學環境等；除教科書外，教學參考資料、教學輔助器材、視聽媒體、社區設施和家庭資源等都有助於教學，尤其電腦科技越發達之後，電腦在教學上的應用將更普遍。至於財力資源在教學活動中並非必備條件，如人力和物力資源已足夠進行教學任務，則對該項教學而言並不需要財力資源；但是，就整體教學而言，人力資源和物力資源的獲得，往往有賴財力的支援，所以，教師設計教學方案時，如能了解可用之財力資源，則在考

慮人力和物力資源時，便可做適當的調配，例如：要邀請名人前來演講，但限於經費無著落，不得不改用其他方式，以運用其他人力或物力資源，像是可以邀請學有專精之家長，或改用影片放映方式，以達到同等的教學目的。

　　吉爾福特(Guilford)的智力結構模式，在思考的內容方面，提出了圖形、符號、語意和行為四類，此四者可以做為選取教學資源的參考依據。圖形的教學資源包括一切實物、實體、模型、照片、繪圖和足以代表實物的任何形式；符號包括數字、音符、聲音及視覺記號等；語意的教學資源包括各種語言文字之材料；行為的教學資源則涵蓋各種社會行為、生活形式和表演動作等各種方式。有些教學資源可以直接用來做為教材本身，有些則可以用做教學媒體以利教材之呈現，有些更可以用做教具以增進學生對於教材的學習。

㈣教學時間

　　一個教學活動往往預定有教學時間，有些則採取比較彈性的時間分配。普通教育往往採常模基準的教學策略(norm- referenced instruction)，故比較多採取前者，而特殊教育，尤其是中重度智能不足兒童教育或多重障礙兒童教育則多採取效標基準的教學策略(creterion referenced instruction)，此種教學策略往往以精熟為準，所以難以預定教學時間。不論預定或不預定教學時間，妥善地分配並運用時間乃是教學成功的重要因素之一。在整個教學活動中，為有效進行教學，往往依教學需要區分成若干階段。然後再依教學需要分配若干教學時間，便於教師掌握教學進度，而免於浪費教學時間。不論是普通教育或特殊教育，教師應儘可能掌

握教學時間，但是，決不可以為趕進度、趕時間，而不論學生是否學會，只求依時完成教學活動。因此，教師對於教學階段的區分、教學進度的掌握和教學時間的分配，應以學生學習成果為依歸。

教學時間的分配應力求合理，同一階段教學活動不宜過長，以免學生產生疲乏。通常年幼者較短，年長者較長；程度高者較長，程度低者宜短；資優者較智能不足者為短；視、聽障礙兒童較普通兒童為長；操作者可長，講授者宜短；有興趣者宜長，無興趣者宜短；需精熟者宜長，略讀者宜短；環境舒適者可以較長，環境不舒適者宜短；壓力大的學習宜短，放鬆的學習活動可以較長；導入活動和結束活動宜較發展活動和探究活動為短；治療活動則視治療工作之性質和方法而決定其所需之時間。一般而言，開始時宜較短，以後逐漸增加難度及時間。

教學時，有些採定時制，每節約三十至五十分不等，在此三十至五十分鐘內，可以安排一種教學活動，也可以安排數種教學活動，完全依據教學需要而定。也有些採不定時制，在整個上午或下午的教學時間裡，由教師依教學需要、活動狀況、學生反應等因素自行決定教學時間或變換教學活動。特殊教育的教學活動，往往採取個別化的教學策略，為適應學生的個別差異，較適合採用彈性的教學時間分配方式。惟教師宜掌握整個教學情境，才能有效運用時間。教育行政人員宜儘量尊重教師的教育專業權，允許其活用教學時間。

(五)教學空間

特定的教學空間往往為滿足特定的教學目的而設。因此，教

學活動應儘可能依據教學目的在特定的教學空間來設施。例如普通教室是爲進行一般教學之用，許多特殊科目如音樂、美勞、自然科學等都有其特殊的教材或教具，因此，需要特設的專科教室。此外，對於特殊兒童，更需要有適合其特殊需要的教學空間。例如智能不足兒童需要生活訓練室，行爲異常者需要行爲矯正室，學障者需要感覺統合訓練室，視障者需要視障教育資源教室（包括錄音、點字等設備），聽障者需要聽力檢查和訓練室，語言障礙兒童需要語言治療室，資優者需要創造思考訓練室等。當然，這些教學空間並非一成不變的，而是可以活用調整的，甚至因教室空間的不足常常必須考慮多種用途。

　　教學空間必須考慮兒童使用上和通行上的方便。因此，無障礙環境的理念應爲教學空間設計的重要原則。爲便於特殊教育教學活動的進行，那些可能導致特殊兒童學習障礙的環境因素和心理因素都應加以排除，才能實現教育機會均等的理想。

　　教學空間的理念隨著教學活動的需要已逐漸擴大。教學空間已不只限於學校或機構內部，凡是足以助長教學活動的校內外設施，都可以視同有效的教學空間。例如庇護工廠可以做爲特殊兒童學習職業技能的重要場所，社區青少年服務中心及心理醫學中心可以爲行爲異常者提供諮詢服務，社區博物館、圖書館及科學館等都是資優者良好的校外學習空間，甚至於超級市場都可以做爲智能不足者的學習場所。米克(Meeker)強調學習環境的高移動性，正說明有效利用校內外教學空間的益處。

　　教學環境的布置乃是教學空間有效利用的重要措施。有教學空間而無布置，則如同普通教室一樣，無法發揮其特異功能。教學環境的布置應針對教學的需要，以方便教師及學生使用爲主要

原則。因此，除固定必要者外，教室空間的布置宜依教學需要而更換，不可一成不變，只爲裝飾或展覽而已。爲提高教學效果，空間布置的教材、內容、方式、色彩、費用、光線、通風和實用等都必須加以考慮。

㈥教學方法

　　特殊兒童也是兒童，他也和普通兒童一樣需要接受普通教育中的普通課程，成爲健全國民。因此，普通教育所採用的教學方法大多適用於特殊兒童教育，其教學原則也多可適於特殊教育之用。惟針對特殊兒童的特殊需要，仍宜針對教學目標，依據特殊兒童特性，採取一些較適合特殊兒童的特殊方法，才能達到有效教學的目的。

1.工作分析與編序教學

　　兒童學習基本動作技能或其他基本能力，可以透過工作分析法，對動作技能或基本能力加以分析，再運用編序教學的方法來實施，較爲有效。

2.語言聯結與語言教學

　　兒童學習語言往往透過語言聯結的過程而習得，故可採語言聯結的方法實施語言教學。

3.概念分析與教學

　　許多特殊兒童在概念學習上有困難，可透過概念分析的方法來分析概念，並據以實施概念教學，包括教學觀念的概念教學及策略教學等。

4.原理原則和發現法

　　對於原理原則的學習可採發現式教學法。

5.解決問題和問題解決法

教導兒童以問題解決法來解決問題。

6.創造力的培養和創造思考教學

阮汝理(Renzulli)認為創造力是資優兒童的條件之一，宜以創造思考教學培養兒童創造力。

7.個別差異和個別化教學

特殊兒童教育需要個別化的教學方法，以適應其個別差異的需要。

8.情緒發展與情意教育

特殊兒童常易產生情緒障礙現象，宜加強情意教育。

9.獨立學習和自我引導法

資優兒童需要培養獨立學習的能力和精神，因此，崔分格(Trefflinger)的自我引導法可以適用。

針對不同教學目標和重點，依據不同特殊兒童的需要，採取適當教學方法，教學活動才能進行得適性而有效。

第三節 特殊教育有效教學的類型

一、直接教學

所謂直接教學(direct instruction)乃是教師針對教學工作(task)直接進行教學的方式。例如教兒童二位數乘二位數的乘法,教師列出明確的教學目標和教學步驟,以面對面的方式講解、告訴、示範、演示等教學技巧,分析簡單易行的步驟直接教導學生。

㈠羅史直接教學法

直接教學發展至今已有許多型態。羅氏和史帝文士(Stevens, 1986)根據多年研究結果提出了下列教學綱要供參考:

1.每日檢查家庭作業

建議教師每日上課前先檢查上一節課或前一天的作業,並檢討過去的相關學習經驗。

2.教學

教師先簡單說明教學目標及教材大要,然後一步一步以學生能夠了解的速度進行教學,在教學過程中,教師宜多做示範、講解、演練,並隨時檢查學生是否真正理解。

3.指導練習

教學之後，學生應在教師指導下進行練習。教師必須隨時觀察、評估、矯正學生的反應，直到正確率至少 80 ％爲止。

4.回饋校正

在指導練習中，教師應隨時給予學生正誤反應的回饋，例如「這樣很對，非常好」。對於不正確的反應可以逐漸引導改正，必要時可以重新教學或小部分重教。

5.個別獨立練習

學生在指導練習中達到 80 ％的正確度後，可以給予獨立練習，使學生可以經過練習而達 95 ％的正確度。

6.週評或月評

每週及每月對已學習的教材應加以檢驗，使能繼續保留學習成果。

上述方法的特色如下：

1.教學目標及重點均很明確

包括敍明教學目標，一次教一個重點，避免遺忘、避免矛盾等。

2.教學步驟化

包括教材的細步分析，且加以編序，清楚示範、提示綱要等。

3.方法具體化

包括具體示範、分析說明、提供實例等。

4.檢驗理解

包括逐步檢驗，必須前一部分了解才進入下一部分；鼓勵學生提問題及重點，必要時重新學習。

㈡奧立岡教學方案

　　此方案是依據行為學派的理論所發展出來的，最初的方案是由 Becker、Carnine 和 Engelmann 所設計，稱為 DISTAR，包括語文和數學。其要點為：

　*1.*教材分細部教學。

　*2.*各細部均應熟練。

　*3.*各細部均有矯正策略。

　*4.*教師引導逐漸減少，學生非指導學習逐漸增加。

　*5.*安排充分練習。

　*6.*持續檢討。

　　其後 Englemann 和 Carnine (1982)經過多年研究提出修正方案。強調：

　*1.*行為分析：教師觀察學生外顯行為並加以記錄、分析，然後選擇待改正之行為。

　*2.*知識系統之分析：分析教材之類別以利教法之選擇。

　*3.*溝通分析：分析有效教學之方式，不只分析「教什麼」，更重視「如何教」之分析。

　　這種方案曾廣泛用於班級教學中，下列程序係取自 Stonitschek、Stowitgchek、Hendrickson 和 Day (1984)。

　第一步：決定教學目標（教什麼）

　*1.*先選定優先項目。

　*2.*確定目標。

　*3.*分析目標：進行工作分析，決定最終目標和各階段目標。

　第二步：決定測量成果之工具

1. 確定測量之目的。

2. 選擇適當工具：開始時以快速篩檢為宜。

3. 選擇檢驗或評量方案之方式或工具。

　第三步：決定激勵方式

1. 確定可能較佳的增強物

2. 選用增強物：先用具體增強物，再用次級或社會增強物。

3. 應用增強物：選用何種增強方式，必要時有那些替代增強物。

　第四步：確定教學方式

1. 排定教學順序：何者宜先教。例如先教預備技能，再教必備技能，再教相關技能，由易而難，由簡而繁，用處多的先於用處少的。相矛盾的複雜技能最好不要同時教。

2. 選擇教學範例：適當範例和非範例都有用處。

3. 發展學習策略。

4. 發展教學方法：包括過程、方法等。

　第五步：教學

1. 採小組教學：每小組五至十人。

2. 示範。

3. 發問：以診斷學生是否了解。

4. 要求口頭回答。

5. 善用暗示訊號。

6. 適當速度：太慢反而對學生不利。

7. 要求練習。

8. 監控：在學生學習過程中教師宜加以監控。

9. 診斷與校正。

㈢檢討

　　許多研究證實直接教學的適用性如下：

*1.*對有學習困難或殘障兒童較適用。

*2.*低年級較高年級適用。

*3.*對外控學生比對內控學生適用。

*4.*內容科目較概念科目適用。

*5.*語文基本技能較語文理解爲佳；數學計算較數學解題爲佳。

*6.*認知能力的提昇對情意領域具有提昇的作用。

*7.*如繼續實施，有持續性的效果。

二、示範和觀察學習

　　兒童在學習過程中，固然許多行爲可以靠後果安排和行爲塑成的方式來學習，但是更多複雜的社會行爲和技能常常須藉助於觀察楷模的示範來進行學習。社會學習論的學者主張兒童透過觀察、模仿和社會互動，學會了人際技能和社會行爲。

　　班都拉(Bandura, 1986)提出了社會學習論和社會認知論的主張，前者強調楷模學習的重要，後者重視認知、行爲和環境的互動關係。因強調楷模學習，所以重視楷模的提供和觀察模仿的重要；由於重視互動關係，所以特別注意符號化、預測力、觀察力、自治力及自省力等。

㈠示範教學

1.方法

示範是觀察學習的重要方法之一。教學者將欲教給學生的行為或技能演示給學生看，學生先觀察楷模的演示然後透過認知加以模仿。其過程主要分成兩階段：(1)獲得楷模所演示的行為或技能；(2)將所習得之行為或技能表現出來。如併用增強原理效果更佳。

2.過程

上述兩階段的示範教學，可以細分為下列四個過程，這是觀察學習所必須的。

(1)注意的過程

學生首先要能注意楷模的行為或技能。對所有的刺激與線索能有所選擇，注意該注意的要點，放棄不必要的刺激。一般而言，越有地位，越有權威，越有能力者越能引起學生的注意，刺激越強，越有興趣者也越能引起注意。

(2)保留過程

對注意到的或學得的行為或技能，透過符號化的過程在長期記憶中加以保留。

在觀察過程中，如能當場練習，對保留很有幫助，若能加以認知上的思考和練習，更有助於保留。透過心理練習，即使不當場練習，經過一段時間之後或沒有示範的情況下，仍可表現所習得的行為或技能。

(3)產出過程

將記憶中所保存的符號化行為或技能轉化為行動的過程，其

正確性端視其內在概念、外在回饋和自我矯正的有無而定。

(4)動機過程

社會學習論和社會認知論都認為習得和表現並不一定有必然關係，易言之，兒童習得的行為或技能，並不一定就會表現出來，除非有強烈的誘因，才能引發其表現的動機，也才能有所表現。

3.效果

示範教學主要有三大效果：

(1)觀察學習的效果

兒童原來不會的行為或技能，透過觀察他人的演示而學會了。

(2)抑制或失控效果

兒童原已學會某種行為或技能，因受某種因素的抑制而不能表現。此時，示範可以解除抑制因素而敢於表現。例如：某童見到他童虐待動物而被朋友視為英雄，則以後有機會也會虐待動物；若見到他童因虐待動物而受責，則以後就不敢虐待動物了。

(3)反應助長效果

欲增加兒童已習得的行為，在無抑制的情形下，教師的示範即可引起學生表現習得的行為或技能。例如某生表現良好時，老師只需提醒一下，學生就會拍掌鼓勵。

示範教學能否有效，端視兒童能否模仿而定。兒童首先要能模仿反應，再能模仿示範行為或技能，最後才能加以類化。Browder、Schoen 和 Lentz (1986-1987)認為示範教學可分成三階段：

(1)獲得階段

示範教學的第一階段是示範行為或技能的獲得，其要領是先做反應模仿，行為控制的許多方法如增強、提示、減弱等都可應用，如果兒童已具有某種動作反應，則可先從這裡開始。例如兒童已先學會拍手，則可先從拍手開始，然後逐步進行示範模仿，如果兒童尚不能透過口頭示範而獲得，則教師可做肢體示範，像是握住兒童的雙手拍手；兒童會拍之後，教師只握住兒童的手並舉手，讓兒童自己拍手，最後不必教師握其手，只要口頭提示便能自行舉手拍手。

(2)熟練階段

兒童學會模仿反應之後，可以同樣方式模仿示範動作，如有困難可加上肢體提示，直到會表現模仿的動作之後，肢體提示可逐漸減少，並經多次練習而達熟練階段。

(3)類化階段

示範教學的最終目的就是要兒童能夠在沒有楷模示範的情況下，也能在適當時機和場合表現適當行為。其要領是逐漸改變增強物與方式，且在不同情境、不同時機進行各種示範教學。最後達到完全類化的程度。例如：教兒童敬禮，先由教師示範，兒童模仿敬禮；首先在教室內實施，然後可在校內、校外實施，甚至可在家中由父母示範之，最後在不同場合、時機也能敬禮。當然對中重度智障者而言，模仿的類化是非常困難的事情。

4.類別

(1)先前示範

兒童學習新的動作之前，教師先做正確的示範，稱為先前示範(antecedent modeling)。其步驟為：

①教師提供正確示範。

②要求學生模仿反應。

③學生正確表現。

④教師給予獎勵。

　　教師如能善用行爲控制原理，引起學生注意，先前示範成效將會更大。

(2)矯正示範

　　當兒童有錯誤表現時，教師可以給予正確示範，要求學生模仿，如模仿正確，則給予獎勵。此種示範教學不宜用以教兒童新的行爲或技能，最好用在複習先前學過的動作，如發現有錯誤，則可採用此法。

(3)部分示範

　　兒童在學習新技能過程中，或教師在爲兒童複習舊技能時，如發現兒童尚有錯誤，可採取部分示範法，而讓兒童自行完成整個示範動作，開始的部分示範宜越少越好，若仍有困難可逐漸減少示範部分，俟學會再逐漸增加。

(二)有效示範教學的原則

　　對於中重度身心障礙兒童而言，示範教學是一種很有效的方法。但是要想有效實施示範教學，宜注意下列原則：

1. 教師演示示範動作或行爲時，學生必須注意觀察該示範動作。如學生未能集中注意，可用各種增強或誘因或其他獎勵方式使其集中注意。

2. 強調示範重點：教師示範教學時，學生常常不知道注意那些部分，也就無法有效模仿，教師宜特別提示需要兒童模仿的

地方，使兒童知道模仿的重點，以利模仿。一次模仿的重點不宜過多，最好是一次一重點，學會之後再提示下一重點，如有順序性則需加以考慮。

3. 示範動作宜短，示範之後立刻模仿，如果太長，兒童將無法連貫起來。如果欲示範之動作較多且較複雜，則分段進行為宜。

4. 儘量減少錯誤：教師的示範應儘量減少干擾，示範動作宜緩慢精確，如動作太複雜，則可細分小段，分段示範。

5. 應使學生了解示範行為或技能的涵義、目的和各要素間的關係。

6. 重複必要的練習使達熟練程度，有時也可重複示範動作，然後才讓兒童模仿以減少錯誤，必要時可提供肢體線索。

7. 示範教學宜富變化，有助於類化。

8. 及時提供適當練習。

9. 提供適當誘因。

10. 適當地運用減弱的策略，不要讓兒童完全依賴示範。在示範教學過程中可逐漸減少步驟，或減少肢體協助，或減少協助時間。

㈢社會技能訓練的示範教學

所謂社會技能至少包括：(1)人際行為（如會談、合作、順從等行為）；(2)自我關聯行為（如情感表達、道德行為、積極自我概念等）；(3)工作關聯行為（如注意、完成工作、聽從指示和獨立工作等行為）。

中重度身心障礙兒童常拙於社會技能，致難於有良好的社會

互動，所以社會技能訓練對特殊兒童至為必要，而示範教學是常用的有效方法。除真人示範外，常可藉助於影帶、影片等，不過，若能和其他方法合用，且能變化內容、場地、時間、方法，對轉化較有助益。

1.結構式的學習治療

此方法係由 Goldstein (1973)所設計。主要包括四要素：

(1)示範教學

可利用錄影帶實施示範教學，將欲示範之社會技能及情境加以錄影。兒童可以一再重複觀看成功的社會技能之情形，影帶中最好有旁白或有人加以說明。

(2)角色扮演

示範教學之後，教師可透過小組討論讓兒童說出有關情境及社會技能之適當性。然後要求學生扮演影帶中的不同角色，運用不同社會技能，教師可以從旁指導。

(3)回饋

學生角色扮演之後，教師及其他同學可對其表現給予回饋，必要時可讓兒童再表演一次。

(4)遷移

教導學生將習得的社會技能遷移到日常生活中。下列幾點有助於社會技能的遷移：

①使了解社會技能和情境之間的關係及其適用之原理。

②過度學習。

③對等要素。

④變化相關刺激。

⑤實際生活增強。

2.人際認知問題解決

身心障礙兒童社會關係上的困難，源自於無法解決人際問題。所以培養人際問題解決能力乃是增進兒童社會調適和社會能力的要素，其重點在於認知人際問題的所在，思考解決方法，檢討可能效果，易言之，善用認知和後設認知能力於人際問題的解決上。

(1)技能

此技能多數用於學前及初小。主要訓練包括：

①認識他人和自己的情感。

②敏於感知人際問題。

③想出解決問題之替案。

④了解手段與目的之關係，不會將手段視爲目的。

⑤了解行動後果。

⑥了解自己和他人情感和行爲的相互影響。

(2)方法

Weissberg (1985)建議六個步驟：

①界定問題。

②解決目標。

③延長思考時間。

④提出替案。

⑤考慮後果。

⑥實施。

這些步驟並非一成不變，有時必須改變目標或採用其他替案，以能解決問題爲要。

(3)要素

人際認知問題解決法(ICPS)包括下列九要素：

①辨認由面部表現、姿態等所顯現的情感。

②辨認人際關係之所在。

③在人際衝突中調整情感。

④決定適當目標。

⑤提出各種替案。

⑥考慮後果。

⑦示範教學。

⑧角色扮演。

⑨回饋。

(4)類化

下列方法有助於社會技能的類化：

①同時採用示範教學與增強原理。

②社會技能一旦建立，增強方法立刻停止。

③應用各種示範教學的方式，如教導、練習、角色扮演等。

④善用自我監控、自我調適和增強的策略。

⑤定期追蹤評估。

⑥教導社會所讚許的行為，父母、兄弟、師長等都能給予肯定。

⑦接受各種反應方式。

⑧兒童學會社會技能之後，允許他們有機會應用到新情境中，也可以試著採用其他新技能。

⑨在自然環境中面對不同的人、事、物做不同的反應。

⑩兒童自己報告其將習得之社會技能應用於新情境的結果。

㈣促進示範教學的因素

　　Perry 和 Furukawa (1980)發現一些因素有助於示範教學的實施：

1. 助長獲得的因素

(1)楷模的特性

①相似的性別、年齡、種族和態度等。

②聲望。

③能力。

④溫暖和保護。

⑤獎賞價值。

(2)觀察者的特性

①處理和保留資料的能力。

②不確定性。

③焦慮程度。

④其他人格特質。

(3)示範呈現的特性

①真人或符號化的楷模。

②多重楷模。

③變動的楷模。

④成熟的示範程度。

⑤數字。

⑥對要項及規則的註釋。

⑦觀察者的總結。

⑧練習。

⑨儘量減少分心刺激。

2.促進表現的因素

(1)**提供誘因之因素**

①代償增強（對楷模獎賞）。

②代償性消弱恐懼（對楷模無不良後果）。

③直接增強。

④他人模仿。

(2)**影響表現品質的因素**

①練習。

②參與示範。

(3)**遷移或類化**

①不同環境的相同情境。

②重複練習。

③自然環境中的誘因。

④善用學習原理。

④變化設施。

三、過程訓練(Process　Training)

特殊兒童的學習困難，有些是屬於結構性(Structure)的問題，有些卻是功能性(Functional)或過程性(Process)的問題。就醫學的觀點言，結構是指有機體部分，而過程是指有機體的功能部分；

就心理學的觀點言，結構是指特質或能力，而過程則指這些特質或能力所產生的功能而言。例如神經系統的損傷或大腦受傷都是屬於結構性的問題，比較容易以醫學或心理學的方式或工具加以診斷；而功能性的問題例如腦神經功能失常所造成的學習缺陷，常不容易以醫學方法加以診斷。結構性損傷若無法復原，特殊教育工作者常以補償的方法來重建其功能，例如以輔現工具協助視障者；以助聽器協助聽障者；以輪椅協助肢障者；甚至以訓練其他感官過程的方法來補償原功能之不足。所以，過程訓練成為特殊教育的重要策略。特殊教師或心理學家一旦診斷出兒童的過程缺陷之後，就會設法找出訓練這些過程技能的方法。例如教師若發現兒童的閱讀缺陷係由於知覺障礙所致，乃設計各種教學方法來改善或補償其知覺障礙的狀況，其理論假設是改善知覺過程技能才能提高其閱讀能力。

㈠感覺過程訓練

感覺過程靠感官來執行，感官有缺陷者，其感覺過程必然受到影響。感覺強度可以用科學的方法來測量。因此，感覺過程的缺陷也可以測量之。例如聽力障礙可以用聽力計測量之，視力障礙可以用視力量表或工具測量之。感覺過程若因感官缺陷而無法完成時，感覺刺激常無法傳達到大腦進行高級思考活動，甚至基本動作和知覺技能都會受到障礙。

特殊兒童也會有感覺貧乏的現象，例如伊達(Itard)所發現的狼兒就有這種現象，許多視障兒童或孤兒院所兒童常得不到適當的刺激。對於這一類的特殊兒童應增強其感覺刺激，豐富其感覺經驗。

　　有些學者相信給予特殊兒童過多的刺激將抑制其正常功能。例如史特勞斯症候群(Strauss Syndrom)的兒童無法忍受過度刺激的環境，所以一切教室布置、周圍環境，甚至於音響色彩等都應儘可能單純。

　　對於反應能力較差的特殊兒童，可以考慮是否因感覺管道的問題所引起。有些兒童不良於視覺管道的訊息接受，因此，有些專家學者建議採取多種管道的策略，期找出適合於兒童的輸送管道。

　　許多特殊兒童對於學習抽象的感覺經驗有困難，比較適合透過具體感覺經驗來學習。

㈡知覺過程與知覺動作訓練

　　知覺乃是對於感覺訊息辨別、分析、解釋和統整並賦予意義的認知過程。例如兒童玩拼圖時，若不能知覺到各部分間或部分與全圖之間的關係，則無法完成拼圖的活動。這種知覺過程的技能較難測量且加以量化。

　　知覺動作技能則包括知覺過程和動作技能的合用。例如兒童玩積木，必須對積木和積木建構的知覺過程有所理解，而且能配合動作技能一起活動，才能完成堆積木的活動。有些特殊兒童有動作技能的困難，或有空間或色彩、大小等知覺過程上的困難，也可能由於知覺動作配合上的困難，因而無法完成堆積木的活動。例如輕微腦傷的兒童常常有知動協調上的困難。

㈢重要感覺及知覺訓練介紹

　　許多學者都認為感覺和知覺過程技能以及知動的配合乃是一

切學習的基礎。所以補救特殊兒童的學習困難可以從感覺和知動訓練開始。其主要方法有艾綠絲(Ayres, 1979)的感覺統合法，羅斯納(Rosner, 1979)的知覺技能方案，多門和疊拉卡多(Doman & De-lacado)的型態法，拉日羅和白斯透(Laszlo & Baistow, 1985)的知動訓練方案，以及柯克與柯克(Kirk & Kirk)的心理語言學的方法等。

1.感覺統合法

此法係由艾綠絲(Ayres)所提出，且積極加以推動，目前在台灣相當盛行。艾綠絲 (1979)認為感覺統合乃是將感覺輸入加以組織，以覺知外在世界、個人適應行為、學習過程和發展神經功能等。感覺統合乃是神經學的過程，無法直接測得，但可經由行為的觀察而得知。神經功能若經由感覺統合訓練而改變，兒童將可改變其適應環境之能力。感覺統合的主要論點有下列三項：

(1)兒童經由各種感官統整資訊。感覺刺激的大小並非要點，而是其不同來源資訊的統合和運用才是要點。

(2)個體適應行為的發展，係以感覺統合的發展為基礎，由腦神經功能失常所導致的學習障礙，可藉感覺統合訓練加以改善。

(3)感覺統合訓練之效果，視其大腦的可塑性而定，故宜早實施。

感覺統合失常的兒童可能有下列現象：(1)前庭反應不足所引致的眼球運動、姿勢、身體平衡、肌肉張力和左右偏用等問題；(2)觸覺防禦問題；(3)動作運用障礙；(4)重力不安全症；(5)視力失常等。

感覺統合訓練主要包括下列各項：(1)增進觸覺系列和前庭系統的復健正常化；(2)促進原始姿勢反射的統合；(3)發展平衡感

覺；(4)恢復視覺運動的正常化；(5)促進身體雙側感覺運動功能的協調性；(6)發展視覺形態和空間知覺。

2.羅氏知覺技能訓練(Rosner's Perceptual Skills Program)

羅氏認爲知覺技能乃是學業學習的基礎。沒有良好的知覺技能，讀、寫、算就會有困難，所以主張在學習讀寫算之前應先施予知覺技能訓練。此方法主要包括三大部分：(1)視知覺技能訓練；(2)聽知覺技能訓練；(3)一般動作訓練。此三者可融合於一般課業教學之中。

羅氏主張對學習困難兒童先做醫學診斷，以了解是否有感應缺陷，若否，再進行視知覺和聽知覺診斷，如發現有缺陷，就可以安排補救教學。

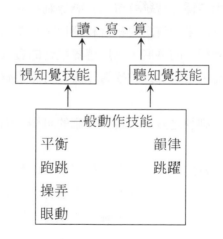

【圖2-3】多門－疊拉卡多法概念架構圖

3. 多門—疊拉卡多法(Doman-Delacado Approach)

本法主要假設是認爲個體的發生是復演種族的發生(ontogeny recapitulates phylogeny)。易言之，兒童從受精開始一直到長大成人都會復演過去種族發生的過程。兒童必先會匍匐而行然後才會爬行，會爬行然後才會坐、會走，最後會與人溝通。這種發展過程有賴於神經組織的健全發展，而神經組織的發展有賴知覺動作功能。依據此理論，他們設計了一套訓練方案。大要如下：

(1)手腳交叉匍匐

知動訓練由手腳交叉匍匐開始。他們特別設計了一種器材，其上有塊可以滑動的板，雙手及雙膝置於其上，移動時可使右手向後右腳向前而左手向前左腳向後呈交叉匍匐狀。

(2)手腳交叉爬行

上述訓練完成後，不用器材而讓兒童自己爬行，若兒童無法做手腳交叉爬行，教師可以給予提示或示範。

(3)手腳交叉行走

有些兒童走路時常會左腳左手，右腳右手，此和常人走路方式不同。可以訓練兒童練習左腳右手和右腳左手的交叉方式，而且最好是左腳在前時，右手手指指著左腳腳尖，交換後，右腳在前時，左手指著右腳尖。以訓練交叉行走的姿勢。

(4)懸空旋轉

在天花板上懸一粗繩，兒童握住粗繩加以旋轉。如此可以發展兒童的平衡感。

(5)其他活動

包括彈簧床、走平衡桿、交叉睡姿、手眼協調及其他動作活動。

各種特殊教學法

第一節　工作分析法

一、工作分析

「他們什麼都不會，我不知道該怎麼教？」「他們既不會讀書，也不會寫字，眞不知從何教起？」「我花了一個星期的功夫，費了九牛二虎之力，小明還是不會做一位數的加法，不知道該怎麼辦？」「教了一學期，學生似乎没有絲毫進步，眞令人灰心。」這是許多啓智班或幼兒班的教師常常發出來的感嘆。許多滿懷熱忱的教師，他們抱著爲一般幼兒或智能不足兒童服務的勇氣，踏進了啓智班或幼兒班，可是一年後，他們卻滿懷著失望與歉疚的心情默默地離開了。這是爲了什麼？他們有足夠的熱心，也有感人的勇氣和毅力，可是他們忽視了學習的連續性，也忽視了學習者在發展上的各種「工作」(tasks)。兒童除了讀、寫、算，還有許多必須加以發展的技能，而這些技能，可能是讀、寫、算的基礎，没有這些基礎，讀、寫、算當然學不會，而這些技能本身又包括許多「工作」(tasks)，每件工作又可能分爲許多小的動作行爲。兒童一步一步學會這些小的動作行爲之後，才可以完成該工作；完成該技能所需的各種工作之後，也就獲得了該技能。

教師若缺乏這種認識，或就上層動作行為先教，或僅教某些「工作」，而忽視了其他必需的「工作」，則仍無法使兒童獲得該技能。為使幼兒班或啓智班教師能夠勝任愉快，了解並能靈活運用，「工作分析法」(Task Analysis)有其必要性。

班恩(Baine, 1978)認為「工作分析是一種分析最後教學目標的過程，以決定在規定的情況下要表現出特定的標準時，學習者須具有何種分項技能(subskills)」。而勾德(Gold, 1976)則視工作分析為「所有可以導致學習者學得工作之足夠的動力(power)之活動」，而「動力係指訓練者須用以使學習者學得工作之策略程序」。

所謂「工作分析法」，乃是應用系統分析的原理原則，對於「教育工作」(educational task)加以分析，便於受教者學習的一種方法。而所謂「工作」乃是完成一種學習目標或從事一種技能所需要的一組合乎邏輯順序的相關動作行為(Mager & Beach, 1967)。任何一種技能都是由若干「工作」所組成的，例如汽車修理工人必須做很多工作，換輪胎是其中的一件工作，而換輪胎又有許多樣步驟，一步一步完成每一步驟的動作行為之後，也就完成了換輪胎的工作了，當這位汽車工人學會了換輪胎、修底盤、修引擎等工作之後，他就成為一位合格的汽車修理員了。

工作分析在一般學生的教學上固有其功能，對於智能不足者的教學，尤深具價值。蓋此等學生對於本身學習上的缺陷，不僅對提供給普通學生的教學進度無法適應，而且在短時間內大量教材訊息的傳輸、學習也有困難。工作分析的精神，即在將教材或學習目標，再細分成容易教會的更小單元，讓學習者按步就班(step-by-step)的學習，而不易遭遇失敗的經驗，這應該最能切合

智能不足者的教學需要。由是觀之，工作分析雖主要係著眼於教學目標的再細分，事實上教學目標的細分，應離不開方法(method)、內容(content)與過程(process)的分析。所謂方法，即把某項工作做好的途徑，內容是指將方法細分的步驟，而過程則是將工作教給學習者的方式。

二、病源學模式、診斷補救教學模式與工作分析法

對於兒童學習困難或缺陷的處理，有下列三種方式：病源學模式(etiological model)、診斷補救教學模式(diagnostic-remedial model)和工作分析法。教育學者或採取三者中之一種，或混合採用三種方式(Bataman, 1967)。病源學模式是從醫學的觀點出發，認為吾人越能了解特殊兒童的成因，預防和治療的工作將越有效，這種模式乃是傳統教育計畫分類之依據，如智能不足、盲、聾等。病源學的診斷往往重視過去病因對當前學習缺陷或困難情況之影響(case history)，並將其症狀與已知之分類加以比較，病源學模式對於兒童學習障礙之分類應有其優點，惟不如告訴教師如何教？教些什麼？因為病理與補救教學之間缺乏一對一的對等關係，病源與行為也沒有固定關係。因此，目前想以病源學模式為基礎來安排教學計畫似乎是不可能的。病源學家強調病因，而教師所希望知道的是該如何教？教些什麼？二者之間無法溝通，為彌補二者之間的鴻溝，因而有診斷補救教學模式產生。

主張診斷補救教學模式者往往採用伊利諾心理語言能力測

驗、視知覺發展測驗、普度知動量表、視動統合量表等為工具來
評量兒童學習困難之所在。其重點不像病源學模式強調原因，而
是強調知覺統整或表達能力等方面之缺陷所造成的學業上或行為
上的困難。如閱讀困難的兒童在視覺記憶或聽覺完形等方面的成
績較低，故認為兒童之所以不能讀，乃是因為視覺記憶和聽覺完
形能力缺損所致，因而以此為治療之起點。其實，相關缺陷及其
形成因素之間的關係有時是人為的，有時是真實的。就人為方面
言，如某童的閱讀困難純粹是由於聽覺完形缺陷所致，則直接治
療聽覺完形缺陷或許有效；就真實方面言，若該聽覺完形缺陷是
由於大腦側葉功能失常所致，則治療聽覺完形缺陷不一定有效。
而探討大腦側葉功能失常問題乃是病源學模式所強調的。診斷補
救教學模式固然可以告訴教師教些什麼，但是，矯正該缺陷之
後，是否對兒童的「學習工作」(learning task)有所幫助，尚屬疑
問，許多研究已證實相關缺陷之改進與學業改進無關。即使相關
缺陷的改進與兒童學習工作之改進有關，許多學者(Cohn, 1964;
Engelmann, 1967)都主張也許直接針對學業缺陷來教學會更有效。
因此，工作分析法乃應運而生。

　　工作分析法係從行為學派的觀念出發，深受系統分析與教育
工學之影響。史蒂芬(Stephens, 1967)探討有關文獻，均無法證明
診斷與教學之間難有肯定之關係。因此，他建議採取行為學派的
看法，應用工作分析法處理兒童學習困難問題。其重點係強調
「教育工作」(educational tasks)，先將「教育工作」加以分析，
兒童需些什麼「工作」，就教予該項「工作」，直接針對缺陷之
「工作」施予教學。至於教些什麼「工作」，因各人價值觀、知
識及信仰等不同，故選擇的方式亦不同，魏雷特(Valett, 1967)自比

西量表、魏氏兒童智力量表及其他測驗中選出二百二十九個項目，共區分為動作統合與肢體發展(motor integration & physical development)、觸覺鑑別(tactual discrimination)、聽覺鑑別(auditory discrimination)、語言發展及語文流暢(language development & verbal fluency)、視動協調及概念發展(visual-motor coordination & conceptual development)等五大類。教師可針對這些「工作」直接教學。此法看起來像是診斷補救教學法，其實是工作分析法。茲將三者所做個案紀錄列表說明如下：

【表 3-1】病源學模式、診斷教學模式及工作分析法個案紀錄摘要表比較說明

個案編號	病源學模式	診斷教學模式	工作分析法
1	由於缺氧造成機體損傷因而有表達性語言缺陷，應受特別教育。	口語輸出，聽—語自動機能及聽—語聯合等有缺陷，聽覺輸入稍弱，授予語言結構、推理及一般口語。	不會下列工作，應予教授：這是_____，這不是_____。
2	家庭性智能不足，智商六十七，適合啓智班。	在心理語言能力側面圖上顯出智能不足，視動功能較聽—語多兩歲，需要記憶訓練。	不能說出身體各部，不能分辨顏色，不能就某一主題加以說明。

　　史托威卻克(Stoweichek, 1975)曾將病源學模式和診斷教學模式合稱傳統模式，以與工作分析法相對照，並比較說明如下：

【表3-2】傳統法（病源學與診斷教學模式）和工作分析法之比較

項目	傳統模式		工作分析法
	病源學	診斷教學	
(1)代表	Cruickshank Delacato	Kirk Ascroft	Valett, Englemann, Cohn
(2)重點	病源醫學	心理教學評量	教育工作
(3)問題回答	醫學回答	心理學回答	教育回答
(4)教學目標	一般的教育工作		特殊的教育工作
(5)起點行為	準備度(readinss)		必備技能(prerequist skills)
(6)課程	經驗單元		工作程序 (task, mastery-sequential)
(7)計畫責任	小組		教師
(8)評量	常模基準法		標的基準法
(9)診斷報告	個案史		教育工作之敘述
(10)不良行為	直接處理不良行為		以工作行為來取代不良行為
(11)計畫評鑑	籠統的成就		課程目標之每日評鑑

　　總之，工作分析法乃是針對教師的需要，對兒童的「學習工作」(learning tasks)做系統的分析，便於教學，眞正回答教師所提出來的「教些什麼」、「如何教」的問題。

三、工作分析法

　　根據一般心理學家的定義，「學習是一種經由練習使個體在行爲上產生持久改變的歷程」（張春興，民65）。因此，要想了解兒童學習是否有效，端視其行爲是否發生持久性的改變而定。教學者的主要功能旣在布置安排適當環境以助長學習者的行爲改變，故對行爲的界說及類型不可不加以研究。所謂「行爲」，說法各有不同，本文爲便於敘述行爲目標起見，乃視「行爲」爲可觀察、可測量、可重複的。至於行爲的類型，可就行爲的複雜程度，區分爲簡單行爲(simple behavior)及複雜行爲(complex behavior)。所謂簡單行爲是指一種最簡單的動作可以完成的行爲，而複雜行爲係指包括二種以上最簡單動作始可完成的行爲，易言之，複雜行爲乃由簡單行爲所組成。例如向前看、擺手、閉上眼睛、轉頭及握筆等均屬簡單行爲；又如寫名字、倒茶、切菜、剪紙等均屬複雜行爲。兒童必須先會簡單行爲，然後才能表現複雜行爲。許多教師常從正常兒童的觀點來看智能不足兒童，故對於部分正常兒童所表現的簡易行爲視爲簡單行爲，其實，對於智能不足兒童而言，實爲複雜行爲。若教師將複雜行爲當做簡單行爲來教，而不再加以分析，則常常發現兒童的學習事倍功半，甚至無法學習。因此，教師必須以工作分析法將複雜行爲細分爲簡單

行為，然後從簡單行為教起，必然事半功倍，進步神速。例如想訓練小明自行進食的行為，此行為可細分為握住湯匙、將湯匙放入口中、開口、咀嚼、吞下去等簡易行為。故必須先訓練這些行為，然後才能自行進食；又如要想訓練小孩爬樓梯，此為複雜行為，必須細分為站在階梯前，提起一腳，把腳前移等。訓練好這些簡單動作後，才能完成複雜動作。

行為的類型除就複雜程度分類外，尚可就其在學習過程中的位置加以區分。即：必備行為(prerequisite behaviors)、起點行為(entry behaviors)、中點行為(en route behaviors)、終點行為(terminal behaviors)等。所謂必備行為是指學習者進行某一階段學習前所必須具備之技能，易言之，即學習者必須具有該種行為然後才能進行本學習單元之學習活動；所謂起點行為是指學習者進行本單元學習活動之起點，即自該行為學起；所謂終點行為是指學習者在一段學習時間內或在預定學習活動之後所應完成或表現之行為；而所謂中點行為便是介於起點行為與終點行為之間的各種行為。茲以學習算術為例，若欲教學生做二位數與二位數的乘法，此為終點行為；若已知學生會做加法，此為必備行為；該學生若未具有加法之技能，則無法進行乘法教學，而乘法教學乃始於九九乘法表的學習（即一位數與一位數的乘法），此乃起點行為。

工作分析法約可分成三種方式，第一種方式稱為範圍程序法(scope & sequence approach)，第二種方式稱為階層法(hierarchical approach)，第三種方式稱為工作列舉法(task listing approach)。工作分析的起點，一般均自終點行為著手。若採第一種方法（範圍程序法），則將終點行為視為主要工作(main task)，然後分析達

到主要工作之各種次要工作，此次要工作之複雜度應是僅次於主要工作者。然後再將次要工作視為主要工作，依前列方式加以分析，如此繼續不斷分析下去，直到該次要工作已為學習者的起點行為為止。有時尚可將起點行為用階層法加以分析以利教學程序之安排。茲舉例說明之：若欲教智能不足兒童求生技能，則該技能即為終點行為。視「求生技能」為主要工作而加以分析，舉出次要工作，假設屬於「求生技能」的次要工作有好幾項，其中一項為「安全技能」，再將安全技能視為主要工作加以分析，假設其次要工作有好幾項，其中一項為打電話，又將「打電話」視為主要工作加以分析得知找出數字、撥電話動作、時間觀念等，若學習者尚不能讀出數字，則可用階層法分析數字教學之順序及數字在字盤上安排之位置，如此便有助於教學。茲圖列如下：

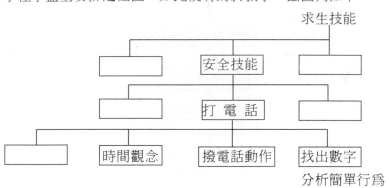

【圖 3-1】範圍程序法分析示例

　　工作分析法亦可採用階層法，茲以設計特殊教學計畫為例說明之。欲設計特殊教學計畫，首先必須先有必備知識，根據必備知識作初步決定，進而設計教學計畫大綱，完成預試材料，然後

進行教學階層設計，確定試用對象，根據試用對象設計教材，試
用之後進行後測，依後測修正教學計畫，再試用，試測後完成教
學計畫。茲圖示如下：

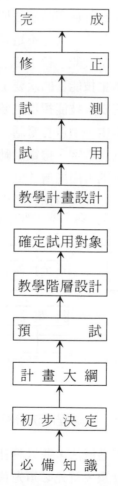

【圖 3-2】設計特殊教學計畫圖示

　　工作分析法的第三種方式稱爲工作列舉法，此法乃將達成該工作的各種行爲或活動加以列舉，而後分析其順序及需要性，分別教學之輕重緩急，以利教學，茲以訓練智能不足兒童成爲一位汽車修理員爲例說明之。要成爲一位汽車修理員當然有很多工作，其中一項簡單而重要者爲清理或換火星塞，教師可先將此工作的各種次要工作列出：(1)找出火星塞的位置；(2)取下火星塞；(3)辨別火星塞之廠牌及樣式；(4)試測以決定清理即可，或是換新；(5)若清理即可則加以清理；(6)清理後再調整之；(7)若需換新則予以換新；(8)接上線；(9)檢查；(10)整理工具。列舉後，教師可將這些項目逐一依工作順序列入分析表中，然後記上工作方式及學習難易程度，以利教學活動之各項決策。茲列舉如下。

【表 3-3】列舉式工作分析表

職業名稱：汽車修理工作
工作項目：清理及換新火星塞

順位	工作項目步驟	工作方式	學易難度
1	找出火星塞位置	記憶	易
2	取下火星塞	操作	易
3	辨明火星塞廠商及樣式	辨別	∨
4	試驗後決定清理或換新	問題解決	稍難
5	清理	操作	易
6	調整	操作	稍難
7	換新	操作	∨
8	接上線	記憶、操作	稍難
9	檢查	辨別	很難
10	整理工具	操作	∨

（∨）表示或難或易視情境而定

　　上述三種工作分析法並非絕對的，當然有時候某種工作項目適用某種方法，但是有時候一種工作項目卻適合於採用三者中的任何一種來分析，此時必須根據各種因素及情境來判斷採取何種方式，以能便利於徹底分析及以合用為原則。其實，此三種方式在分析某種工作項目時常常合在一起使用。例如採用範圍程序法在分析到終點行為後仍應採用階層法做進一步分析，而採用列舉法者，在列舉之後往往不是簡單行為，尚無法適合於智能不足兒童的學習。故必須運用階層法做徹底分析，以期便利學習。

　　茲以教學生「看時鐘說出時間」為例，說明工作分析法之程序與方法。教師首先將「看時鐘說出時間」視為主要工作(main task)，此即為教學的終點行為，把此終點行為加以分析可得：(1)辨別長針與短針；(2)讀出「時」數；(3)讀出「分」數；(4)讀出「幾時幾分」。此乃次要工作，然後把次要工作視為主要工作再加以分析，直到達到起點行為為止。假設兒童已具有讀出並寫出「數字」的能力，則起點行為應是找出數字在鐘面上的配置情形，進而了解各數字在鐘面上所代表的意義。茲將分析結果依序列出，以便教學：

　　*1.*把數字 1 至 6 寫在鐘面上的適當位置。

　　*2.*把數字 6 至 12 寫在鐘面上的適當位置。

　　*3.*把數字 1 至 12 寫在鐘面上的適當位置。

　　*4.*讀出短針所代表的時間自十二時至三時。

　　*5.*讀出短針所代表的時間自四時至六時。

　　*6.*讀出短針所代表的時間自六時至九時。

　　*7.*讀出短針所代表的時間自九時至十二時。

　　*8.*辨別短針與長針之不同。

9. 將長針撥至 12 以讀出一、二、三……十二等時數。

10. 看鐘面數寫自 1 至 12 做「五個一數」的活動。即看到 1 時說五，看到 2 時說十，依此類推。

11. 撥動長針做「五個一數」的活動至三十。

12. 撥動長針做「五個一數」的活動至六十。

13. 指著鐘面上的數字時，兒童能夠說出短針與長短對準時之時間。如指著 3，學生能說出短針指著 3 是三時，長針指著 3 是十五分，一直練習至 6。

14. 如上一步驟，練習 6 至 12。

15. 配合短針與長針說出時間至五分，如一時五分、二時五分。

16. 如上一步驟至十五分。

17. 如上一步驟至三十分。

18. 如上一步驟至四十五分。

19. 如上一步驟至六十分。

　　總之，工作分析法可以提供教材的邏輯順序便於兒童吸收。工作分析法固然耗時甚多，但若經詳加分析，對教學工作方便不少，教師若為節省時間而分析不詳，必然造成學習上的困難。故良好的工作分析應注意下列幾點：

1. 不可急功近利，一分耕耘一分收穫。

2. 相關性：主要工作應與學生學習上、生活上之學習目標相關。即合乎學生學習上及生活上之用。

3. 完全性：所列舉之各次要工作是否已詳盡，有無遺漏。

4. 簡易性：次要工作是否已在學生的起點行為或必備能力之下。若在起點行為之上，則表示分析不全，若在必備能力之下，則表示過分簡易，浪費學生時間。

5. 必要性：是否各次要工作都是達成主要工作所必須的，有無
　　列出不需要的次要工作。
6. 重複性：所列舉之次要工作是否有重複之處，是否有敘述不
　　同而含義相同之處。

四、工作分析法與課程編製

　　工作分析法在智能不足兒童教學設計及教材編選中居重要地
位，在課程編製方面之重要性也不可忽視。其雖非為課程編製之
全部內容，卻是課程發展的關鍵步驟。從事智能不足兒童教育的
同仁往往希望有一本標準教科書，以便照章宣讀而有所遵循，這
種精簡課程(water-down curriculum)的方法，在國外已證明失效，
由於智能不足兒童並非同質團體，其差異性甚至大於正常兒童，
故標準化的教材必然無法適合，許多教師已發現這一點，而企求
改革，但在另一方面卻仍不肯放棄標準教材，可能是由於教師缺
乏課程編製之能力。觀乎國外修習教育部門者均視課程編製為主
要學科，而吾人仍未予重視實屬可惜，幸虧最近的大專課程修訂
中已將師範院校之課程發展列為必修，可知課程發展一科已逐漸
受到重視。對於一般教師而言，因課程比較缺乏彈性，故課程設
計技能，尚未感迫切需要。然而，對於智能不足兒童教師而言，
課程彈性甚大，教師具有相當程度的課程設計自由權。因此智能
不足兒童教師必須深入了解課程設計之原理及課程設計之技能，
才能隨時因學生的不同程度與不同需要設計適當的課程，編選適
當的教材，以從事個別性教學之工作。圖 3-3 可以說明課程設計

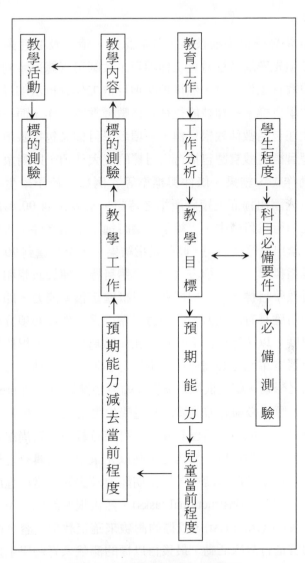

【圖 3-3】課程設計系統圖示

之程序。

　　兒童要想學會某種技能（包括認知、情感及心理動作等技能），必須先熟練各種教育工作項目，教師可根據兒童的需要選擇適當的教育工作項目，然後把該項目依工作分析法加以分析，以確定教學目標。一種技能往往包括數種教育工作，而一種教育工作又往往包括數種教學目標，一項教學目標又包括數項具體目標。具體目標之敘寫應包括行為目標的五大要項，即對象、行為名詞（動作）、結果、條件與標準等。例如「給予學生一個時鐘，學生能讀出鐘面上短針所指之時間，至少達到 90 ％的正確性」。此項行為目標中，「給予一個時鐘」是指條件，「學生」是對象，讀出是行為名詞，時間是指結果，「至少達到 90 ％的正確性」是指標準。以此種方式敘寫具體目標，便於教學和評量。

　　分析教學目標之後，根據教學目標確定預期能力，即預期學生學習後所應具有之能力，此即為終點行為。然後必須分析兒童當前之程度，以決定自何處教起，此即為起點行為，根據起點行為列出學習本單元之必備要件，也就是必須具有何種能力才能進行本單元之學習，隨後根據必備要件編製必備能力量表(pre-requisite tests)，應用必備能力測驗以評量學生是否已達到學習本單元所應具有之必備能力，若已具備，則可進行教學，若尚未具備，則應重新考慮起點行為，易言之，應以兒童當前所具有之程度為依歸。確定兒童當前程度後，以預期能力減去兒童當前程度即可得到教學工作項目(instructional tasks)，然後根據教學工作項目編訂標的測驗(criterion test)，以標的測驗來確定教學內容，而後依據教學內容進行教學活動，最後再以標的測驗來考驗學生是否已達到終點行為。若已達到，起點行為則可進行下一目標之教學，

若尚未達到，則應再修正教學內容，另外進行教學活動，直到完全達成爲止。

五、工作分析與編序教學

㈠編序教學的涵義

　　編序教學乃是依據工作分析的方法，將教材編成細目，教師可依序教學，學生可依序學習並能立即核對學習結果，以期學生精通所學，達到理想的學習。此對中重度智能不足及學習障礙或學習遲緩的學生，甚有助益。對於普通學生的學習亦有幫助。此外，用之於技職教育中的技能領域，如氣液控制、燈具電器工藝、電工及汽車修護課程的訓練，效果也頗受肯定。

㈡編序教材的編寫方式

　　編序教材的編寫方式，可分爲直列式與分支式二種。茲簡要說明如下：

1.直列式

　　此式又分爲辨認反應式與組合反應式二者，其架構如下圖一、圖二。

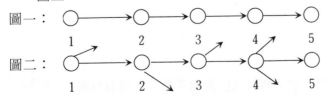

圖一：

圖二：

　　前項設計主要是以指引學生辨認事務爲主。下列例題可供參考：

例一：下列何者爲三角形？請打✔。

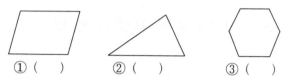

①（　　）　　　②（　　）　　　③（　　）

例二：下圖中，那個是直角三角形？請打✔。

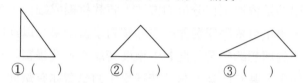

①（　　）　　　②（　　）　　　③（　　）

例三：下圖中，那個角是直角？請打✔。

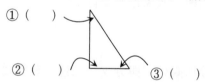

例四：下圖中，有幾個直角三角形？請算算看。

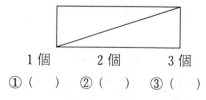

1個　　　　2個　　　　3個

①（　　）　②（　　）　③（　　）

例五：這個圖形中，共有幾個直角三角形？請算算看。

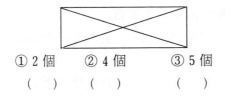

① 2 個　　② 4 個　　　③ 5 個

（　　）　（　　）　　　（　　）

2.分支式

　　分支式設計的主要概念，一係著眼於學習者一個錯誤的反應，並不足以被認定為會阻礙其後續正確反應的學習，因此，可用其他類似的同一概念層次的問題，予以補救教學後再重新學習。二係著眼於旁敲側擊，透過回憶、重組引出相同概念層次的問題，此不但可訓練學生問題解決的能力，也可培養學生分析的能力。其架構如下圖：

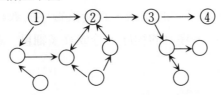

　　圖中 1→2→3→4 稱為幹線，幹線上之題目稱為序目，其餘為分支，分支上之題目為細目，支目細目要多少才夠，須視教材之難易以及學生之程度而定。惟不論是直列或分支式，編序時宜注意下列幾點：

　　*1.*命題宜明確，語意要清楚，文句要簡潔。

　　*2.*同一題目以不跨頁為原則，避免分心。

　　*3.*可善用分類、比較、歸納、演譯、推論等方式命題。

　　*4.*可多用是非、選擇、填空、配對、問答等題型。

5.如為填充題，則空白填充處不宜放文首。

6.儘量多設小步，將教材儘量細步化。此對於學習遲緩及智能不足的學習者極為重要。

至於編製的程序，特教教師可依下列步驟酌情為之：

決定目標→決定單元→選定教材→分析教材→想出序目目標→決定序目→決定編寫方式→編序→評鑑→初試→修正→再試用→再修正→正式試用→正式使用。

㈢編序教學的要點

1.教材的細目分析

編序教學的可貴，乃是將原本大單元或是抽象概念的原理原則的教材，依前述工作分析的方法，將教材細部化；質言之，透過教材的縱向分析與橫向的連結，將所欲編序的教材，依大單元→ 小單元→ 序列→ 序目的程序，分成許多細目，讓學生容易學習。

2.編序

編序是指依照順序編排細目而言，排列時除應依照論理順序編排外，對於心理順序亦不可忽視；前者注重其邏輯性，例如：要教學生學習圖形，則必須先學會點→ 線 → 角 → 三角（邊）形、→ 四角（邊）形、→ 五角（邊）形、→ 多邊形等，依此順序排列。後者，心理順序係指學生的學習心向，泛指學生的興趣、能力、意願及其學習的可能性而言，總的說來，智能較好者，其編序之小步要大，智能較差者，其小步要小細目要多。編序時，可依引導、發展、綜結之方式加以處理。

3.依序施教或學習

　　編序的目的就是要教師依其順序提示（明示或隱示），俾學生接受刺激產生反應。初期，教師的提示會較多，然後逐漸減少，乃至於無。從而，學生便可達到正確反應至完全學會的地步，此時學習乃告完成。反之就學生的立場言，能依據卡片、教學機或電腦所顯現的編序細目，主動依序學習，達到主動求知、自我學習為已足。

4.立即核對

　　每當學生練完每一題目時，立即按鍵、搬動捲軸或翻動卡片，便可核對答案，對錯立即顯現，答對時學生受到激勵，受到增強，學習的意願與學習的動機會較強，產生衝動想繼續學習下去；反之，當答錯時，電腦會發出怪聲，教學機捲軸或按鈕會轉不動，此時，學生可重新檢視他的想法，或審視自己錯在那裡，達到自我校正的功能。此種設計與桑代克的效果率有異曲同工之妙。

5.重新學習或練習

　　當學生對某一類型的問題一再答錯時，教師自可依其困難處予以分析診斷，並實施補救教學。依照精熟的觀點，學生至少要通過該單元百分之八十或九十以上的通過率，始稱得上是學會了。此時，自可進行新單元的學習。

㈣編序教材呈現的方式

　　編序教材呈現的方式有四種，一為書本式，二為卡片式，三為教學機，四為電腦。分述如後：

1.書本式

將教材序目編排於同一頁，集數頁或數十頁爲一單元，並以活頁方式裝訂，形式有如書本，其答案置於次頁前端或該頁側面。目前，坊間許多國中小參考用書，都仿此原則排列呈現。

2.卡片式

有如心算卡，序目在正面，答案在反面，每一單元有一套卡片，或數套卡片集成一單元，學生在作答後即可核對，對的放一邊，錯的放另一邊，如此可做爲教師診斷之用。卡片式的製作、使用及保管較爲方便，變化也較多，有封套式、貼標籤式、覆蓋式等多種，特教班使用的情形至爲普遍。

3.教學機或視聽媒體

談到編序教學往往都會提到教學機，顧名思義，教學機在編序教學中是可供學生自行操作的一種機具。不論是早期的史肯納型教學機，或是其後的滋曼型教學機、普列西教學機、鮑特型教學機，都有一個刺激框或刺激槽的設計，用以提示教材（即先將編寫的序目放在教學機中），學生操作練習後，自可按鍵或捲軸，核對答案，錄音機也可以如此安排。惟目前特殊學校或特殊班級使用的情形並不普遍，一則學校經費不多，可購置的數量有限，二則故障維修不易，三則電腦大量問世後，其功能已被電腦取代。

4.電腦

近一、二十年來，電腦不但用之於文書處理、設計繪圖，也用之於協助教學，電腦輔助教學（C.A.I）因而風行一時，其具有文字、聲音、影像、圖形、動畫效果的多媒體，用之於編序教學效果更佳；當學生答對時，出現類似：你太棒了、你好聰明、你

又過關了等具有激勵增強性質的人性化語句，更是前三者所望塵莫及的。

六、結言

　　工作分析法是系統分析法在教學上的應用，它可以幫助教師對學生所要學習的工作加以分析，以便利學生學習，同時可以了解學生的學習行為進程，較能控制學習的各種因素。工作分析法固然對具體行為的分析很有效用，在師資訓練上也有相當的用途，諸如課程編製、教材編選、教具的使用等都可藉助於工作分析法，尤其實施能力本位師資訓練的學校，對能力之分析，可採取工作分析法，以決定各種基本能力。是故工作分析法在教育上用途頗大。

第二節　應用行為分析法

　　應用行為分析法(applied behavior analysis)乃是運用行為分析的原理，長期觀察特殊兒童的行為變化，以決定教學之效果及變更教學之準據。行為所依據的原理乃是制約學習的原理。

一、制約學習

　　特殊兒童常會因身心殘障而導致學習緩慢或低下的現象，尤其對於年幼或重殘兒童的教學，制約學習原理往往非常適用。所謂「制約學習」乃是兒童的行為將為其後果所安排。易言之，兒童有了某種行為，教師若安排可欲的增強物，則該行為將因此而增加，若安排的是不可欲的懲罰，則該行為將因此而減少。圖3-4更詳細說明了這個原理。增強的目的在增加可欲行為，懲罰的目的在減少不可欲行為，吾人若希望兒童出現某種可欲的行為時，可以在該行為出現後，給予兒童所希望得到的增強物（正增強），或去除兒童所不喜歡的物件（負增強），若希望兒童減少某種不可欲的行為，則可在該行為出現後，給予懲罰（正懲罰），或去除兒童所希望的增強物（負懲罰）。例如：兒童會擦桌子，則給予他所喜歡的巧克力，或把他所不喜歡的工作減去；如果要他不再咬手指頭，則當他咬手指頭時，就給予處罰，或把他喜歡的玩具拿開。如此可以達到增進可欲行為和減少不可欲行為的目標。

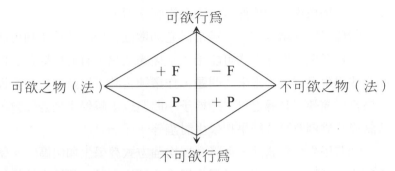

說明：F 表增強(reinforcement)

　　P 表懲罰(punishment)

　　＋表給予、－表除去

　　＋P 表正懲罰，即給予不可欲物（法）以減少不可欲行為

　　－P 表負懲罰，即除去可欲物（法）以減少不可欲行為

　　＋F 表正增強，即給予可欲之物（法），以增加可欲行為

　　－F 表負增強，即除去不可欲之物（法）以減少不可欲行為

【圖 3-4】行為改變與增強物關係圖

　　這種行為制約原理已被普遍應用在特殊教育的方法，甚至在普通教育也常常採用，拜勒(K. Biehler, 1971)建議在制約學習中教師應注意下列各點：

　　㈠應了解消極控制的限度及缺失。在教室中教師常常採取消極控制的方法，即前述的正懲罰和負懲罰，固然對消除不可欲的行為有其立即的效果，但可能產生負作用。斯金納(Skinner)的老鼠實驗中，經由懲罰的制約學習，老鼠顯得驚慌失措，且對習得的行為容易遺忘。甚至某些教師常用譏笑、嘲弄、批評等都可能

使學生對學校產生消極態度，因而影響學習。

㈡儘可能採增強方式，通常以立即增強較佳。消極控制可能產生消極態度，增強方式可能產生積極的情緒，有助於學習。例如問些學生可以答得出來的問題，作業練習時可以請同學到黑板上來寫或演練，教過之後立即給予小問題以了解學生是否學會，考試後應立刻將評分結果和學生討論等。

㈢若學生類化錯誤，可將選擇增強方式教學生如何區別。學生之所以類化錯誤，不論是類化過度或類比不足，都是由於無法正確區辨範例和非範例之故。因此，應教學生如何辨別範例和非範例，對於正確區別非範例之行為則給予增強。

㈣對於有明確終點行為之教學，教師可將此終點行為利用工作分析法細分成各單元、各步驟，然後逐次教學。教師也可依學生程度自行設定終點行為。

㈤如果採逐次塑成法來教導學生某種行為，則提示的出現和除去宜仔細安排，以能有效引導學生學習為原則。例如教學生寫「學」則可採順序法依筆畫順序逐漸呈現，也可採倒返法將最後一筆授予學生，也可以利用「學」的舊經驗，如「子」、「乂」、「爻」等。

㈥注意增強的方式對學習的影響：增強方式包括立即增強、延宕增強。增強的時距有採固定時距者或不定時距者，各有其優點。教師開始教學時可採立即定距增強方式較易養成可欲行為。

㈦教師應了解制約學習對文化不利者、學習緩慢者、智能不足者和缺乏自信者較為有效。對其他兒童也有效果，尤其配合編序教學，更見功效。

㈧制約學習可用在知識情意和行為教學上，尤以行為教學最

為適當。

二、應用行為分析法

斯金納(B. F. Skinner)畢生從事行為分析之研究，其弟子傳其衣缽，繼續而光大之，惟彼等以往之分析方法，往往僅限於實驗室中，此即所謂基本行為分析法(behavior analysis)。近年來，教育家開始應用基本行為分析法的原理、原則及研究方法於實際教育情境中，以研究兒童的學習或行為問題及其治療方法。此即所謂應用行為分析法(applied behavior analysis)。譬如林斯理(Lindsley, 1964)所倡精確教學法(precision teaching)，已具現代行為分析法之雛形，自一九六八年應用行為分析季刊問世以來，研究者越來越多，成為當前教育治療及研究的重要方法之一。

㈠應用行為分析法和基本行為分析法

貝爾、臥夫及賴斯理(Bear, Wolf & Risley)曾將基本行為分析法和應用行為分析法加以比較。他們認為二者研究之不同並不在於發現及應用發現方面，二者均要求嚴密控制實驗研究下之行為。其所不同者乃在於研究重點方面，基本行為分析法重在觀察各種行為，而應用行為分析法重在足以改善所研究之行為的有效因子；其次，基本行為分析法和應用行為分析法所不同者乃在於對於「行為之社會意義」的看法，應用行為分析法所研究的乃是具有社會重要性的行為，其作用乃在改進此種行為，而不是只求研究之方便而已；最後，應用行為分析法是分析社會情境中的行

爲而非實驗室中的行爲。簡言之,應用行爲分析法是「應用的」(Applied)、「行爲的」(Behavioral)、「分析的」(Analytic),同時也是「工程學的」(Technological)、「系統化的」(Systematic)、「有效率的」(Effective)。茲分述如下：

1.應用的

　　一種研究是否應用的,不是由研究方法來決定,而是依據社會對研究問題的興趣態度而定。應用行爲分析法所選擇的行爲、刺激及有機體乃因其具有重要的社會意義而非因理論上的重要性而決定。例如基本行爲分析者也許會研究「飲食行爲」,因爲假設其與新陳代謝有直接關係;應用行爲分析者所以研究「飲食行爲」乃因有些兒童可能吃得太多或太少,其主要對象乃是這些兒童偏食問題而不是一般兒童的飲食行爲與新陳代謝問題。又如基本行爲分析者可能會研究「按桿行爲」(Bar-Pressing Behavior),因此種行爲在研究上是一種比較便利的反應,且容易記錄;應用行爲分析者之所以研究「按桿行爲」,乃因其具有重要的社會意義;像是教學機上之按桿裝置,兒童以按桿來顯示其對算術能力的熟練程度,此種研究乃因算術能力具有重要的社會意義。

2.行爲的

　　基本行爲分析和應用行爲分析所研究的行爲都是可觀察的、可計數的,同時也是可重複出現的行爲。但應用行爲分析法的研究顯然是實用的,其目的在回答如何使個體做得更有效。因此應用行爲分析法所研究的是如何使兒童做,而不是如何使他說。

　　行爲的科學研究應用精準的測量。基本行爲分析便選擇可靠且易於數量化的反應,然而應用行爲分析法卻難有這種選擇的餘地。因此,應用行爲分析法必須做更精密的設計而非忽視此原

則。目前應用行為分析研究法已能獲得可靠且易於數量化的行為，即使在複雜的情境中亦然。然而並非全靠機器記錄，因其並非完全可靠，且非完全適合於各種社會情境中。以人類用數量來記錄其他人類行為早就成為心理工程學的重要方法，此方法對應用行為分析法尤其適用。

　　吾人對行為特質研究之評價，並非只問「行為是否改變」，應問「誰的行為」。通常我們都假定紀錄資料所顯示的變化是研究對象的真正行為變化，但是若詳加研究並不盡然。如觀察者的觀察或紀錄誤差都可能造成資料的變化，其實，研究對象的行為並沒有改變。因此，觀察和記錄者的可靠性，乃是應用行為分析法的基本準則。

3. 分析的

　　行為的分析必須可靠地證明某種事件造成了某種行為的發生與不發生。如果研究者可以控制行為，則可說他已達到行為分析的功能了。以一般實驗室的標準來說，也就是實驗者有能力隨意使兒童的某種行為發生或不發生，增加或減弱。為了證明某種行為是否已受控制，在實驗室中往往長時間的使實驗行為重複生滅增減。但是如前所述，應用行為分析法往往難有如此便利。因此，對實驗結果必須加以判斷，也就是研究者能否表明其控制的可信性(believability)。

4. 工程學的

　　所謂「工程學的」，在此乃指所引發的行為應是可鑑定的、可描述的。依此定義，如果我們只說「遊戲治療法」或「社會增強作用」等，都不屬於工程學的描述。應用行為分析法必須將「遊戲治療法」及「社會增強作用」的重要因素（如刺激、增強

物、後果安排及時間安排等）、兒童反應、治療者反應及材料等均應詳細說明。方法的描述尤應詳盡，例如我們常記述：「兒童有R_1反應時，則如何如何。」這是不夠的。應用行爲分析者更應述明兒童有R_4、R_3、R_2……反應時則應如何如何。例如許多文獻常報告說：「處理發脾氣兒童的最好方法是讓他獨自關在室內直到脾氣發過後十分鐘才開門讓他出來。」這種記述是不夠的，同時還應報告兒童不到時間就要開門外出，或打破玻璃、撞破頭時怎麼辦。這才可說是工程學的敘述。

5. 系統化的

應用行爲分析不僅應作工程學的描述，尤應探求相關的原理。例如吾人描述一位學前兒童教師以身示範爬上兒童所不敢爬的高梯是一種良好的工程學記述，但如能同時認出「社會增強作用」和行爲發展的基本觀念之相關尤佳。又如：詳確地描述一位兒童從色的鑑別到形的鑑別過程中的變化程序是很好的工程學描述法，但如能同時記出行爲原理如消褪(fading)等，將更有助於了解導出這些方法的基本原理。

6. 有效的

若應用行爲分析不能產生大量的實際效果，則失去「應用」的原意。在基本行爲分析研究中，若能產生少量可靠的效果以證明吾人可以隨意控制某種因子，而此種控制對某些理論的證明具有重要意義時，此效果即可視爲具有相當大的價值。但是這種理論證明的效果並不是應用行爲分析研究的主要課題。其實際重要性端視其能否具有改變社會重要行爲的力量而定。例如某種教學法可使文化落後兒童的學業成績自五十分進步到六十分。這種研究可說是一種革新的教育理論，但卻非應用行爲分析法，因其未

表明是否改變社會重要性的行為。至於行為改變的幅度要多大才算具有應用的價值，首先要看這種行為是否值得改變，再看多大的改變始具有社會意義。例如教一位失語症兒童說十句話對其自助能力也許幫助不大，但如教他說五十句話其效果可能就不同了。所以在評價方面應注意到實際效果。

7. 類化性

如果行為的改變可維持相當長的時間，又可產生在各種不同的環境中，或可類化到其他相關的行為時，便可說這種行為的改變已具有類化性。前面說過，「應用」係指主要行為的實際改進，故應用越具類化性者越可適用於更多的情境。所以類化性可說是應用行為的重要特性。

然而，並非所有的行為改變都能自動達到類化的目的。我們常以類化與否來評價應用行為分析研究的成敗，但是不可一概而論。某些行為改變也許可以很快地類化到其他情境，但是有些卻必須經過分析、設計、逐步引導才能產生大量的類化。例如某童有十五種詭計可以向他的父母親搗蛋，經過行為分析治療之後，有一種已經治好了，但是還有十四種未經治療，兒童用這十四種來向父母親搗蛋已綽綽有餘，故效果似乎未著。然而我們不可認為此種治療方法無類化性，也許以同樣的方法來治療其他十四種仍可奏效，此時便可說已具有類化的效果了。簡言之，類化性應予以設法引導而非順其自然。

總之，應用行為分析法乃在造成重要行為的改變並予以數量化，以實驗操作來清楚地分析造成行為改變的因子，工程學地描述行為改變的程序及方法的有效性及類化性。

(二)應用行爲分析研究法與傳統團體研究法

社會科學家往往認爲有效的實驗研究必須應用團體的實驗對象及資料的統計分析。因此，實驗設計所講求的乃是抽樣、各組的控制及統計推論等。這種方法重視行爲的共通性而忽視了行爲的差異性。而個別差異的存在（包括個體內之差異與個別間之差異）卻是不可否認的事實。尤其當團體實驗常難予獲得足夠的行爲樣本時，實驗結果便難應用於實際教學情境中。對於兒童個別行爲的處理更無法以團體法研究之，因此乃有應用行爲分析研究法之起。茲將二者比較如下：

*1.*從實驗對象人數來說，傳統團體研究法通常要有較多的中數；應用行爲分析法只要有一個實驗對象便可做研究，故又稱單一個體研究法(single subject design)，但不限於一個，惟一般言之，人數不必多。

*2.*從實驗控制的方式來說，傳統團體實驗法採統計控制方式，如設計實驗前及實驗後測驗等，一旦設計方式決定之後，在實驗中不可改變，否則即失去了控制的意義；應用行爲分析法講求實驗控制，在實驗過程中，於適當時機可改變設計方式，也可加入或除去某些實驗因子，且可重複實驗程序，應用行爲分析法亦可採實驗前後之設計方式，一方面實施行爲分析，一方面比較實驗前後之結果。

*3.*從實驗設計上說，一般團體研究法大多採取隨機取樣、實驗前後評量及實驗組和控制組之安排等；應用行爲分析法大多採取「倒返設計」(Reversal Design)、「多基線設計」(Multiple Design)及「多因子設計」(Multi-element Design)等。

4. 從實驗假設說，傳統團體設計的實驗假設是預先定好的，實驗中是不可改變的，實驗的目的在以統計方法來決定是否排斥假設；應用行為分析法通常不預擬假設，即使有假設也可在實驗過程中的適當時機改變假設。

5. 從測驗的方式說，傳統團體研究法採用間接測量法，如成就測驗、智力測量等，其結果並不能提示學生當前的實際能力，也不能告訴教師如何實施教學；應用行為分析法採直接測量，譬如要想知道兒童是否具有計算 $2 + 2 = ?$ 的能力，則以這類題目直接測量之，其結果可以告訴教師該教些什麼。其次，團體研究法大多採取實驗前後之評量；應用行為分析法採用每日或定時測量，例如要想知道兒童是否具有計算 $2 + 2 = ?$ 的能力，在基線階段，每日讓學生有機會運算這種問題，然後才能下判斷，因為學生的情況時好時壞，機會的因素在團體研究法中是一項重要而棘手的問題，此因素在應用行為分析法中可因長期紀錄而抵消。

6. 應用行為分析採行為紀錄的方式，注意細小行為，重視行為的交互作用；團體研究法不限於行為的紀錄，注意大的行為，重視行為的結構。

7. 應用行為分析的實驗程序、方法等必須精確地加以描述，因此，對此實驗有興趣者可以依其所描述的重複同樣實驗；團體研究法僅對實驗程序、方法等做概括性之記敘，故難予重複同樣實驗。

8. 就個別分析言，應用行為分析法重視個別行為之分析，即使實驗人數多至數人時亦然；團體實驗設計則將所得資料做一整體處理。

9. 應用行爲分析法注重行爲分析，可以確定實驗因子與行爲改變之因果關係；團體研究法重視統計推論，無法提供因果關係之資料。
10. 就實驗信度言，團體研究法重視內部一致性；而應用行爲分析則強調各觀察或記錄人員觀察或記錄結果的一致性，如果一致性很高，則此實驗可信。
11. 就效度言，團體研究法重視內容及構造效度；應用行爲分析法則強調直接測量。

㈢應用行爲分析法的實驗設計模式

　　應用行爲分析法的實驗設計大多採取「倒返設計」(Reversal or A-B Design)及「多基線設計」(Multiple Baseline Design)等二大模式。茲分述如下：

1.倒返設計(Reversal of AB Design)

　　倒返設計適用於可隨時獲得或喪失的行爲。例如盲人的搖擺動作(Blindism)，在經過行爲改變技術治療之後可能消失，但在增強物除去之後，又可能恢復，此種行爲可用倒返設計來研究。下面的個案可幫助了解倒返設計：

　　小明現年十二歲，已五年級，但閱讀能力只有三年級程度，做功課不專心，注意廣度最多十五分鐘，通常七、八分鐘。治療目標在使小明能夠集中注意做功課在十五分鐘以上。在未實施治療之前應先確定基線行爲，經七日之觀察證實小明的注意廣度均在十五分以下。然後決定進行行爲改變技術，以彩券爲增強物。實施之後，小明已能逐漸增加注意廣度，最後終於達到十五分鐘的標準。經七天的連續觀察之後，證實小明已達到十五分鐘以上

的注意廣度。一般教學大多止於此處，其實到了此階段，我們仍然無法證實該行為的改變確由彩券的使用所致，因為其他許多因素仍可能影響行為改變。為進一步探求治療方法與行為改變之相關，乃將彩券除去，結果發現其注意廣度又恢復到原來的標準（即十五分鐘以下）。之後，彩券法再加以運用，小明的注意廣度已提高到十五分鐘以上。經過多次的反覆實驗之後，實驗者便可以認定以彩券為增強物確可增長小明專心工作的時間。但是此種方法是否可以類化到其他同類兒童或同類行為，則有待直接重複實驗(direct replication)及系統重複實驗(systematic replication)(Sidman, 1960)。前者乃是依據原實驗者所描述的實驗方法、程序、情況及材料等，以另一位兒童為對象重作實驗；後者仍是用不同實驗方法或程序來印證實驗的結果，如果複驗結果和原實驗一樣，則此實驗已具類化之效果。倒返設計的基本模式可圖示（圖 3-5）如下頁：

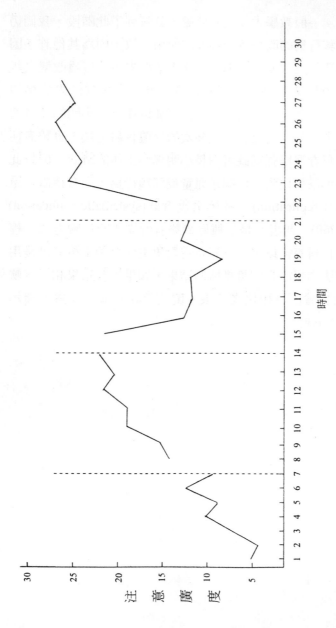

【圖 3-5】 小明注意廣度行為分析的每日紀錄

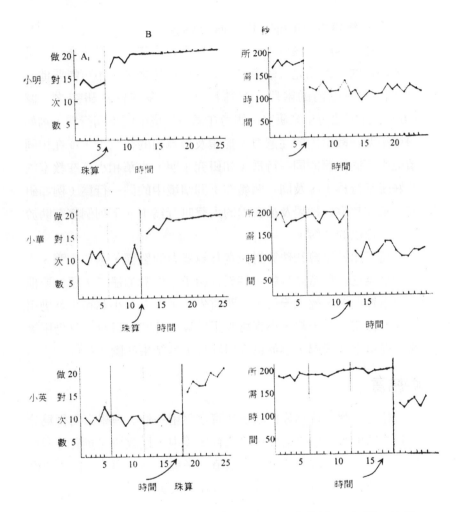

【圖3-6】小明、小華、小英用筆算及珠算演算二十題二位數
加法所答對次數及所需時間的假想紀錄

2.多基線設計(Multiple Baseline Design)

上述倒返設計適合於可倒返的行為之研究，可是許多行為是無法倒返的，例如兒童學會二位數進位加法之後，不可能要他立刻重回未學以前的階段，這種行為可以多基線法研究之（圖3-6）。此方法可用來研究一個體在同一情境中的不同行為（例如研究小明在教室內的注意力、搖頭及做算術的行為），或在相同情境中不同個體的同一行為（如研究小明、小華和小英在教室內的好說話行為），及同一個體在不同情境中的同一行為（例如研究小華在教室、操場及宿舍內的大聲叫行為）。下列個案有助於對多基線法的了解。

為了比較筆算和珠算對兒童計算能力的影響，選取小明、小華、小英三位兒童做實驗，每天各給予二位數加法三十題，要他們用筆算做答，經六天後，小明首先改用珠算，小華和小英仍用筆算。從第十三天起，小華再改用珠算，此時，只有小英仍用筆算。從第十九天起，小英也改用珠算，其結果如圖 3-6。

㈣結言

總之，應用行為分析法是教育家應用一般心理學家對行為分析研究結果的原理原則於實際教育情境中，以改變兒童有社會重要性的行為。這種方法可探求治療因子與行為改變之間的因果關係，可使教學和研究合而為一，以達到改進教學之目的。

第三節　精準教學法

一、前言

　　現在的時代是一個太空時代，太空之大，遠超過地球不知幾千萬倍，人類旅行於地球之上已感不易，旅行於太空之中定向尤感困難。人類登陸月球，火箭之發射、控制與調整必須精準，否則「差之毫厘，失之千里」，不可不慎。

　　我們從前教育工作者，可以不必知道火箭如何發射、操縱及調整等機械原理，但是卻不可不注意整個的計畫與管理系統。從一般文件報告中得知發射一枚火箭登陸月球，先前所做的計畫比發射航行及登陸所需的時間多得多。圖 3-7 乃表示整個計畫的系統分析，首先是計畫與試航，在試航中隨時由火箭中的儀器送回回饋資料，地面上之儀器乃把回饋資料精確地加以記錄，然後轉化成可以說明的資料，再根據這些資料修正原來的計畫，根據修正計畫再行試航或調整航道，直到火箭登上月球為止。

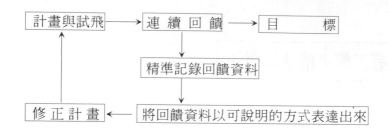

【圖 3-7】火箭飛行計畫系統分析圖

　　從事教育工作的教師、輔導人員或行政人員也都有其目標。我們的目標就是我們期待學生的行為(expected behavior)。我們所教導的學生正如太空總署所操縱的火箭，火箭的飛行正像是我們的教學歷程。每學期開學之前或每一單元開始教學之前，我們都已經有了學生的終點行為，也診斷出學生的起點行為(entering behaviors or goals)，我們將由起點行為出發，引導學生達到終點行為。例如級任教師可以引導一位不會在圖書館查閱資料的學生到會查閱資料；輔導人員可以訓練一位分心的學生，使能專心於課業方面；教育行政人員可以把一位注意學生不良行為的老師引導到鼓勵學生的良好行為。這種引導的過程就是一種教學的歷程，教學歷程的成敗，如同火箭飛行一樣，端視下列因素而定：(1)事前計畫；(2)對於計畫執行效果的連續回饋；(3)精確記載回饋資料——以可觀察、可說明的方式記錄之；(4)依據有關回饋資料修正計畫；(5)依據修正計畫再施教。

　　如果我們承認我們是人類行為的改變者的話，我們不可忽視上列因素。不幸的是，我們有多少教師能像太空基地設計飛行計

畫一樣精細的設計我們的教學計畫？許多欠精確的教學計畫，因
爲沒有明確的教學目標，所以也沒有達到教學目標的明確教學過
程，更沒有明確的回饋資料。雖然我們有週考、月考、期考，可
是，如果太空飛行人員每週、每二個月或每半年才收到回饋資料
一次，其後果將不堪設想。教學亦然，如果我們對學生的教學不
能有及時的、精確的、實際的回饋資料，僅僅在長時間之後才得
到一些分數、名次、智商、評語等，試問對學生有多大幫助？

二、精準教學法(Precision Teaching)

　　爲解決前述各項困難，林詩禮(Lindsley, 1964)乃採取史金納
(Skinner,1953)的操作制約工程學原理而設計了精準教學法，以便
級任教師、諮商員、行政人員及其他機構用以改變學生行爲。根
據操作工程學的定義，學習乃是行爲的改變，而行爲之改變，決
定於下列因素：(1)調整、改變或操作行爲發生前的事件（先行刺
激）；(2)調整、改變或呈現行爲發生後之事件（後果刺激）。這
種學習模式，一般稱之爲「刺激—反應—刺激」模式(S-R-S mod-
el)。不過，林詩禮把史金納在實驗室及操作工程學上所用的術語
加以修正，以期適合一般教育工作人員之用。

　　精準教學法主要包括三大步驟：(1)精準設計(precise plan-
ning)；(2)記錄，包括繼續不斷蒐集資料，並轉化爲可說明之資
料；(3)決策。精準教學法主要採用三種工具：(1)教學計畫表(Is
planning sheet)，供精準設計教學活動之用；(2)資料登記表(rate
computation sheet)，供蒐集資料之用；(3)資料解析表，林詩禮稱

之為六環表(Six Cycle Chart)，供資料說明之用，以為決策之依據。精準教學之歷程可圖示如下：

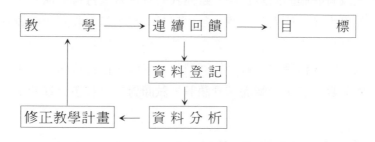

【圖 3-8】精準教學歷程圖

　　依圖 3-8 所示，教師可以應用教學計畫表以表明欲改變之學生行為並設計改變計畫，再以資料登記表來記錄回饋資料，然後以資料解析表來說明所蒐集之資料，最後依據資料修正教學計畫，如此循環不息，一直達到教學目標為止。茲分析說明如下：

㈠如何設計教學活動計畫

　　精準教學法設計教學活動所採用的第一種工具是教學計畫表，該表主要包括下列五項：

　*1.*教師企圖改變之學生行為為何？

　*2.*在何時何地改變學生行為？

　*3.*用何種活動方式來改變其行為？

　*4.*行為發生改變或不改變之後果安排為何？

　*5.*後果安排之次數如何？

　　林詩禮在精準教學法中對前述五項給予名稱，第一項所欲改變之行為稱為運動週期(movement cycle)，第二項稱為方案(program)，第三項稱為方案事件(program events)，第四項稱為安排(arrangement)，第五項稱為安排事件(arranged events)，茲圖示如表 3-4。

【表 3-4】教學計畫表

(1)方案：行為改變之時與地	(2)方案事件：造成行為改變之事件	(3)運動週期：欲改變之行為	(4)安排：後果安排之次數	(5)安排事件：後果安排事件
在何時何地來改變兒童行為	用何種活動方式來改變兒童行為	何種行為要加以改變	如何安排後果事件	若行為發生改變或不改變，安排何種事件

　　本表之填寫，應就當地當時發生情形描述之。為說明方便起見，茲分項說明如次：

1.欲改變之行為

　　林詩禮稱此項為運動週期(movement cycle)。當教師與學生互動時，我們所能看到的是學生的行為，此種行為之造成可能有不同的原因，如不理他、缺乏動機、愛或恨等，但是我們所能看到的只是外在的行為。我們如想改變學生行為，首先必須認識學生的當前外在行為與其所處環境期望行為之間的差距，然後才能協助改變學生行為以彌補此種差距。教師從事教學設計時，應確定

學生當前的行爲及依據某種標準所訂的期望行爲，此謂之確認
(pin-pointing)。這是精準教學法的第一步。您所確認的行爲也就
是您所要改變的行爲。此種行爲必須符合下列幾項標準：

(1)可觀察的

所要改變的行爲應是可以直接觀察的，別人看到您對行爲的
描述之後，也可確認出相同的行爲。下列的描述是不符合此項標
準的：例如好動(hyperactive)、學習態度欠佳、不喜歡他人，讀書
不感興趣、寂寞等。反之，以「好動」爲例，我們可以記述如
下：學生常離開座位、不舉手就講話、捉弄其他同學、以跑代走
等。

(2)有動作的

對所欲改變行爲的描寫應是有動作的，如「站」、「躺」、
「睡」、「坐」等都看不到動作，其他如「說話」、「走路」、
「站起來」等都具有可觀察之動作。

(3)可重複出現的

第三個標準是可重複出現的、可數的、有始有終的。如「舉
手」、「走路」等是可重複出現的、有始有終的，故可數。又如
「坐」是靜止的狀態，雖有起點，但何時終止並不明確，故無法
計數。

除了上述三項標準之外，在描述欲改變之行爲時，應注意下
列幾點：

(1)有些行爲之內尚有行爲。如跑一百公尺，我們可以算出一
天跑幾次，但百公尺賽跑之內尚有步數；朗讀固爲可數行爲，朗
讀之內尚有字、句、段等，也是可數行爲。教學時應自小的行爲
開始。

(2)上述標準乃以外人的觀點出發，若學習者自己想改變自己的行為，則有些行為雖他人看不到，自己看得到也可視為合格。如寂寞，就外人看來是不可數的，但本身卻可以感覺得到。故本表也可適用於自身行為改變之適當工具。最後，對於行為改變的方向亦應加以注意，究竟要增加行為的強度或減低行為的強度，應在表中加以註明。

2.改變行為之時、地與事件

正確記述行為改變之時（月、日、星期、時間）、地（何種場所、房間等）及其他因素如氣溫等，然後才能正確安排行為改變之事件。所謂方案事件乃是安排某種教學方案，以引發欲改變行為之發生，包括各種軟體（如紙張、墨汁、黑板、書、簿子等）、硬體（幻燈機、錄音機、電視等）及教學人員等事件，依事件發生之順序均應記入教學計畫表的第二欄。

3.安排事件及安排

史金納(1953)曾經說過，個體行為之所以發生，主要是由於這些行為所造成的環境改變所致。易言之，個體行為之所以發生，乃是其行為的結果。當個體從事學習活動，其學習行為的結果若遭遇到某種後果，則該學習行為對以後的行為便具有相當的意義。所謂安排事件就是當個體行為或運動週期(movement cycle, MC)產生之後，足以做為該行為之後果者(consequences)。例如某生有良好的行為表現時，若給予獎勵，則該行為便會繼續表現良好，或表現得更好。此種獎品即可稱為安排事件。安排事件有下列數種：

(1)初級安排事件(Primary Arranged Events)

如食物、水、鼓勵或活動（玩球）等。初級安排事件包括正

安排事件與負安排事件，正安排事件如食物、水等，負安排事件如打、罵等。

⑵代籌安排事件(Token Arranged Events)

如分數、獎券等。

⑶社會安排事件(Social Arranged Events)

口頭獎勵如「好」、「拍拍肩膀」等。

⑷增多工作安排事件(More-Work Arranged Events)

如學生必須做完一張考卷才能得到另一張考卷，實驗結果證明，這種方式的確可以增加學生行為(Young, 1972)。

所謂安排(arrangement)是指安排事件與行為或運動週期間的關係。例如學生每舉行十次則給予一張獎券，或每十五分鐘的可欲行為可以看五分鐘電視等，至於何種方式的安排比較適當，應視行為發生的時間而定。行為剛剛發生時，以一對一的安排（即連續增強）為宜，行為增加到適當時間之後，可改為間歇安排（或間歇增強）。改變之初，仍以固定安排為宜（固定比例或固定時制為宜），當行為表現已達相當程度之後，則可改採不定安排（不定比例或不定時制）。

上述活動計畫表的五大要項包括三大部分：方案與方案事件屬於先前刺激，運動週期或行為屬於行為反應，安排與安排事件屬於後果刺激。此可稱之為「刺激－反應－刺激」模式(S-R-S model)。

㈡如何記錄學生行為

要記錄學生行為，首先必須能夠計算學生的行為比率，然後才能將行為比率載於六環表中。行為比率之計算方式有多種，在

精準教學法中大多採取單位時間內所發生之行為次數，例如某生在四十分鐘內唸錯四個字，其行為比率應為 0.1。易言之，即以行為次數為分子，時間為分母，所求得之小數或數目。另一種方式求某種行為與全部行為之比率，例如某生在八十個字中唸錯十個字，其比率為 0.125。易言之，即以期待行為為分子，全部行為為分母求得，然後將此數字，記入六環表中。

　　所謂六環表，形似方格紙，惟方格紙之縱、橫軸各線之距離均相等。六環表之橫軸代表日數，其上各線等距離，每七格有一粗線，可以記載一週之行為。縱軸代表行為比率，由於各種比率大小，故縱軸上各線並不等距離，林氏需為六個週期，故稱六環表。每一週期各線之距離像採對數計算尺方式畫定之，例如一至二的距離相當於二至四的距離。舉例來說，甲、乙二生接受治療教學，甲生在第一週內自每分鐘唸二十個字到每分鐘念三十個，第二週自每分鐘三十個字增至四十個字，乙生第一週自每分鐘五十個字增至六十個字，第二週自每分鐘六十個字增至七十個字；若以等距離的方格紙記錄之，則甲、乙兩生第一週與第二週增加之倍數相同，但若以六環表記錄之，則甲、乙兩生第一週與第二週增加比率不同，由圖上各點分佈情形可以看出一般趨勢。

　　六環表之紀錄至極不易，易便於使用，可能依其原理設計為比率記錄表（如圖 3-9）。

　　記錄學生行為時，應注意下列幾點：

1. 記錄時間取樣之單位時間：教師若僅記載行為比率 0.3，則不知究竟是每十分鐘三次，廿分鐘六次，抑或五十分鐘十五次，故必須記錄時間取樣的單位時間。

2. 資料記錄以後，可將連續之點加以聯結，若某日因故不加記

　　錄，則以相鄰兩點相連，倘若因故未能給予行爲表現之機會
　　（如週末、星期日等），則不可與他日相連。

3.改變教學方式時，則在兩種方式改變之日畫一粗直線，以示
　　改變治療方式。

4.在星期日的線上作記號，以表明學生在取樣時間內所能達到
　　的最大行爲，即爲頂線。

5.列出預期之目標行爲，以星號（☆）表明之。

6.確定中點行爲比率(mid rates)：例如在某一教學或治療期間共
　　有十二個行爲記錄，取其一半即爲六，然後自最低行爲比率
　　的點算起至第六點即爲中點行爲比率。通常以圓形表示正確
　　的行爲比率，以三角形表示錯誤的行爲比率。

7.畫出最適線(best fit line)：所謂最適線乃是最能表明學生行爲
　　趨勢的線。最適線的求法有兩種，第一種稱爲「觀察法」
　　(eye-ball method)，即根據視覺觀察畫出一條最能包括各點及
　　最能代表行爲趨勢的線，此種方法之優點是簡易方便，但其
　　缺點是太過於主觀；第二種比較客觀的方法稱爲折半法(split
　　mid method)，即將全部的數據分成前後兩半，各半求出中點
　　行爲比率，各半再分成兩半，自中點行爲比率點向四分之一
　　的折半線引一橫線，然後將兩交叉點相連即爲最適線。

8.自預定目標行爲預測行爲趨向：即將最適線延長至與預期目
　　標行爲之橫線相交，由此可以預測尚需多少時間可以達到預
　　期目標，同時，可以考慮是否改變策略及如何改變策略。

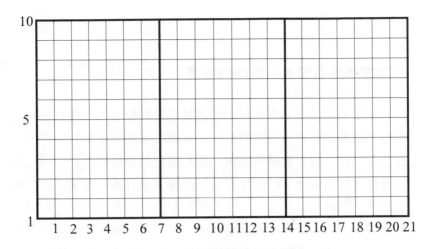

【圖 3-9】行為比率紀錄表範例

㈢如何分析學生行為

　　學生行為之分析主要在分析行為比率紀錄表上所載之數據，數據的分析，包括斜度(celeration slope)及步幅(steps)的計算。斜度又可分成兩種：即上昇斜度(acceleration slope)和下降斜度(deceleration slope)。前者又稱為倍數斜度，後者稱為除數斜度(divide slope)。計算斜度之方法是取最適線與代表日期之直線相交處（近於最低數據處），自該處畫一橫線至七日處，然後往上畫一直線與最適線相交，此段即為斜度。所謂步幅是指第一階段之最後一數據與第二階段之最先一數據之差距。

㈣掌握精準教學法的精神與觀念

　　精準教學法是應用教育工學之原理於教學上的一種方法，其優點是精準的計畫、正確的記錄、連續的回饋、不斷的分析，根據分析以修正教學策略與活動，直到達到教學目標爲止。一九六八年發展出來的應用行爲分析法與此種方法有異曲同工之妙，眞正將教學與研究合而爲一。惟精準教學法採取特殊教學計畫與紀錄分析工具，非受過專業訓練者無法勝任，爲實施個別化教學，此法非常理想，惟難於用來實施團體教學。不過，精準教學法的精神與觀念，值得從事教學工作者參考。

三、數據本位的教學(Data-Based Instruction)

　　數據本位的教學乃是工作分析法和精準教學法的綜合。其教學策略強調系統化個別化的方案，採取一對一的教學，詳細記錄學生行爲資料，然後依據資料數據安排教學計畫，對於需要密集教導的中重度殘障兒童較爲適用。茲以胡氏模式(Frederick's mo-del)說明之，在本模式中，教師的職責乃在隨時評量學生的能力水準並據以發展個別化方案，或改變修正之。教學工作可由志工或助教執行之，教師將個別化方案釘在揭示板上，志工和助教每天從板上取下進行教學，教師每天利用揭示板和志工或助教溝通，志工和助教即使不同，可利用揭示板使教學工作延續下去，

接手者知道上一位教些什麼，學生學會些什麼；揭示板上除了記錄每位學生的能力水準外，也有全程的個別化方案、工作分析、教學方法和增強物之應用等，尤其有詳細記錄每位學生學習成果的數據，以便做為計畫下一教學方案之依據。

　　本模式可採週程表來計畫學生的學習活動、行為處理和相關事項，也可記錄學生接受性和表達性語言情形。

第四節　語言聯結與語言教學

一、語言聯結

(一)語言聯結的意義

　　所謂語言聯結(verbal association)乃是指將代表某種事物的聲音符號和該事物產生聯結的一種歷程，也為該聲音符號和該事物聯結的結果。例如兒童學習將「ㄇㄚ ㄇㄚ」和他的「媽媽」聯結在一起的過程和結果，稱為語言聯結。

　　兒童能夠叫出事物的名稱乃是最典型的語言聯結。通常兒童透過視覺、觸覺等感覺器官覺知事物的存在，繼而逐漸了解其特性或功用並知其為何物，才有對該事物的知覺。兒童透過操作制

約學會「物」與「聲」之聯結，再透過連鎖作用(chaining)使「文字符號」和「聲音符號」相結合，最後達到「字」↔「音」↔「物」的語文聯結。

　　兒童要想從事較複雜的學習時，必須要以語言聯結做基礎。兒童要學說話，必須先能把聲音和事物結合在一起，也就是先學會該聲音所代表的意義；要學讀字，必須先能把文字符號和事物相結合，也就是先學會該文字符號所代表的意義。例如兒童要學做化學實驗，必須先知化學元素和名詞；教師要想有自己的教學理論，必先了解學生的特性和學習的本質。

(二)語言聯結的缺陷

　　兒童因某種原因可能會有語言聯結上的缺陷。了解兒童如何獲得語言聯結，有助於對語言缺陷的補救。

　　兒童獲得語言，必先對該語言所代表的具體事物、動作或情緒透過五官的感覺而有實際的經驗，該事物便在腦海中形成視覺意象，此種現象稱爲視覺化(visualization)。繼而從師長親友或其他方面聽到關於該事物、動作或情緒所代表的聲音符號，透過聯結作用，該聲音符號便和其所代表的事物聯結在一起，該聲音符號便在腦海中形成聽覺意象，此稱之爲聽覺化的過程(auditorilization)。以後當事物出現時，該聲音符號便會在腦海中再度浮現，此現象稱爲再聽覺化的過程(the processes of reauditorilization)。其次，當兒童聽到該事物所代表的聲音符號時，腦中便呈現該事物的視覺意象，兒童便可以指出該聲音符號所聯結的事物。此種現象，稱之爲再視覺化的過程(the processes of revisualization)。例如當兒童接觸到狗時，他會看牠、摸牠、抱牠，甚至聽牠的叫聲，

有了這些實際經驗之後,「狗」在他的腦中形成「狗」的視覺意象而存入腦中。當他人告訴他「狗」的聲音符號時,他將叫出「狗」的視覺意象使它和此聲音符號相聯結,並將「狗」的聲音符號聽覺化,而在腦中有了關於「狗」的聽覺意象。下次當兒童再看到「狗」時,「狗」的視覺意象透過再視覺化的過程浮現在腦中,而「狗」的聲音符號之聽覺意象也透過再聽覺化過程呈現在腦裡且和「狗」的視覺意象相結合。此時,大腦指揮發音器官則說出「狗」的聲音。同樣的,當兒童聽到「狗」的聲音符號時,「狗」的聽覺意象透過再聽覺化過程會出現在腦中。同時,「狗」的視覺意象也會因聯結而呈現,如此,兒童便可以指出「狗」來。在這些過程中,如果有任何一個過程產生問題,都會造成語言聯結上的缺陷。其可能狀況如下:

1. 當兒童接觸到「狗」時,未能對「狗」有具體的實際經驗。
2. 雖然有實際經驗,卻未能透過視覺化過程而產生視覺意象(視覺化缺陷)。
3. 雖能視覺化,但未能透過再視覺化過程讓「狗」的視覺意象重現(再視覺化缺陷)。
4. 當兒童聽到「狗」的聲音符號時,未能透過聽覺化過程而形成對「狗」的聽覺意象(聽覺化缺陷)。
5. 雖能聽覺化,但未能透過再聽覺化過程讓「狗」的聽覺意象重現(再聽覺化缺陷)。
6. 具有「狗」的聽覺意象和視覺意象,但未能使二者產生聯結(語言聯結缺陷)。

以上六個過程都可能產生語言聯結上的缺陷。必須透過心理意象訓練(training of mental imagery)以加強心理意象之運作,下列

方法可以參考。其方式如下：

1. 「請看前面的狗。」
2. 「請閉上眼睛，讓狗在你的腦中呈現。」
3. 「請摸摸狗，然後想像那種感覺。」
4. 「請你想像狗的雙眼、雙腿、嘴巴、長毛、尾巴……。」
5. 「請想像狗和主人在一起的情形。」
6. 「請聽聽狗的叫聲，並且跟著叫叫看。」
7. 「請閉上你的眼睛聽聽那種叫聲，想想看再想想看。」
8. 「想想看，狗的叫聲和豬的叫聲有什麼不同。」
9. 「當看到狗時，試著去想想狗的叫聲。」
10. 「當看到狗時，試著去想想狗的聲音符號。」
11. 「當聽到他人說狗時，試著浮現狗的影子。」
12. 「試著把狗的形象和聲音符號聯結在一起。」

二、語言教學

（許碧勳撰）

㈠語言發展是一切學習的基礎

　　語言是人類藉以溝通思想、表達感情、運用思考的主要工具。語言發展的良窳，將影響其未來的學業成就、人際溝通及社會適應，進而影響其健全人格的發展。兒童在語言發展過程中，個別差異頗大，教師是非常重要的協助者，必須為兒童安排適當的學習環境；一方面能激發兒童說話的能力，另一方面須對兒童

的互動給予適當的回應。

　　特殊兒童和普通兒童一樣，一出生就要學習語言。羅賓斯(Robbins, 1964)將兒童的語言發展分成三個階段，第一階段稱為內在性語言(inner language)階段，兒童能夠運用智能去感受存在、記憶、思考；其次是接受性語言(receptive language)階段，兒童開始理解他人所溝通的內容意義；第三階段稱為表達性語言(expressive language)階段，兒童能夠以語文或非語文的形式做意思表達，表達性語言需以內在性語言和接受性語言做基礎，沒有語言表達的內容則無從表達。不過，此三者並非截然分隔，而是相互重疊存在，許多兒童會表達之前，雖然看起來什麼都不懂，其實在人際互動過程中他已學會許多內在性語言和接受性語言，一旦表達性語言成熟，便能很自然地表達出來。

(二)教師應如何安排適當的語言學習環境

　　教師必須提供語言刺激的情境，安排適當的學習環境，以及豐富的題材，讓每位兒童有表達自己感覺的機會，以促進兒童語言能力的發展。

1.提供自然輕鬆氣氛的學習環境

　　教學情境的安排必須讓兒童有說話的動機，以及感覺持續說話的必要。在自然的情況中沒有壓力，輕鬆愉快的氣氛讓兒童有足夠時間說完他想說的話。教師應引導說話能力較強的兒童學習「傾聽」，並幫助退縮或語言能力較差的兒童有較多練習說話的機會。

　　此外，教師的角色非常重要。教師的態度必須讓兒童感覺被重視，覺得老師對他所說的話感興趣。教師可多用開放式的問句

(open-end questions)，少用封閉式的問句(yes-no questions)或者只有一個答案的問句。例如兒童說：「星期天我去烤肉。」老師若回答：「哦！好不好玩啊？」還不如回答：「哦！你們去烤肉做了些什麼事呢？」比較有啓發性的問句。

2.安排合宜的活動

　　教師應該提供新的事物及較多題材讓兒童發問，並經常舉辦戶外活動、參觀社區、運用周遭環境資源，讓兒童做口語描述；提供簡易的故事書，讓兒童看圖說故事；提供一些活潑的表演，使他們可以模擬各種情況的說話態度。對於一些在語言技巧上需要幫助的兒童，教師必須設計一些身體活動的材料和設備。

　　此外，教師應注意隨機教學。由兒童自動引發與大人之間的互動。當他自己在玩或正從事某一活動時，可能會需要一些資訊、材料、回饋、肯定或其他的協助，此時，教師可運用一種自然發生的增強物或給孩子一些正面的鼓勵。換句話說，教師的教學正好配合孩子學習的需求。隨機教學的最大特色是孩子的學習是主動的，師生互動愈頻繁，兒童的學習機會愈多。爲達到隨機教學的效果，以下提供幾點建議：

　　(1)與兒童互動時間不要太長，並且要專注於他們所表現的興趣。

　　(2)要對兒童所提出的或詢問的事件感到興趣，並給予立即的、肯定的答覆，可以口頭的回答或以手勢、表情、肢體語言等的表達。

　　(3)根據每個兒童程度的不同，隨時熱心地協助他。

　　(4)製造愉快、有趣的互動機會。

3.面對兒童的說話問題

成人世界裡每天要花很多時間傳遞訊息和接收訊息。然而，兒童生活在成人所建立的符號系統中，必須學會傳遞和收受訊息的技巧，以便與他人達到溝通的目的。當兒童無法與他人溝通互動時，可能是他的內在性語言(inner language)發展尚未成熟，或者沒注意聽話者的反應，誤解了聽話者的意思〔屬於接受性語言(receptive language)障礙〕，或者是想要說的話無法表達出來〔屬於表達性語言(expressive language)方面的問題〕，缺乏表達的技巧。

兒童在發展過程中，有時說話不流暢，有點結結巴巴，其實是很正常的現象。屬於發展性的語言問題並不需要太過緊張，父母及老師只要注意引導，便可減少其發生的可能性。以下建議可供參考：

(1)父母與教師應該注意的事項

①讓孩子有充分的營養和休息，提供自主活動的遊戲，減少看電視的時間。

②提供合宜的活動，能在活動中獲得成就感並發展自尊心。

③多給兒童關懷、照顧與支持，少給予緊張與壓力。

④勸導孩子時要以平和的心情、堅定的口氣和一貫的要求，切勿過於嚴苛、嘲笑或戲弄孩子。

(2)父母與教師應該避免的事項

①避免將注意力放在糾正孩子的錯誤而嘮叨不休，應該有耐心地對孩子說：「慢慢來，別著急，想好了再講。」

②避免將焦點放在孩子的結巴語上，免得孩子更緊張；大

　　　　人要有耐心，以微笑或肢體動作來期待孩子說得更好。
　　　③孩子在他要把話說好之前，需要一段時間思考，避免在
　　　　中途打斷或催促他的說話。
　　　④避免比較兒童間的個別能力，尤其是較弱勢的一方。
　　　⑤避免嘗試去改變孩子的手部動作，因為手的控制能力和
　　　　語言的紊亂彼此間有難以理解的關聯。

　　以上建議是由 Benevolent Neglect 學派(Rieke et al., 1977)所提
出的。他們的論點是接受一般的錯誤，認為糾正孩子的錯誤會逐
漸減少孩子說話的信心，若要增進孩子們說話的技巧，就得讓他
們不停的說，否則，一旦說錯就被批評，他們就會愈來愈少說
話。雖然其論點如此，但也並非完全不在意孩子的語言問題，當
孩子在說話方面有問題時，必須施予語言訓練計畫的介入，而且
越早越好。

　　幼稚園老師可能是最早發現幼兒語言有障礙的人。老師一旦
發現幼兒有語言方面的障礙，應即刻聯絡家長，尋求專業者的協
助，以解決問題。家長們有時因為聽慣了自己孩子的說話方式而
不易察覺異狀。目前台大、榮總、長庚、三總……等各大醫院及
私人機構均設有語言治療室，提供一些可靠的診斷、諮詢與治
療。

4.早期介入計畫

　　經過診斷後確定有語言異常現象的幼兒，必須接受個別化的
語言介入計畫，幼教老師和語言治療師必須密切配合，以達到語
言治療的效果。語言治療時間不必太長，一週或兩週做一次治
療，每次只需二、三十分鐘；但由老師訓練的時間則需較長。語
言治療師可以把幼兒在治療室中所用的技巧教給老師，使老師在

教學活動時很自然的讓幼兒練習，也讓老師和家長知道幼兒進步的情形。語言治療師也可以在教室中和老師及幼兒一起工作，在自然的學習環境中從事一些有助於幼兒語言練習的活動。如此，把訓練的活動融入幼兒的日常生活中，才能發揮效用。

5.語言教學的要點

教師在語言教學進行中，應注意以下的基本原則：

(1)激起溝通的行為：語言本身就是一種刺激，環繞在我們周圍的事物或者個體內在狀況均提供了許多說話的刺激。但是對於一位語言障礙者而言，這些刺激都無法引起說話的動機，而必須透過特別的程序來引起說話的動機。

(2)確定行為目標：對於語言障礙者的發音、語言、聲音、流暢性等各方面的問題均有不同的指導方式。在教正確的發音時，可根據所選擇的音，給予適當的指導、說明及示範，讓兒童模仿學習。

(3)對於語言發展遲緩的兒童，在教學時儘量以具體的實物、圖片，或安排實際情境給予練習。以教師示範、兒童仿說為主，不必解釋文法規則或詞類。當對話練習時，應該配合動作和實例做練習。

(4)在聲音的流暢性方面，包括口吃和口齒不清，示範是主要的方法。對於口吃的兒童必須教以語言流暢的技巧，最主要的目標行為包括氣流的控制，以及把音節拉長使得速度放慢等。

(5)對於聲音異常的兒童也要給予正確的示範。音調的高低、音量的大小、音質、共鳴等均須示範，避免兒童濫用聲帶的情形，提醒他們避免用過高的聲音喊叫。聲音的理想示

範可借助於錄音機。若借助適當的軟體，如 Visi-Pitch 可以
從電腦螢幕上顯示出音高，如此，更有助於模仿治療。

(6)對於口吃和口齒不清的兒童，以及訓練與流暢性有關的技
巧（對氣流的控制、語速等），開始示範時，先一項一項
練習，然後再綜合練習。例如在說一個或兩個字之前，先
示範練習吸氣和呼氣，然後再練習減慢速度，最後再把各
個目標綜合在一起練習。

綜合以上要點，教師在示範時要注意不要過度。當兒童的正
確反應能達到示範的程度時，就停止示範。因為此最後目標是使
兒童能在自然情況下反應出行為目標，而不只是模仿而已。

三、兒童的口語溝通缺陷

㈠口語溝通缺陷的意義及類型

1.口語溝通缺陷的意義

許多專家談到口語溝通缺陷，都把說話(speech)和語言(language)連在一起。嚴格地說，二者應有所分別。Carroll(1953)對語言(language)所下的定義是：「語言是一種專斷語音或聲音順序的結構系統，在人類群集時，用以溝通人際意見，並能將人類環境中的事、物或過程予以完全的分類。」根據這個定義，則語言乃是兒童所獲得的一種內化系統或符號，並能用以溝通意見。Mclean(1975)也有同樣的看法，他認為語言是在人類社會情境中產生交互作用的一種工具，所謂「產生性交互作用」(productive interactions)，包括肢體、情感及智能或認知、需要或慾望的獲得。依此定義，則語言發展的三要素是：(1)產生性的交互作用；(2)需要或慾望；(3)智能或認知能力。

若兒童智識經驗不足，語言內容便受限制，自然無所表達。若兒童有足夠的知識經驗，但是沒有表達的需要和慾望，語言作用也無從發生。若兒童有語言的內容，也有表達的願望和需要，但是不願意和他人產生交互作用，則無溝通行為。

至於說話(speech)的定義，詹姆斯基(Chomsky, 1957)認為是：「個體使用語言的真實行為，包括談話的數量及引起說話的種種條件。」易言之，說話(speech)乃是表達語言的主要工具，當人類發出可聽見的獨特聲音以為語言之基本符號時，他就是在說話(Hull & Hull, 1973)。總之，語言與其所表達的訊息內容有關，而說話則為表達此訊息的真實行為。本文為說明方便起見，特以口語溝通(oral communication)(Hull & Hull, 1973)來統攝語言與說話二類。而以口語溝通缺陷概括語言缺陷與說話失常。

了解語言與說話之區別後，吾人始可進一步討論語言缺陷(language disabilities)與說話失常。語言缺陷是指個體不能有效表達或理解他人所表達的有意識觀念(Hull &Hull, 1973)。故語言缺陷應包括三要素：第一，是否能有效表達；第二，是否能理解他人的意思；第三，是否為有意義的觀念。最後一點尤其重要，若傳送者所表達的是無意義的觀念，收聽者無法理解是必然的，我們不能說他有語言缺陷。至於能否有效表達及能否理解，其標準應是相對的，而非絕對的，判定時應注意其經驗背景、文化語言環境及發展水準。一位從未學過心理學的人要他有效表達心理學的理念或理解他人所表達的心理學理念似乎是不可能的，我們便

不可據以稱之爲語言缺陷者；同樣的，一位外國朋友來到台灣，無法使用正確的國語來有效表達其理念也不可視爲語言缺陷；至於發展水準尤其應加注意，吾人不可期望一位五歲的兒童說出八歲或十二歲兒童所能表達的理念，也不可能希望他理解十五歲兒童所能理解的特殊觀念。所謂語言缺陷應是當他在本國語言環境中，無法表達或理解適合其發展水準及經驗背景的理念時始可稱之。是故，語言缺陷之判定，係以常模爲參照點。

所謂說話失常(speech disorder)是指「當說話者所說的音，非常不同於其他正常人，因而引起自己的注意，致影響其觀念溝通歷程，或造成說話者行爲不適應時，稱之。」(Van Riper, 1972)依此定義，則說話失常至少應包括三個條件：(1)說話者在說話時注意到自己的缺陷；(2)此種說話失常現象影響到溝通歷程；(3)因而更影響其人格適應。易言之，若沒有以上三種情況，則不必視爲說話失常。

2.口語溝通缺陷之類型

Schiefelbusch(1963)將口語溝通缺陷分成四大類：(1)構音缺陷(articulation)；(2)流暢性缺陷(fluency)；(3)發聲缺陷(phonation)；(4)語言遲滯(language delay)。

Smith 和 Lovitt(1968)修正 Schiefelbusch 的分類，將流暢性、發聲障礙及語言遲滯歸併爲流暢性缺陷一項。筆者認爲在分類上似以 Hull 和 Hull(1973)將之分成語言缺陷及說話失常二類較爲適當。前者可就語言發展之正常與否（語言遲滯）及溝通管道是否損傷（表達性、內在性及接受性）討論之，也可就中樞神經系統功能之損傷程度與環境因素區分之。

(1)語言缺陷

①由中樞神經功能損傷所造成的語言缺陷

中樞神經功能之損傷常造成許多種行為問題，其中最重要的是伴隨其行為問題所發生的語言缺陷，也就是所謂的失語症(aphasia)，包括成人失語症與兒童失語症二種。

- ·*成人失語症(Aphasia in adults)*：Weisenberg 和 McBride (1935)曾將成人失語症分為四類，即表達性失語症(Expressive Aphasia)、接受性失語症(Receptive Aphasia)、混合失語症(Mixed Experssive-Receptive Aphasia) 及健忘性失語症(Amnesia Aphasia)等。所謂表達性失語症是指表達意見或觀念的能力受損；而接受性失語症是指接受他人有意義之意見或觀念的能力受損；混合型失語症是指同時具有表達上到理解上之困難，混合型失語症患者之溝通能力所受的損傷較單獨表達性或接受性為嚴重；至於健忘性失語症者常常叫不出物體名稱，表達能力的品質與數量亦減低，但在接受能力方面也許不受損傷。

- ·*兒童失語症(Aphasia in children)*：兒童失語症除可依上述方式分成表達性、接受性、混合型及健忘性等四類失語症外，尚可分成兒童期失語症及先天性或發展性失語症。兒童期失語症是指在兒童語言發展過程中，由於中樞神經受損所造成的語言功能失常。而先天性或發展性是指語言發展之前由於中樞神經損傷所造成的語言功能失常。前者為喪失已得之語言能力；後者為喪失學習語言之能力。

發展性失語症兒童與語言發展遲滯兒童是否有所不同？艾先森(Eisenson, 1972)認為發展性失語症兒童必須是(1)非智能不足；(2)有時雖有聽力突有突無現象，但非聾童，亦無聽力喪失現象；(3)非為情緒困擾兒童。不過，有時仍會看起來像是智能不足，聾或重聽，或情緒障礙等現象，惟此種現象正是診斷發展性失語症的重要線索。例如教師在班上發現某生似有智能不足現象，則應進一步細心觀察其為長期性學業成績欠佳，抑或偶而也有表現得聰明的時候。

發展性失語症兒童尚有若干語言學上的特性，吾人若能善加注意，則有助於對發展性失語症兒童的了解。由於在口語交談時，此類兒童似無法了解其意義，故在高度口語化的環境中（如教室內），常有被忽視或困擾的現象。因此常會有不專心的現象，若損傷程度相當嚴重，以致不能產生口語時，就會有長期沉默的現象。若兒童無法理解口語符號，也就無學習說出口語的基礎。即使能說，其句子也是很簡短或不合文法。字彙很少，即使懂得不少，也無法善加應用。構音或發音方面也常有錯誤，可能併發語法上的錯誤。此外，發展性失語症兒童的視知覺及聽知覺可能受損，但最嚴重者還是在於語文的理解與聯合方面。

②由社經文化不利環境所引起的語言缺陷

兒童的語言缺陷有時不一定由於中樞神經的損傷或器官的缺陷所造成，而是由於環境的不利所造成。此類兒童的語言缺陷，包括非標準國語（如外國人說國語）及次標準國語（如部分山地同胞或部分兒童所說的國語），其主要特徵是字彙較少、句子較短、文法結構不當(Bereiter & Englemann, 1966)。Raph(1967)根據文獻探訪的結果發現此類兒童較常用名詞及動詞，少用形容詞及

副詞。Templin(1957)以四百八十位三歲至八歲的兒童爲對象研究其語言能力，他發現這些兒童的構音技巧、聲音鑑別能力、詞類變化、句子長度等都較差。

(2)說話失常

說話失常(speech disabilities)可歸納成下列三類：(1)構音缺陷，包括贅加音、省略音、代替音及歪曲音等；(2)聲音問題，包括音調異常、音量及音質異常等；(3)口吃。不僅語言缺陷兒童有這些缺陷，腦性麻痺及智能不足兒童也常有這些缺陷。

①構音缺陷

目前用來說明構音缺陷的名詞不少，例如「兒語」、「ㄌ、ㄖ不分」及「懶舌」(Lazy Tongue)等。這些名詞中，有些是兒童發展中的現象，有些則怪罪於舌頭，其實並不一定如此。一般言之，構音缺陷乃是對字的全部或部分發音錯誤的一種，最常見的有：

- *贅加音*：此種現象往往是因二字連唸時所產生的。例如「太好」唸成「太一好」，「大同」唸「大ㄚ同」。
- *省略音*：此種構音缺陷往往只能說出單字中的某些音，而不能說出另一部分的音。例如將「代」唸成「大」，「今天我不回家吃飯」唸成「ㄐ天我不黑家吃話」。使人無法了解其意義。省略音往往與字音所在位置有關。
- *替代音*：此種錯誤是以一種音來代替另一種音。通常是以易發的音來代替難發的音，如「ㄗ」代「ㄓ」；或以較常發的音代替少發的音，如湖南人常以「ㄊ」

代替「ㄅ」等。有位兒童匆匆忙忙從外面跑進來，告
訴母親說：「外面有一堆大便大約三斤重，我吃了一
斤。」母親很驚訝，追問之下，才知道他把「吃了一
驚」說成「吃了一斤」。以「斤」代「驚」，難免使
人會錯意。在低年級兒童中，最常見的替代音是以
「ㄊ」代「ㄎ」或以「ㄎ」代「ㄊ」，以「ㄅ」代
「ㄆ」或以「ㄏ」代「ㄈ」，以「ㄙ」代「ㄕ」等。

- *歪曲音*：嚴格說，歪曲音也是一種替代音，其是否另
  列一種，目前爭論甚多。邊雷波和伊文(Van Riper &
  lrwin, 1958)認為不必另歸一類。不過，有人認為另列
  一類有助於說明缺陷的嚴重程度。如有些兒童會將
  「ㄖ」音歪曲，故值得另列。本文係採後者觀點，因
  為兒童發錯的音，不一定是贅加、或省略、或替代，
  而是由於歪曲發音所致。

構音缺陷兒童在說話中可能具有一種或一種以上的錯誤。如
在「今天是我的生日，爸爸送給我一個大蛋糕」一句中，構音缺
陷兒童可能將「今天」唸成「ㄐ天」（省略音），生日可能唸成
歪曲音，「爸爸」可能唸成「ㄆㄚ　ㄆㄚ」，「給」唸成「ㄍㄝˇ」
（替代音）。

多數兒童的構音缺陷可能是在成長發展中形成的，故不易找
出原因，但也有部分屬於器官性的構音缺陷。如舌頭麻痺、牙齒
排列不整齊、或聲帶太緊或太鬆等。McDonald(1964)認為構音缺
陷的補救教學，應及早開始，治療太慢，即使在單音時能夠發音
正確，在說話時仍會有構音缺陷。

成人（尤其是父母）的語言模式，乃是影響幼兒構音發展的

重要社會或環境因素，一位口齒不清的兒童，其父母可能有更嚴重的構音缺陷；其次，兒童的產序可能也是重要的環境因素，年紀較大的兒童可能會發覺弟弟的嬰兒式語言而加以模仿，久而久之便成爲構音缺陷了；再其次，缺乏足夠語言刺激的家庭，也可能會剝奪兒童學習正確發音的機會；最後，社經水準及種族因素也可能是影響兒童說話類型的重要因素，惟這些因素彼此重疊，故不易決定係由何種個別因素所影響。

②**發聲異常**(Voice Disorder)

發聲（或發音）是由於喉頭聲帶的振動所引起的。聲帶若不振動即無聲音，由肺部出來的空氣只是經過口腔形成無聲的氣流。如ㄅ、ㄇ、ㄉ、ㄌ等屬有聲之音，而ㄆ、ㄈ、ㄊ等屬無聲之音。

發聲有五種基本特性，即音調(pitch)、音強(loudness)、音變(voice flexibility)、音質(quality)及音長(duration)等。

- *音調(pitch)是指聲音的高低*。有些兒童說話的聲音過高或過低，有時所發的聲音與年齡不相稱。如一位十八歲的男孩所發的聲音與八歲大的兒童一樣稚嫩，或一位八歲的兒童所發的聲音和廿多歲的青年一樣低沉，這些都可說是發聲異常。

- *音強(loudness)是指音量的強弱而言*。太強的聲音會使聽者感到不安，太弱時常使人聽不清楚其說話的內容。

- *音變(voice flexibility)是指聲音高低與強弱的變化*。這是良好說話聲音的特徵。日常說話中，聲音的高低與強弱常可以表現出語言的微妙意義與個人的情緒狀

態。兒童說話的聲音若平淡單調，無高低強弱之變化，常無法發揮語言溝通之效果，而且常伴隨著構音缺陷，導致口語溝通的困難。

· *音質(quality)乃是指聲音的特徵*。此與聲音的高低與強弱無關。要判斷二種音的不同就必須聽其音質。學齡兒童的發聲異常中以此類爲最多。Fairbanks(1960)將音質異常分成下列四種，即氣息聲、嘶啞聲、嘶嗄聲及鼻音。氣息聲類似耳語，這種聲音通常較微弱且乏清晰度；嘶啞聲乃是一種不諧和、刺耳、低沉的發聲，較正常的聲音爲強；嘶嗄聲是由於過度嘶喊或喉部感染發炎所致，嘶嗄聲乃是喉頭病理的指標，故具有健康意義，若長期嘶嗄則應接受醫學診療；鼻音是指不該由鼻子發出的聲音而由鼻子發聲，這種兒童往往使人有「用鼻子說話」之感，有些兒童雖無鼻音過重的毛病，但卻有「鼻音缺乏」的困難，往往使人有感冒的感覺。

· *音長(duration)是指發聲所經歷的總時間而言*。發某音時，若不能長短適中，常使人有誤解之感。

雖然文獻報告指出許多因素與發聲缺陷具有因果關係，但是聲音的誤用可能是主要原因。例如連續的尖叫、叫喊，或故意模仿他人的聲音，或發出之聲音超過其發音器官之機能極限。誤用常導致濫用而損傷喉頭之功能。其次Boone(1971)也指出某些地區性的刺激和煙霧或空氣污染等，都可能損傷喉頭而造成發音異常。

· *構音與發聲之關係*

雖然我們在三十多年前就已經注意到構音與發聲的關係，但

是有關的文獻還是很少。Williamson(1944)發現對於構音缺陷的矯正有助於音質的改善，此乃因某些發音器官係構音與發聲所共用者，故其現象相近。構音有缺陷，發聲將受影響，反之亦然。雖然美國說話及聽力調查結果已指出構音與發音之間的關係比我們所想像的還密切，但是對此相關的本質和限度卻尚乏系統的探討。例如許多研究都已證實大多數嚴重構音缺陷的兒童也都具有發聲障礙，反之亦然，且構音缺陷程度越嚴重者，其發聲障礙的程度也越嚴重，惟這種發現尚無法說明二者相關之本質，但可以看出二者係同為一種複雜現象，診療時應同時考慮，無法個別處理，當然在討論時可以分開來，但在治療時必須同時考慮，才能安排較完善的治療方案。根據過去多年的經驗，吾人若要解決兒童的學習問題，千萬不可將兒童歸入某單一類型。一九六〇年以來，在特殊兒童問題類型的決定及其對教育、社會與就業的影響方面採取不分類的新趨勢，使兒童免於受到標記之害。所以，在未來的教育主流中，教師與語言治療學家必須協調配合，從兒童的整體溝通行為的各方面著手，而非只注意構音或發聲問題。

　　③口吃

　　口吃是一種複雜的行為，通常是指說話不流暢；但如 Johnson(1967)所指出的，許多非口吃者也會有說話不流暢的現象，幼童說話也常會如此，所以單是不流暢並不足以完全說明口吃。所謂口吃是當不流暢的情形異常嚴重且頻繁，而為聽者所注意，並造成說話者之煩惱時，才稱為口吃。

　　口吃發生的早期，如果在說話中有拖長、重複發音及急促等不順暢的特性時，便可視為口吃。晚期時，情況將更嚴重，由於一句中的某一單字，或單字中的某一單音異常拖長，致使說話者

感到說話不順暢，甚至無法開口說話。例如在「明天是我生日，我請您吃蛋糕」一句中，說話者的舌頭或說話器官無法從一個位置移至另一個位置，故可能會說成「明明明……天……是……我的生……日，我……請您吃……蛋糕」，有時會說成像「ㄇ……ㄇ……明天是ㄨ……ㄨ……我……」。

　　就本質上說，口吃是一種發展現象，其嚴重程度與時俱增，通常歷經數個階段。Bloodstein(1960)將口吃的發展依年齡水準分成四個階段，第一階段大約發生在學前早期，在此時期，說話者的順暢與口吃交替出現，口吃通常發生於句子的第一個字，或介系詞、連接詞與代名詞上；第二階段通常發生在七、八歲之間，口吃之發生比例較前爲多，順暢的比例漸減，每當兒童說話較快或激動時，便會發生口吃現象；第三階段發生的年齡較廣，從八歲至成人，他已覺知在某種情況之下會有口吃情形，但並不迴避說話的場合常以替代音或其他方式以助說話之流暢；第四階段之發生年齡範圍亦甚廣，但較常見於青年後期或成人期，這是口吃發展的最後階段，有明顯的個人適應問題產生，口吃者往往迴避在某些場合中說話，且常使用替代音或遁詞，他會對自己的說話或別人的反應感到不安、害怕且敏感。當然，前面三期也會有同樣行爲產生，只是輕重不同而已，可知這種行爲乃是累積而來的。

　　邊雷波(Van Riper, 1971)認爲口吃是一種發展現象，但他的看法和 Bloodstein 不同。他認爲口吃是以四種不同的途徑或方式發展而來的。各種方式並不相連貫，各有其發展階段。邊雷波曾分析三百個患口吃的個案，他發現有 77 ％的個案可歸入此四類，其餘 27 ％不屬於任何一類。各種方式之發展特性如下：

　　方式Ⅰ：口吃開始於一歲半或兩歲至四歲左右。這種方式的

特徵是口吃現象時有時無，這種兒童常有「語言恐懼」現象，且試圖掩飾口吃。

方式II：口吃之發生期較方式I爲晚。兒童一開始說話就不順暢，沒有「語言恐懼」現象，也不掩飾自己的口吃。

方式III：發生年齡較方式I爲晚，且屬突發性。口吃一發生便覺知，並兼具挫折、掙扎等行爲，因而不敢開口說話。

方式IV：此方式較其他方式之發生年齡更晚。發生之前，兒童已有一段說話順暢的時間，然後逐漸發展出來，其情況與時俱增，到某一程度後便固置而不惡化，由於係逐漸發生，故無逃避口吃之行爲發生。

上述四種口吃發展的方式，係根據邊雷波(Van Riper)三十年來的臨床經驗，對個案加以分析觀察所發現的，其結果足以顯示口吃在長期發展中的改變模式，更可以說明沒有兩位兒童的口吃發展模式是相同的。

口吃的現象各人不同，同一個人的口吃現象也因不同情境而有所不同，其嚴重性也因時因地而異。一般言之，說話的情境若由口吃者所引發，其口吃的可能性越大。

過去五十年來，有關口吃的理論很多，早期的理論都以爲口吃的原因只有一種，近年來，許多學者已逐漸將各種理論歸納成主要的幾項。例如 Brutten 及 Shoemaker(1967)根據有關的特殊概念及因素列出四種理論：結構因素（肢體及神經概念）、心理因素、生理與心理因素間的交互作用、當代學習理論。同樣的，邊雷波(Van Riper)也將各種理論歸納成三類：結構的差異、神經症、學習理論。

本文限於篇幅無法對各種理論與各種分類一一介紹，僅就影

響最大的一種理論略述於此。愛阿華大學的 Weudell Johnson 等
(1967)認為口吃的發展是由於兒童說話的不順暢與父母或權威人
士對其說話不順暢的反應之交互作用而來的。當兒童說話不順暢
時，他立刻可以覺知他人對他的不良反應，因此，企圖改變自己
說話的不順暢，以符合他人的期望，失敗之後，便企圖避免不順
暢的說話，因而發展出不良的行為類型。根據這種理論，這一連
串的交互作用便會導致口吃，所以口吃始因於「父母對子女說話
的反應態度」。

(3)其他與說話及語言缺陷有關的因素

教師根據多年的經驗，常會發現身體上、神經上或發展上有
缺陷的兒童，常伴隨著說話或語言缺陷。雖然身體、神經或發展
上的缺陷不一定會造成明顯的說話及語言缺陷，但對口語溝通卻
有相當的影響，其嚴重程度不一。

①聽力損傷

失聰兒童的說話及語言發展所受聽力喪失之影響，依聽力喪
失之種類、嚴重程度及發生年齡之不同而定。McConnell(1973)認
為聽力損傷是語言學習的重要障礙，不僅影響語言的接受與表
達，甚至發聲與構音的方法也受到影響。說話頻率範圍內的聽力
喪失尤其影響語音的學習，聽力喪失越嚴重越不易發出正確的
音，根據 Frisina(1967)的研究，輕度聽力喪失的兒童對於頻率高
但可聽性低的音，如ㄈ、ㄊ、ㄐ、ㄑ、ㄒ、ㄓ、ㄔ、ㄕ、ㄖ、ㄗ
ㄘ、ㄙ等最易發生構音錯誤的現象，如果適當訓練，仍可發展適
當說話能力。嚴重聽力喪失的嬰兒如無適當的訓練則無法發展說
話能力，如果經過相當訓練，可以發展有用的溝通工具，惟可能
會有各種不同的構音缺陷，如氣息音、鼻音、律動不良等問題。

②腦性麻痺

腦性麻痺兒童常患有視知覺、聽知覺及觸動知覺等混淆現象。同時，其肌肉神經受損導致行動不便，故其語言發展及經驗成長均受影響，據估計約有 50 ％的腦性麻痺兒童具有語言及說話異常現象，包括發聲及構音或口吃等缺陷，其嚴重程度不一。

腦性麻痺兒童也可能會有聽力喪失，如 Athetosis 型的腦性麻痺兒童大多具有高頻率的聽力喪失，因而影響其分辨說話聲音的能力，並妨礙其正常語言之獲得。

腦性麻痺程度極為嚴重的兒童，語言治療幾乎無效，其他不同嚴重程度的腦性麻痺兒童，在細心計畫的教學之下，語言能力是可以改善的。

③唇顎裂

所謂唇顎裂或缺唇（俗稱兔唇）是指口腔上槽或（及）上唇的裂開，此係由於胚胎生長及發展初期，軟骨、上顎及上唇組織的發育不全所致。上顎的裂開造成口腔及鼻腔間的異常裂口，使得部分氣流經由鼻孔出來，此種病症約佔出生者的七百分之一(Olin, 1963)，出生後，在咀嚼、吸吮及吞嚥方面都有困難，因而妨礙營養的吸收及語言發展。大多數缺唇需要矯正手術以填補裂口，無法手術者也可用假顎，矯正手術成功者亦須語言治療。

唇顎裂兒童的典型特徵是鼻音過重、鼻音缺乏及構音錯誤(Morley, 1967)。根據莫萊(Morely, 1967)的估計，兔唇兒童的說話缺陷較正常兒童多，又因兔唇兒童常患有聽力喪失情況，故其口語溝通缺陷益嚴重。

④智能不足

Spradlin(1963)探討過去的文獻發現教養院內的智能不足兒童

中有：(1) 57 ％至 72 ％有說話缺陷；(2) 72 ％至 82 ％的重度智能不足兒童具有說話缺陷情況；(3) 8 ％至 26 ％的特殊班智能不足兒童有說話缺陷情況，較養護制度下的智能不足兒童在說話缺陷方面的比率少得多。Schlanger 和 Gottsleben(1957)研究五百一十六位教養院中的智能不足兒童，其構音缺陷的出現率為 78 ％，發音缺陷約 47 ％，口吃約 17 ％。由此可知智能不足兒童的語言缺陷情況較正常兒童嚴重，且智能越低，其語言缺陷越嚴重。然而說話失常卻不如語言缺陷嚴重。

3.出現率

Blanton(1916)曾以威斯康辛地區的兒童為研究對象，他發現語言缺陷兒童的出現率約為 5.69 ％。之後，曾有許多有關語言缺陷兒童出現率之研究，但報告的數字頗不一致。其主要原因有三：

(1)所採用標準不同：採用較寬標準者其出現率較高，反之則較低。

(2)兒童的成長：兒童年紀較長其語言缺陷的情況逐漸消失。許多語言缺陷屬發展症狀，成熟之後，不需矯正也會好。表 3-5 是美國全國語言及聽力普查(NSHS)結果，從表中可知，構音及發聲異常兒童之比率，在小學前二年呈陡降趨勢，然後降低的趨勢逐漸緩和至十二歲止。

(3)其他各類特殊兒童的語言缺陷出現率都較高。例如聽覺障礙、腦性麻痺、缺唇、智能不足及腦傷等兒童常有構音缺陷、聲音、律動及口語功能失常等現象。估計出現率時應考慮這些資料，但不宜列入出現率中。

表 3-5 係根據美國全國語言及聽力缺陷普查(NSHS)資料摘要而得，包括構音缺陷、聲音失常及口吃等出現率之估計。構音損

傷(Articulation impairment)是指構音模式甚異於標準模式，但不一定需要立即矯治者，而構音缺陷(Articulation disabilities)之嚴重性尤甚於構音損傷，且需要立即矯治者。從表 3-5 可知，構音損傷者約 1.02 ％，而構音缺陷者約佔 0.93 ％。由此等出現率顯示兩種重要趨向：(1)低年級出現率較高年級爲高；(2)前二年進步速度高於後十年。此種趨勢足於說明成熟對構音缺陷之改進具有相當大的影響，即使嚴重缺陷兒童在七、八歲時亦然，但這並不意味著吾人不必注意一、二年級兒童的構音缺陷問題。目前我們尚乏工具可以預期何種學生會隨年級增長而自動改善，何種不能。對矯治對象的選擇非常重要，十二年級的學生仍有嚴重構音缺陷者。

【表 3-5】美國一至十二年級各類語言缺陷兒童出現率

年級	構音損傷			構音缺陷			發聲損傷			發音缺陷			口吃		
	男	女	合計	男	女	合計	男	女	合計	男	女	合計	男	女	合計
1	4.85	2.81	3.87	6.89	4.51	5.75	4.61	2.94	3.81	2.51	1.11	1.84	1.75	.39	1.10
2	3.59	1.65	2.64	2.67	1.14	1.93	4.26	3.62	3.95	2.31	1.08	1.73	2.13	.51	1.34
3	1.39	.96	1.18	1.03	.51	.78	4.78	3.28	4.05	1.39	.45	.94	1.21	.90	1.46
4	1.05	.72	.90	.88	.20	.56	3.86	2.09	3.03	.88	.39	.65	1.05	.78	1.93
5	1.18	1.13	1.16	.53	.27	.41	3.07	1.53	2.35	1.06	.40	.75	1.71	.67	1.22
6	.50	.55	.53	.44	.18	.31	2.71	1.65	2.18	.09	.35	.50	.88	.25	.56
7	.60	.25	.43	.36	.31	.34	2.87	1.38	2.15	.30	.06	.18	1.31	.25	.80
8	.42	.19	.31	.06	.44	.25	2.65	1.07	1.87	.48	.25	.37	1.39	.25	.83
9	.60	.38	.49	.30	.13	.22	1.38	.82	1.11	.42	.51	.46	1.08	.32	.75
10	.24	.37	.31	.24	.19	.21	1.09	.68	.89	.42	.12	.28	1.75	.25	.49
11	.24	.32	.28	.35	.06	.22	1.01	.77	.89	.12	0.00	.06	.59	.38	.49
12	.12	.26	.19	.48	.13	.31	.78	.77	.77	.30	.06	.19	1.72	.06	.40
合計	1.23	.79	1.02	1.19	.66	.93	2.75	1.71	2.25	.95	.39	.65	1.21	.41	.82

發聲損傷(Voice impairment)和發聲缺陷(Voice disabilities)代表發聲失常的二種不同程度，前者輕於後者。就出現率而言，前者約 2.25 ％，後者約 0.65 ％，二者皆隨年級增長而改進，但在七、八歲之間的進步速率並不像構音損傷那麼快。不過，發聲缺陷和構音缺陷(Articulation disabilities)二者改進曲線相似。男童發聲缺陷的比例多於女童。在構音缺陷方面，男女之比例爲 1.6 比 1，在發聲缺陷方面則爲 2.3 比 1。

口吃的出現率較無輕重之分，學齡兒童中具有口吃者佔 0.82 ％，男女童之比率爲 3：1，前五年進步較後七年爲快，其曲線與構音或發聲缺陷不同。易言之，成熟對口吃的影響不同於對構音或發聲缺陷的影響。

表 3-6 顯示伴隨著聽覺缺陷、腦性麻痺、缺唇及智能不足等語言缺陷兒童的百分比。兩耳平均最佳聽力爲二十五分貝以上，且有嚴重構音缺陷之兒童約佔 9.49 ％，莫萊(Morley,1967)報告六至八歲口語及語言缺陷兒童中有 25 ％連帶有缺唇現象，此數字可能較爲保守。鄧恩(Dunn)指出伴隨著輕度智能不足的口語溝通缺陷兒童約佔 8 ％～37 ％，但若包括中度及重度智能不足兒童在內，則百分比可提高到 94 ％(Matthews, 1971)。多重障礙的口語溝通缺陷兒童並未包括在內。這種兒童的教育恐非一般教師、特殊教師、語言矯治人員及其他有志於提供教育機會者所能勝任的。

【表 3-6】伴隨其他障礙之口語溝通缺陷兒童出現率

障礙類型	出現率（％）
重聽	9.49
腦性痲痺	50.00
缺唇	25.00
輕度智能不足	8～37.00
中度智能不足	94.00

㈡口語溝通缺陷兒童之鑑定

　　口語溝通缺陷兒童之鑑定工作須在矯治計畫實施之前完成。蘇末(Sommer, 1969)強調甄別與鑑定的方法須符合「效果」(effectiveness)和「效率」(efficiency)兩項標準。他認為「效果」是指能否成功地發現真正需要補救的兒童，而「效率」是指甄別及鑑定的過程是否不浪費時間、金錢、精力與資料。口語溝通缺陷兒童的甄別與鑑定方式很多，應用最廣的有下列四種。第一種是艾德內(Edney, 1956)所提出的，由臨床語言專家訪視各教室，傾聽並觀察兒童的朗讀，這種方法有許多不便之處，因其不用級任教師，故浪費時間、金錢甚多，雖有「效果」但「效率」低。第二種是伊文(lrwin, 1965)所提出的，以問卷法來實施，即當教師發現其班上有嚴重語言缺陷兒童，需要臨床語言專家診治時，則填寫問卷紀錄表，內容包括構音、發聲、流暢性，以及其他說話異常有關之困難，這種方式也和上述方法一樣有效果，但效率低。第三種方法是安賜我(Amsworth, 1948)所提出的，此法係在矯治計畫

開始之前，對全校每位兒童施予簡單的說話甄別測驗，或在矯正計畫進行中對某一特定班級實施之。第四種稱為教師提供法，即由班級教師傾聽並觀察，提出明顯異常者，以得進一步檢查。

根據羅氏(Roe, 1961)研究的結果，第三、四兩種方式最廣為應用，且常合併使用，因其較合乎效果與效率原則。茲分別詳細說明於後：

1.說話調查法

本法係對每位兒童作簡短的私人面談。在面談中，即可發現兒童在構音、發聲及流暢性方面的異常現象。此種甄別方式，因經詳細計畫，故費時甚少，甄試項目往往包括一些足於引發兒童說出某些詞語或聲音的問題，從兒童回答中可知語言缺陷現象。對已建立語言矯正計畫的學校，本法若能與教師提名法合併使用，必更能發現真正的語言缺陷兒童。如果要對一年級的兒童加以甄別或矯正的話，吾人應記住兒童發展與年齡的差異。因為許多兒童的語言缺陷會隨年齡的增長而改進。當然嚴重個案也許需要早期矯治，其他似乎應先加以觀察，若每位兒童均加以矯治，徒然增加語言矯治人員的負擔。至於二、三年級的兒童似可加以考慮，因其缺陷類型已稍確定。

2.教師觀察與提供

利用上述方法發現語言缺陷兒童之後，可由教師詳加觀察。此對蒐集口語溝通缺陷兒童的異常狀況資料至為重要。教師在非正式觀察中，應靜聽每位兒童說話之內容與發聲、發音等情形。觀察時，教師應注意下列要點：

　　(1)注意聽兒童所發出的聲音，並與同齡兒童相比較，以了解其有無異常現象。

(2)靜聽其說話的速率及流暢程度。

(3)靜聽其聲音的大小、音調及流暢情形。若發現有異常情形，應繼續在各種場合中加以觀察，以確定其是否偶然發生（如喉病沙啞等）或是真正有缺陷。

(4)觀察兒童整體協調情況及其與說話有關的任何機體差異的可疑之處。

(5)評估其語言的可理解程度。

(6)注意其口語表達的文法、詞彙與一般能力，以及句子回憶的正確性與跟從命令之能力。

(7)注意兒童談話的數量，如果在正常談話中保持沈默，可能是害羞，也可能是避免其語言缺陷問題，如有口吃或構音缺陷等，也可能有聽力缺陷。兒童的沈默若係由情緒問題所引起，則需要他種治療方式。故對沈默兒童的長期觀察是需要的。

　　總之，教師應在諸如教室、禮堂、操場或交談等各種場合觀察兒童。此種觀察似不必特別安排，惟若干情形下也許需要稍加計畫，如句子的重複等。教師一旦發現兒童有可疑情況，應繼續觀察，直到收集全部資料為止。

　　教師根據觀察結果一旦發現兒童有語言缺陷現象，應即提供給語言治療人員。若語言治療人員發現兒童的語言缺陷屬輕度者，則可採教師與治療人員合作方式在原班級中加以矯治，若為嚴重個案，則需正式測驗。然後接受一連串的語言治療工作。語言治療人員若發現兒童有其他生理或心理疾病時，可提請醫師或心理學家加以治療。教師若具有觀察技能，且熟知語言缺陷之本質時，此種提供方式可能既有效果又有效率。而正式測驗及個別

矯正則專爲嚴重語言缺陷兒童所提供。

3.正式的測驗方式

(1)語言缺陷

對語言缺陷兒童施予測驗，旨在觀察其是否語言發展遲滯(language delay)或在接受性、內在性及表達性語言方面有無文法、遣詞、造句等的異常現象。目前可用之測驗不少，如丹佛甄別測驗(Denver Screening Test)中的語言部分、畢保德圖畫詞彙測驗(Peabody Picture Vocabulary Test)、伊利諾心理語言能力測驗(Illinois Test of Psycholinguistic Abilities)，及其他各種失語症測驗如明尼蘇達失語症診斷測驗(The Minnesota Test for Differential Diagnosis of Aphasis)、艾氏失語症測驗(Eisenson's Examining for Aphasia)等。目前在台灣常用的有榮總失語症測驗(Examination of Aphasia and Related Disorders)。本測驗包括：①語言流暢；②手勢辨認；③口語辨認；④用途敘述；⑤圖片物品配對；⑥認讀名稱；⑦認讀句子；⑧口腔動作控制；⑨複述句子；⑩計算能力；⑪圖文仿寫；⑫自發性書寫等十二項。所需測驗時間爲三十分至二小時，測驗材料包括指導手冊、記錄表格、五樣日用品各兩組，每組另有圖片及名稱卡片各五張、句子卡片十張等。記分方式採十二等級法依反應正確性、完整性及迅速性給分，底分一分，滿分十二分。

此外，在國內修訂完成的比西量表及魏氏兒童智力量表的語言部分亦可採用。

(2)說話失常

說話失常之診斷，應包括構音、發聲、口吃等方面。

構音缺陷之評量，可採用筆者所編的國語構音測驗爲工具。

此測驗包括圖片、文字及短文三部分測驗，用以測驗兒童「詞中音」、「句中音」及「可刺激性」等三種說話能力。本測驗係以國小一至六年級學生共一百五十人為樣本加以標準化，重測信度為 0.89，效度則採結構效度與內容效度。

施測時，主試者最好有兩位，以期能夠正確診斷。惟在施測前應先求二位診斷者的評量一致性程度。若評量者為一人時，應先預備樣品（即標準音），使主試者在評量時有所遵循。診斷時以用圖片為宜，但圖片測驗較費時，因有時圖片無法正確代替實物，致造成受試者的誤解，因而必須利用各種方法以引發兒童說出我們所希望的圖片所代表的實物名稱。文字分測驗使用簡單，兒童不會誤解，但若沒讀過，可能就發不出來。至於短文的應用，必須兒童對圖片及詞彙分測驗反應正確之後，因為本分測驗的主要目的，在測驗兒童能否在整句說話中正確發音，其所需能力稍不同於前二者。診斷之後，可依國音類型（如送氣不送氣等）加以分類，以為矯正之基礎。

此外，尚可採用口語溝通方式，即由教師發問，兒童解答。從兒童談話中不僅可以看出其構音缺陷情形，如可以觀察出來音調、音強、音頻及口吃等缺陷。兒童有發聲缺陷時，可能顯示其生理上有問題，在語言補救計畫施行之前必須先加予診斷或治療。因此，教師必須依醫學診斷結果提供父母意見。

對口吃者似乎不需要正式的測驗，教師的觀察可能就是最好的方法。由於教師、學校行政人員及家長的共同研商，語言治療人員可以從而獲得適當的資料，不必特別安排情境，進行正式測驗。

㈢口語溝通缺陷兒童之心理特性

1.智能方面

　　卡瑞爾(Carrell, 1936)分析一千一百七十四位學童發現語言缺陷者就整體而言在智力方面較一般兒童爲低。克萊(Craig, 1951)研究六百九十二位一至四年級黑人學校的學生，他發現四年級的嚴重語言缺陷學生，其智力遠低於正常學生。

　　語言缺陷最爲顯著的腦性麻痺兒童及聾童，其平均智力也較低。史田東等(Stanton et al., 1941)發現腦性麻痺兒童的智力較其他肢體殘障兒童爲低。同時，他們也發現聾童的平均智力較一般兒童爲低，不但在語文測驗上如此，在非語文測驗上亦然。渥列龍(Orenon, 1950)採用瑞文氏智力測驗發現聾童的智力在具體心理功能方面與正常兒童相近，但在抽象思考能力方面則稍遜。

2.教育成就

　　就學校成績言，語言缺陷兒童稍遜於正常兒童，多數研究也發現閱讀困難與語言缺陷有關。Weaven、Furbee 和 Everhart(1960)以六百三十八位一年級學生爲研究對象，發現其構音缺陷越嚴重，其閱讀準備能力越不足。Hildreth(1946)認爲下列語言缺陷會影響閱讀成就：構音不清或不正、聽音鑑別能力欠佳、口吃、雙重母語，以及由於語言缺陷所造成的情緒困擾。口語溝通缺陷與閱讀缺陷二者之間的關係可能有三：(1)源於共同因素：Eames(1950)研究語言缺陷與閱讀能力缺陷之間的因果關係，他認爲二者均係由語言中樞的神經功能損傷所形成，而情緒的困擾卻增加其困難程度；(2)口語溝通缺陷可能造成閱讀缺陷，如構音錯誤造成拼音不正因而導致誤解字解，尤其是對於缺乏安全感之兒童，

由於太注意其構音導致無法理解文意；(3)閱讀缺陷也可能導致口語溝通缺陷，如口吃等。

3.聽覺記憶及順序

自愛賓豪斯(Elbninghaus)的記憶實驗開始，記憶廣度便成為智力測驗的重要項目之一。一般認為聽覺記憶與口語溝通缺陷有密切關係，雖然實驗結果不太一致，可能由於實驗設計不同所致。艾先森(Eisenson, 1965)等語言病理學家均認為口語溝通缺陷兒童在聽覺記憶方面往往有缺陷。邊雷波及伊文(Van Riper & lrwin, 1958)發現構音缺陷兒童通常缺乏綜合及分析字音順序的能力。同樣的，語言發展遲緩兒童可能缺乏分析聽覺順序的基本能力。

4.人格與社會適應

邊雷波(Van Riper)根據臨床經驗認為口語溝通缺陷兒童對同伴的責罵往往表現出攻擊性或退縮性的行為，尤其表現出仇恨或焦慮。Glauber(1944)根據心理分析學派的觀點發現精神神經症病人患有說話失常情況者非常普遍。Johnson(1956)則認為這些都是挫折的結果，他說：「殘障者心理學基本上也就是挫折心理學，其原理亦可適用於口語溝通缺陷者。試想由於口語溝通缺陷致干擾其人際關係，如何不感到挫折呢？是故，口語溝通缺陷與人格是交互影響的。不僅互相循環，而且互相累積加劇。」拜瑞和艾先森(Berry & Eisenson, 1956)探討有關口語溝通缺陷者人格特質之文獻發現其常有社會不歡迎的人格特質，此種傾向隨年齡增加而增加其不適應程度。口語溝通缺陷者又常有動作協調或控制欠佳、智能較低教育程度不高時，故很難決定人格特質與口語溝通缺陷二者間的相互因果關係。可能是口語缺陷加上其他缺陷形成

人格不適應現象。

　　兒童語言發展遲緩受父母過度保護或拒絕態度之影響很大。Mowrey 認為兒童應先向父母的語言行為認同，然後才能學習語言，當兒童感覺出父母不良適應態度之後，便不願向父母認同，因此無法發展語言能力，甚至表現下列特質：(1)消極抵抗；(2)自我否定；(3)自我隔離；(4)依賴年長者或無生物，並樂於身體接觸；(5)情緒不穩定。

㈣補救措施

　　發現兒童的口語溝通缺陷後，最主要的工作就是要安排適當的補救措施。計畫補救教學時，我們最常犯的毛病是計畫週詳、組織完善，但忽視了兒童的真正需要。一個良好的補救計畫最需要考慮的，不是進度表、組織安排、教師或治療人員，而是應特別注意兒童的情感及其可能反應，以及預期結果。主要原則是：此計畫是否最有助於兒童完全參與補救教學活動及實際生活情境。

　　實施補救措施之前，應先注意下列問題：(1)兒童的語言缺陷是持久性的，還是將隨年齡之增加而消失？(2)此種缺陷是否影響其教育或生活調適？(3)此種缺陷是否需要治療？兒童對治療的反應如何？願意接受治療嗎？他是否需在接受語言治療之前，先接受其他醫學或心理治療？(4)父母親的反應如何？見解如何？(5)何種治療方式較適當？讓兒童在普通班級中由語言治療師諮詢級任教師予以治療呢？或讓兒童離開班級到語言治療室接受治療？

　　上述問題獲得解答之後，最後的重點則在於語言治療師的責任，及其與教師間的關係。茲分述教師、語言治療師之角色於

後，並就二者之間的合作關係提供若干建議。

1.教師之角色

教師的角色在整個語言治療計畫中居於極重要地位。不論採取何種治療方式，教師對兒童的態度，直接間接影響其情感及同學對他的看法。教師對兒童的完全接受，是以增進其接受治療的信心。

⑴語言缺陷兒童的矯治

許多學校教師都把語言發展視為閱讀前或閱讀準備的重要計畫。語言發展計畫的主要目標在發展兒童進行學習時所需的表達性與接受性語言。讓兒童試探各種經驗以發展其概念、詞彙及語言結構。許多為文化不利性兒童（缺乏早年語言經驗）或明顯語言缺陷兒童所設計的語言發展方案，對一般兒童而言也相當有興趣，且富刺激性，足以充實其語言能力。

教師應該了解母語非標準國語的人在學習國語時所產生的問題。下列建議可供教師參考：

　　①教師指導兒童時，注意兒童是否了解指導語，若不了解，應加說明使其了解。

　　②觀察兒童語言中所用的詞彙與文法，及其造句結構中省略的部分，然後逐漸授予所欠缺的詞彙、文法及造句，以利其接受教育。

　　③避免暗示其語言是錯誤的，而強調同一件事有各種不同的說法。

　　④不要把兒童的智力與其說話能力聯想在一起，以免影響其自尊。

Bricken 和 Bricker(1974)曾根據行為學派的理論設計了一套語

言訓練方案（如圖 3-10）。此訓練方案包括基能評估、聽力鑑別、模仿訓練、理解能力訓練、產出能力訓練及造句能力訓練等六大部分，各部分均分成起點行為、訓練及終點行為或預期目標等三個階段。當然並非所有兒童都必須從基能評估開始，如果兒童已有概念的接受性字彙，則可從產出能力訓練計畫開始。

對於一位新接的個案，教師可先施予基能評估，以確定該個案是否具有學習語言的基本能力，然後再評量是否具有鑑別能力，並經由簡單反應的學習、聲音的控制及聽力的評估以確定其聽力程度。在模仿訓練方面先做大肌肉動作的模仿訓練，依此類推，以達建立應用簡單句的能力。

教師可能在班級中發現失語症(Aphasia)兒童。此時，時間與耐心至為重要。茲分述於後：

①教師指導兒童時應慢慢說，所用語言應儘量簡單。必要時可重複或示範。

②如果兒童有問題，應給予充裕的時間發問，因為他也許有表達性語言困難，致發問延緩，甚至可能要以動作來表達其意圖。

③教師應注意兒童在語言方面有何長處並鼓勵其運用。

④儘量使兒童有成功的滿足感。

⑤教師輔導語言缺陷兒童時，應儘量諮詢學校心理學家，或特殊學習缺陷專家。

(2)構音缺陷兒童的矯治

班級教師可以安排許多活動以改正兒童的構音缺陷，不過，最好先與語言治療師研商。語言治療師可以提供標準聲母與韻母的發聲資料，教師可據以協助兒童改正發音。其方式是指導兒童

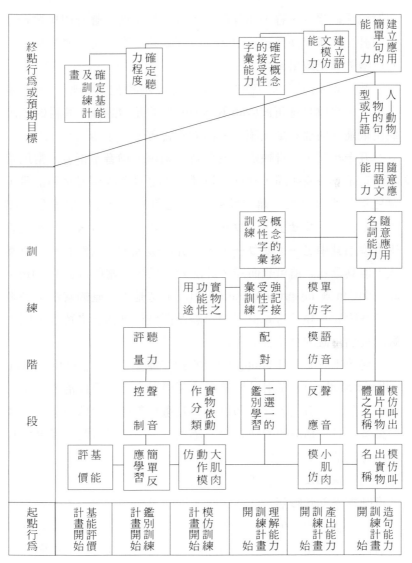

【圖 3-10】兒童語言訓練程序圖

面對鏡子觀察舌、唇、顎等發音動作，以了解有聲音與無聲音之不同發音動作，使自己知道如何改正缺陷。有時可藉發音練習手冊以增強矯正效果。

教師改正兒童發音的有效方法是訓練兒童「聽」而不是「說」。也就是邊雷波(Van Riper)所說的聽力訓練。其目的在訓練兒童區別何種音是正確的，何者不正確。

五十年前，構音缺陷之治療特重訓練，構音不正者，常反覆唸著句子，一有錯誤，立刻予以矯正；之後，改用刀叉等器具，要兒童說出其名稱，藉以診斷錯誤之所在；再後，要學生說出「ㄅㄚ」、「ㄅㄝ」、「ㄅㄧ」、「ㄅㄛ」、「ㄅㄨ」，然後要學生說出其中之一（如ㄅㄧ），如此反覆練習，自然有時可以奏效，但其乏味之情可想而知，此法乃將構音失常與拼音不正(mis-articulation & mispronounciation)相混，這是不正確的看法。多數構音缺陷兒童難於辨認自己的錯誤及區別標準構音之特性，因而難於發出正確的標準音。

楊氏(Endna Hill Young)所倡的動作運動覺訓練法(Motor-Kin-esthetic Method)不僅用以教導語言遲滯兒童，也用以治療兒童的構音缺陷。本質上，此法乃以密集刺激為基礎，這些刺激並不限於聲音，且包括觸覺及運動覺。治療師在兒童發音時，觸壓其臉部或身體部分，可以協助其認知發音部分、運動方向及氣壓流量等。例如採 MK 法治療ㄒ、ㄕ、ㄙ等錯誤時，兒童躺在桌子上，治療師首先壓其腹部，使其呼吸，同時發出ㄒ、ㄕ、ㄙ的聲音。

現代語言治療專家不贊成此法，第一，此法需有三頭六臂方可勝任治療工作；第二，所謂標準發音各人不同，且因不同語詞而有不同位置。

　　Backus和Dunn(1947)反對以無意義音節作密集練習和刺激的方法，他們強調團體治療，且應在正常談話中實施，而非單獨音節或單字，他們更認為人際關係有助於構音之成熟，而不必集中於不正確音的練習。

　　目前語言治療專家都主張採取有意義構音治療法，其理由是：①為避免過度練習而生厭；②使知構音失常的重要性；③為避免容易類化。語言不僅是一種聽覺技能，而且包含思考、情感、自我觀念及其他個人因素。雖然如此，許多治療工作仍強調標準發音的聽覺和動作特性。

　　最近應用工具制約法進行有計畫的治療之趨勢越來越顯著，此法對訓練兒童辨別語音很有效，但對獲取新的語音不一定有效。

　　根據國語語音的特性，所有連續音如ㄓ、ㄔ、ㄕ、ㄖ、ㄗ、ㄘ、ㄙ等都可單獨構成有意義的語言，故在治療時可施予單音治療，惟其他破裂音如ㄅ、ㄆ、ㄇ及ㄍ、ㄎ、ㄏ等必須和其他韻母合併，方可構成有意義的語音，故在治療時，以與韻母相拼為原則。每次練習一、二音，但也可同類音一齊教學，譬如兒童的錯誤係在於無法辨別塞爆音和塞擦音，則可將此二類音予以比較。

　　當兒童有多種構音失常現象時，究竟應以何者為優先治療之標的，可遵循下列原則：①最基本的音；②最簡單的音；③在兒童發展中最早學會者；④在幾次治療後可正確發音者；⑤別人也可以覺察出來者；⑥成對的可以一齊著手治療，如ㄙ與ㄖ、ㄍ與ㄎ等；⑦ㄌ、ㄨ、ㄦ等音最難治療。

　　教師在班級中治療兒童的構音缺陷應先從聽力訓練開始，其方式可採取下列四個步驟：

　　①隔離

教學生從「字」中把單音隔離出來。

　　　　•*適合於年幼兒童之活動*：教師提示兒童一張卡片，卡
　　　　片上有許多圖片（包括各種人、事、物等），要學生
　　　　從這些圖片中找出所要學的音，越多越好，等學生找
　　　　好之後，教師慢慢地唸出該音讓學生注意聽。

　　　　•*適合於年紀較大兒童的活動*：教師提示兒童一些詞
　　　　句，其中某些詞句包含兒童必須矯正的音，學生看過
　　　　之後，把該音圈起來，然後由學生唸出這些字，惟圈
　　　　起來的音可以不必唸。

　　②刺激

把兒童犯錯的音連續反覆唸給他聽，並發問有關問題。

　　　　•*適合年幼兒童的活動*：教師把某音連續唸出，但時唸
　　　　時停，每次停止時間不定。例如唸ㄕ……ㄕ…ㄕㄕㄕ
　　　　…………………ㄕ……，要兒童聽到ㄕ聲時把手舉起，
　　　　不發ㄕ音時把手放下。

　　　　•*適合年紀較大兒童的活動*：教師以不同韻動發出某
　　　　音，兒童一邊聽，一邊把韻動形式畫在紙上。

　　③認定

讓兒童認知正確音並反覆練習。

　　④區別

　　比較並對照正確音與不正確音，這是最重要的步驟。有些音
單憑聲音是很難區別的，如ㄓ、ㄔ、ㄕ、ㄖ等，可提供視覺線索
以益練習。

　　　　•*適合年幼兒童的活動*：教師唸一些字或詞，有時故意

把某音唸錯，兒童聽到唸錯音時便做訊號（如舉手等）。

- *適合年紀較大兒童的活動*：教師唸一篇文章，有時故意把某些音唸錯，兒童可在文章上把錯誤處畫出來。

　聽力訓練是一項非常複雜的歷程，上述步驟只是簡單敘述而已。吾人應積極發展聽力區別測驗及訓練教材，以爲發展兒童聽知覺、讀書、拼字及說話能力之基礎。

　有些兒童在接受聽力訓練之後便能說出正確的音，若兒童仍說不正確，可能需要提示構音器官如何運動以發出正確的音，或請教語言治療師有關問題。

　當兒童學會正確語音之後，就必須把該音介入說話的語型中，此步驟又可分爲幾個階段：①重複唸正確音，此步驟有時可以省去；②練習含有該音的字；③練習該音在字的不同部分；④練習含有該音的句子。各階段應熟練之後方可進入下一階段，這種練習需要學生具有「自我監聽」能力。

　第三個步驟是當兒童學會該音之後，把該音在實際會話中加以練習。此步驟的進行最難，因爲兒童對於新矯正的音總不如舊有的錯誤音熟練。不論教師自己治療或協助語言治療師增強治療效果，教師在此階段甚有助益。在轉移過程中，教師應注意下列幾點：

①兒童在對他人說話之前可先做練習，以保證每次的發音都很正確，以增強其信心。

②會讀的兒童，可以讓他大聲唸一段文章，要他注意自己有無錯誤。

③安排一段簡短的會話，先與教師，再增一、二人然後逐

漸增多人數。會話中訓練兒童注意監聽自己的發音，然後再自己練習。

④教師應逐步安排適當環境使兒童可以在各種場合中與人交談，但不可操之過急。兒童不可能一下子就學會說好，其轉變是非常緩慢的，且逐步改進的，這都有待教師愛心與耐心的滋潤。

(3)發聲失常兒童的補救

教師若發現兒童發聲氣息聲過重、沙啞及時有鼻音過重或缺乏等問題時，應將此發聲異常情形告訴其父母，並建議父母親帶他去看醫生，以診斷其發聲異常是否由於生理因素所造成，若無生理因素，則教師可用各種方式矯正其聲音異常。如兒童聲音過高或過大，教師可要求學生聽自己的聲音，使其了解在何種情況下應該大聲，何種情況下應該小聲及何種情況下應該輕聲；又如兒童聲音太單調缺乏變化，教師應使兒童了解同一句話可因語調不同而有不同的意義。並讓他自行練習。

(4)口吃兒童的指導

教師所遭遇到的兒童口吃現象，在一年級以前可能只是拖長語音、遲疑不語或重複字音等，兒童尚不知口吃現象，也未感焦慮；年紀較大之後，口吃現象形成，兒童已能自覺口吃，且感焦慮，因而顯現企圖排除不流暢的掙扎行為。

教師必須了解兒童口吃現象並非經常如此，只是出現於某些時刻或場合。環境的壓力越大，其口吃的情況越嚴重。教師對口吃兒童最大的幫助是創造一個親愛、熱忱、悅納和無批評的班級氣氛，這也是一般兒童所需要的。這種班級氣氛深受教師人格與態度所影響。教師如能認識兒童在能力、儀表和行為等方面的個

別差異，又能悅納每一位同學，且能以舒適、自信的方式領導全班同學，必能提供口吃兒童及其他兒童優異的語言矯治及發展的環境。

　　班級中其他學生的態度是影響兒童口吃的第二種重要因素。通常年幼兒童對明顯障礙的兒童較能接受，並經常給予同情與協助；但如某一兒童偶而嘲笑口吃兒童時，其他兒童也會加入，尤其是他在班上人緣欠佳時更會發生。此時，教師可安排口吃兒童至其他場所作功課，然後與全體同學公開討論並回答問題，也許能給予其他同學隨時教學，以改善他們對口吃兒童的態度。

　　教師輔導口吃兒童時，請注意下列特殊技巧：

①要兒童說話之前，應先告訴他，使他有足夠的時間準備而不致臨時驚慌失措，助長口吃。

②教師與兒童交談時應注意聽其說話內容而非其說話不流暢的現象。

③分配口吃兒童在班上擔任適當職務，使兒童能從工作中獲取他人的尊敬。

④讓兒童在各種情境中嘗試各種成功的經驗，但也應協助他接受失敗，因為說話也是一連串成功與失敗的歷程。

⑤注意他情況良好的時候，當他說話順暢時，應給他更多的機會說話。

⑥協助他建立生活常規，避免在任何工作中催促他，他必須和正常兒童一樣遵守校規，這也許需要某些壓力，但不可在說話上加壓力。

⑦協助他建立信心，避免造成其焦慮。

⑧不允許他以口吃為藉口逃避作業，如果需用口語而他實

在無法勝任，則可改用書寫方式。

⑨避免任何標名，因標名不僅對他無益，反而有害。

目前已有許多指導口吃的方法，例如「慢慢說」、「重來一遍」、「停下來想想」、「開始前先深呼吸」、「用另一個字說」等，這些方式也許會成功，但並未真正解決問題。這些方法比較適合年幼兒童，教師乃為主要矯治人物，但應諮詢臨床語言治療師、學校輔導人員、心理學家及社會工作者。當然如果家庭環境與家長態度對兒童影響很大時，應輔導其父母。一般言之，臨床語言治療師都希望幼童能在原班中接受治療，而由他們給予間接協助。

前述許多有關壓力與焦慮的建議雖比較適合於初期缺陷者，但也適用於三、四期的初、高中學生。為使口吃的中學生能有更多參與學校生活之機會，謹提供下列建議：

①許多口吃兒童在唱歌時不會口吃，如果發現兒童對唱歌有興趣時，可鼓勵他參加合唱團。

②如果口吃兒童會背誦詩歌等材料，則可在語文或戲劇課中予以鼓勵。

③許多口吃兒童可以大聲流利朗讀，如果兒童具有這種能力，可以在許多課中加以利用。

④教師可從與口吃兒童面談中，了解其口吃之各種不同難易情境及其特殊興趣，並引導其從事喜歡的活動，使在活動中獲得說話成功的欣喜。

當然，語言治療師也許採用個別或團體諮商輔導的方式，運用特殊技術對年齡較大兒童加以處理。

(5)其他缺陷兒童的輔導

有些影響說話的因素非常複雜，有待語言治療師直接輔導，教師若能有所了解，更可幫助兒童在班級中的適應。

①聽力損傷兒童的指導

聽力嚴重損傷足以造成說話失常或語言缺陷。若教師對其有所認識，且予以適當幫助，則聽力損傷兒童可在正常班級中學習。學者建議應使兒童在班級中移動位置，使其看且聽得最清楚。最適當的方式是光線照在教師臉部，教師應說話自然，將重要思想板書，並注意兒童表情，一旦發現兒童可能不清楚，便應設法加以解釋。

部分聽力損傷的高中生因理解困難而無法做筆記，教師可請一位筆記較佳的同學將筆記複寫，一份給聽力缺陷兒童。如此不僅可以解決困難，而且可以建立彼此情感。

②小兒麻痺兒童的指導

由於小兒童麻痺多數具有多重障礙，故語言發展不易，教師協助之可能性端視其障礙程度而定。嚴重者甚至無法發出基本語言，前述原則固可採用，但進步必較輕度者爲慢。入學前的口語訓練有助於入學後的學習，故需專家服務，如聽力學家、物理治療師、心理治療師、語言治療師及醫師等。

③缺唇兒童的指導

多數缺唇兒童的語言缺陷由專家治療之，但若教師了解缺唇情況，則有助於治療工作。有些缺唇兒童於手術後，仍然有發音不正現象，尤其是ㄕ、ㄙ及ㄅ、ㄆ、ㄉ、ㄊ等音。矯正工作可由語言治療師執行，但教師可在訓練中增強矯正效果。

④智能不足兒童的指導

　　智能不足常伴隨著語言缺陷，因智力與語言之關係至爲密切。過去智能不足兒童教育大多偏重於基本能力的提高，今後亦應重視語言治療，班級教師及輔導應攜手合作，語言治療師的服務，亦應保持彈性，有時協助教師，有時直接參與治療工作。

2.語言治療師的角色

　　語言治療師在整個治療計畫中扮演三種角色。第一種是提供教師及其他人員諮詢服務；第二種角色是提供直接服務；第三種角色是擔任治療計畫的行政工作。

(1)諮詢服務

　　語言治療師係爲學校治療小組的成員，學生有困難時，教師可邀請各類專家（包括語言治療師）共研解決之道。其次，他可提供間接服務，協助教師設計治療方案，並進行追蹤、校正等活動，以確保治療效果。也可在兒童接受治療後，協助教師在原班級進行增強活動。語言治療師也可做爲學校語言治療的資源人物，提供甄別及訓練教材。

(2)直接服務

　　如果學校語言治療計畫設計完善，執行良好，則只有重度語言缺陷兒童需要語言治療師的直接服務，其嚴重性之標準可視其是否影響學業成就及生活適應而定。有些兒童需要特殊技能，如行爲改變技術或聽覺障礙兒童的聽力訓練，讀唇技能及發音矯正等，都需要語言治療人員的直接服務，更需要教師與語言治療人員的共同合作。

四、心理語言訓練法

柯克(Kirk)設計了伊利諾心理語言能力測驗(ITPA)，用以測量兒童的心理語言能力，並且根據測量結果加以矯正訓練。ITPA共有十二個分測驗，包括下列領域：

1. 聽覺接受與視覺接受：認知或理解外在刺激的能力，也就是獲得外界訊息的能力。
2. 聽覺記憶與視覺記憶：對無意義刺激的短期記憶。
3. 聽覺聯結和視覺聯結：對多種聽覺或視覺刺激做有意義的聯結。
4. 文法完形與視覺完形：偵察缺病部分並使之補成完形。
5. 語文表達與動作表達：以口語或動作表達理念。
6. 補充測驗：聽覺完形與拼音。

ITPA主要包括聽語和視動兩個溝通管道，其刺激輸送過程包括接受過程、組織聯結過程和表達過程，各過程又可分成自動層次和表徵層次（如圖3-11）。此十二個分測驗經施測後可繪成剖面圖（如圖3-12）。

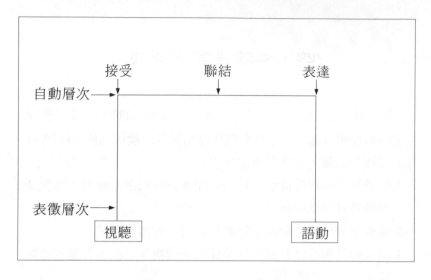

【圖 3-11】ITPA 結構簡示圖

年齡 ＼ 分數					表徵層次						自動層次					
					接受		聯結		表達		完形		順序記憶		測驗	
	CS	MA	PLA	其他	視	聽	視	聽	視	聽	文法	視	聽	視	聽覺	拼音
10.0																
9.6																
9.0																
8.6																
8.0																
7.6																
7.0																
6.6																
6.0																
5.6																
5.0																
4.6																
4.0																
3.6																
3.0																
2.6																

【圖 3-12】ITPA 剖面圖

　　上述十二種心理能力，我們可採用以測量我國兒童的有：聽覺接受、視覺接受、聽覺記憶、視覺記憶、聽覺聯結、視覺聯結、視覺完形、語文表達和動作表達等。教師若能了解其意，也可設計補救訓練方案。以協助學習有困難的兒童。

　　心理語言能力有困難的學生，在下列各方面可能顯現一種或多種困難：

1. 聽覺接受方面的困難：(1)兒童無法辨識環境中的聲音；(2)兒童未能發展傾聽態度；(3)兒童對「字」、「義」的聯結有困難；(4)有時無法理解整句話的意思。

2. 聽覺聯結方面的困難：(1)兒童不能將二個概念相關聯；(2)兒童無法辨識並說出二概念間的直接或間接關係；(3)兒童無法將概念加以分類；(4)兒童無法想出並評估解決問題的選案。

3. 語言表達方面的困難：(1)兒童缺乏基本發聲技巧；(2)兒童缺乏適當詞彙；(3)兒童缺乏隨意表達的能力；(4)兒童缺乏人際語言溝通能力。

4. 聽覺完形方面的困難：(1)兒童無法充分表達所呈現之事物；(2)兒童缺乏短期記憶；(3)兒童無法對所聽所聞加以適當反應；(4)兒童經過多次練習之後仍無法學會；(5)兒童有拼音上的困難。

5. 聽覺記憶方面的困難：(1)兒童無法注意聽覺刺激中的細節；(2)兒童無法注意並重述所聽所聞；(3)兒童無法保存資訊。

6. 視覺接受方面的困難：(1)兒童缺乏視動知覺的先備技能；(2)兒童缺乏知識和經驗；(3)兒童常常視而不見；(4)兒童無法說出視覺符號的意義；(5)兒童無法運用視覺意象。

7. 視覺聯結方面的困難：(1)兒童無法將所看到的二樣事物產生

概念上的關聯；(2)兒童無法辨識二視覺概念間直接或間接關係；(3)兒童無法辨識概念的類別。

8. 兒童無法想出並評估解決問題的選案：(1)兒童缺乏知動的先備技能；(2)兒童缺乏動作表達的意念；(3)兒童無法將理念用動作加以表達。

9. 視覺完形方面的困難：(1)兒童缺乏知覺先備技能；(2)兒童缺乏視覺化的能力；(3)兒童缺乏將不同「視界」加以組合的能力；(4)兒童對事物的知覺較慢。

10. 視覺記憶方面的困難：(1)兒童無法注意視覺細節；(2)兒童無法記住看過的事物；(3)兒童因視覺記憶缺陷無法讀出語句；(4)兒童有儲存和從記憶中取用資訊方面的困難。

　　教師透過觀察和 ITPA 的診斷後發現兒童可能的缺陷，便可參考 ITPA 的題目，編訂教材施教，以求補救。例如聽覺接受方面有缺陷的兒童。至於心理語言訓練和課業改進之間的關係並未十分明確，但是，至少在心理語言能力方面會有所改進，對於其他非學術性的活動能力的增進有所助益。

　　若無法辨識環境中的聲音，則可採取下列方法：

1. 先教兒童從環境中區辨特殊聲音，以協助發展聽覺的形狀與背景能力。

2. 先教兒童認識環境中特殊聲音的意義。例如鋼琴聲、打球聲、開車聲或其他情緒性聲音，兒童可以矇上眼睛練習。

3. 再教兒童認識特殊聲音及其代表的意義，然後讓兒童在聽到該聲音後做出反應。例如聽到「拍」的聲音就是要拍手，以後老師說「拍」，兒童就會拍手。

第五節　概念分析與概念教學

一、概念爲解題之本

㈠代罪羔羊

好奇心是人類的天性，心理學家視好奇心爲人類的基本動機之一。所以兒童從小就很熱衷且樂於學習。

在入學之前，沒有考試，也就沒有會不會、對不對的問題。兒童可以慢慢學，根據自己的能力和需要來學習。有些兒童很快就學會，有些可能要花很長的時間，但是只要學會了，父母都會很高興，不會用其他的方式來檢視兒童是否眞正學會了。

兒童入學之後，情況就大不相同了，在兒童學習之後往往必須接受學習成就的評量（考試）。父母都是期望子女得滿分，如果兒童偶而答錯了，父母、教師都會說：「這類題目已經教過了，在複習的時候，你都會，爲什麼考試的時候都不會了，太粗心了吧！」「粗心」成爲兒童答錯時的「代罪羔羊」。

㈡「一」怎麼長大了

從前有一位員外，為了培育他的小孩，特別請了一位老師來教導小孩識字。教師花了一段時間終於教會小孩認識「一」這個字，老師便告訴老員外，老員外很高興，立刻設宴宴請賓客。餐會中，老員外特別安排小孩表演他所認識的「一」字，老師找來一塊黑板，在其上寫了一個大「一」字，要小孩唸出來，小孩看了半天就是唸不出來，老師和老員外都很著急，老師連番暗示，小孩還是唸不出來，最後老師只好問小孩說：「我不是教過你『一』字嗎？怎麼忘記了，太粗心了吧？」小孩子摸摸頭說：「這個字也是『一』嗎？怎麼長大了，我怎麼會認識呢？」

㈢死腦筋，沒變化

對於這種小孩，我們常常說他是「死腦筋，沒變化」。其實，兒童的智力固然有關係，但是，教師的教學方法和兒童的學習方法都有關係。教師如果只用一種實例來教某種名詞或概念，或兒童完全以死背的方法來學習某一名詞或概念時，那麼，兒童常常只知其一，不知其二，只能舉一反一而不能舉一反三。例如，教師教小朋友「一」時，如果只教兒童在稿紙的格子內寫「一」，反覆百遍千遍。沒有字體大小的變化、數學的變化、故事的變化、情境的變化等等，則兒童難免會有上述情形發生。這怎麼能夠怪小孩呢？太不公平了吧！

㈣聽聽名家怎麼說

心理學家蓋聶(Gangé)認為人類的學習具有階層性，從最簡單

的訊號學習→刺激反應學習→多重刺激反應學習→語言聯結學習→多重選擇學習→概念學習→原理原則學習→到最高層的問題解決學習。最高層的問題解決學習植基於原理原則和概念的學習，若兒童真正了解概念和原理原則，才有學習問題解決的可能，而原理原則的學習必須以概念學習做基礎，因為原理原則中都含有若干的概念，若不能了解原理原則中的概念，必然無法了解該原理原則；其實，概念的學習必須以語言做基礎，概念中包含數個抽象化的語詞，若未能真正了解該語詞，自然無法了解該概念。總之，所欲解決之問題中往往包含若干概念和語詞，同時欲解此問題常須用到某些原理原則，而原理原則中也包含若干概念和語詞，兒童若能了解這些原理原則及其概念、語詞以及問題中的概念、語詞，才有解決問題之可能。例如有三枝筷子長各為二公分、六公分、七公分，是否可以圍成一個三角形？此問題中含有相當多的語詞，如筷子、長、各、為、公分、是否、可以、圍成、三角形；也含有若干數詞，如一個、二、三枝、六、七等；此外，尚有若干重要概念，例如數的概念，長、圍成、三角形等。兒童了解了這些名詞之後，就可以開始解題。老師可以教兒童把三枝筷子排排看，是否圍成一個三角形，最後，兒童發現有一枝太短無法圍成三角形。教師若每次都以同樣的題目讓兒童來試解，即使學過幾十遍，他也只能做同樣的解決而已。有一天，如果教師改用其他的方式、數字、器材，例如書上的三條直線各為十公分、五公分、三公分，可否圍成一個三角形？或小明用尺畫三角形的三個邊，其長各為八公分、四公分、三公分，您能不能說明小明有沒有量錯？此時，兒童將無法解題，其中包括概念的理解和類化，更重要的是他必須了解三角形的二邊之和大

於第三邊和二邊之差小於第三邊的原理原則，此原理原則又包含了相當多的概念；必須完全了解，且能類化，才能有效正確的解決問題，否則只會死背解決而已，一旦有新的、類似的題目，兒童無法類化解法時，常常會被父母教師認為是粗心。

㈤真理解和假理解

當小孩學過認識三角形的圖形之後，老師問小孩是否已經認識三角形了。小孩會說：「已經認識了。」老師為了試探小孩是否真正認識三角形，乃拿出原來教小孩認識的三角形，要小孩說出是否為三角形。小孩會說：「是三角形。」老師很高興，他認為小孩已學會了三角形，現在讓我們來看看小孩是否真正理解「三角形」。其實，小孩可以靠強記來認識三角形。小孩如果真正理解「三角形」，他必須能夠類化，也就是當老師向小孩展示直角三角形或鈍角三角形時，他也能認出三角形，像是他能從典型三角形遷移到直角三角形和其他形式的三角形。此時，小孩是否已經真正理解了「三角形」？實際上，即使小孩能夠答對典型的三角形和各類的三角形，仍然不能認為他真正理解，小孩是否真正理解，除類化外，尚須能區別。易言之，小孩除了能看出真正的三角形之外，還必須能夠認識不是三角形的圖形，例如梯形等。所以，其理解應該等於類化加上區別。請看下列實例，試試看您是否真正了解概念。

1.實例一

小孩看到	小孩說	小孩是否真正理解「狗」的概念	
家中的獵犬	狗	是____	否____
別人的獵犬	狗	是____	否____

蘇格蘭犬　　　　狗　　　　　是＿＿＿　否＿＿＿

　　當小孩看到家中的獵犬、別人的獵犬和蘇格蘭犬都能說是「狗」時，我們常常以爲他已經知道狗了，其實實例一只能說小孩已能類化「狗」的概念，尚不能說他已眞正理解「狗」的概念。

2.實例二

小孩看到　　　　小孩說　　　小孩是否眞正理解「書」的概念
課本　　　　　　書　　　　　　　是＿＿＿　否＿＿＿
字典　　　　　　書　　　　　　　是＿＿＿　否＿＿＿
卷宗夾　　　　　不是書　　　　　是＿＿＿　否＿＿＿

　　在此實例中，小孩能說出字典也是書，顯示他有類化的能力，又能說出卷宗夾不是「書」，顯示其有區別的能力。能類化又能區別可以表示小孩已眞正理解「書」的概念了。

㈥概念的涵意

　　概念(Concept)是指同類事物獲得概括性的單一認知經驗（張春興，民78），例如「球」字乃代表所有不同種類、不同性質的球，所以「球」是一種概念。戰爭、民主、節慶等都代表某類「事」的概念，筆、車、衣服、樹等都代表某類「物」的概念，年、月、日、時、分、秒等都代表某類「時間」的概念，河流、山脈、沙漠、城市等都代表某類「地理」概念，愛、恨、喜歡、痛苦等都代表某類「情緒」的概念，其他尚有代表語言、文字、數量、公式、方法、趨勢、次序、分類、範疇、標準、理論、原理、原則和結構等的概念。

　　世界上尚有許多特定的事物例如月亮、太陽、岳飛、阿里

山、長江、太平洋、七七事變、馬關條約、井田制度、公尺、句
號、畢氏定理、特殊教育法和國立台灣師大等，這些事物稱爲獨
體(identity)。這些事物因無同類的其他事物，所以彼此間無法類
推。

有些概念可以合併成較大的概念，這種較大的概念稱爲統念
或通則(generalization)。統念往往含有數個概念，在抽象層次上也
較高，其一般規準如下(Meeker)：

1.涉及兩個或兩個以上概念的主題

此主題可能是一個完整的句子，也可能是一種邏輯的陳述。
例如「偉人創造歷史」及「挫折引發攻擊性」等，「偉人」、
「歷史」、「挫折」和「攻擊性」等都是概念，上述兩個主題
中，各含有兩個概念。然而，例如「經國先生是一位偉大的總
統」，雖然此主題含有數個概念，但是「經國先生」是特定人
物，對於特定人物的陳述僅限於該特定人物，無法類推到其他人
物，故非「統念」。

2.這些概念互爲相關聯的一部分

例如交通系統、數字系統、貿易系統、貿易平衡及因果關係
等。一個統念也可能是一個較大統念的一部分，例如數字系統乃
是整個數學系統的一部分。

3.較大理念的統念往往有較廣的應用性

例如「戰爭如地獄」、「壓力增加體積減少」等。

總之，特定事件無其他事例可以類推，概念則可類推至其他
同類事例，而統念乃涵蓋數個概念，其類推的應用性也較廣。請
就下列事件舉出何者爲特定事件，何者爲概念，何者爲統念：(1)
家庭；(2)陽明山；(3)因數分析法；(4)中國的留美學生；(5)阿拉

伯；(6)阿拉伯數字；(7)人可以運用各種不同的方法來解決問題；(8)長江萬里圖；(9)赤壁賦；(10)種族隔離制；(11)三民主義；(12)憲法；(13)中華民國憲法；(14)適應行爲；(15)人有調適壓力的能力；(16)偉大的思想影響所有的文明；(17)衝突；(18)衝突和溝通可以影響人類社會。

4.概念及通則

通則是概念與概念之間彼此關係的一種陳述，它可能是個規則，譬如文法規則，像 $E = mc^2$ 這樣的公式，或者是一般法則的言辭敘述。爲了能正確地運用通則，學生必須了解通則中所包含的每一個概念。

通則和概念一樣，可能包含了獨特個體或多種情況，有些重要的概念隱藏在動詞裡，如「等於」，或在「十分」、「通常」等非名詞中。

在教通則時，老師應該了解其中所包含的重要概念，因學生必須了解它才能正確地運用通則。

下列是中學程度的一項自然科學通則。例如「對於每一個作用而言總是有相同的和相反的反應」，學生在學這個通則時，老師可確認學生了解「每一個」這個修飾語和「相同」這種關係。那麼，在嚴格的物理科學意思中，學生所必須了解的重要概念就是「作用」和「反作用」。

在英文文法規則中也有下列實例：「若修飾語很長而且和主要子句的意思無多大關聯時，逗號經常就用來隔開修飾語和緊接其後的主要子句。」

在這條規則中，逗號是個獨特個體，我們可假設學生懂得「經常」、「隔開」、「緊接其後」等詞的意思。重要的概念則

是「主要子句」、「修飾語」和「意思無多大關聯」。對於某些學生而言，老師也可能要說明什麼是長的修飾語。在下面各通則中，請指出此通則的重要概念，並請注意通則中一些非概念的事項。

(1)大部分的物質會受熱而膨脹，遇冷而收縮。

(2)句子中若有一連串的名詞接連，也許它們多而複雜，或名詞之間出現了逗號時，我們必須使用分號將每一個名詞隔開。

(3)因太陽的熱度而蒸發的水在升至高空時，將聚結成雲，最後可能凝成水滴而降下成雨。

(4)在德文中，當回答「在那裡」這個問句時，受語必須在不及物動詞之後。

(5)所有的社會運動若被運作得太過分，便容易成為所謂的抗爭運動，而成為歷史的鐘擺。

(6)在法文中，直陳句的半過去式動詞是用來表達在過去某一不確定的時間內之感情狀況。

(7)反射角和投射角是對等的。

(8)一個物體浸入某液體中，若此物體的重力不超過液體的重力則會浮起。

(9)物以稀為貴。

(10)立即正增強會增加反應發生的可能性。

(11)當有二個或二個以上的機體並存於同一個環境中，而且為一個供應不足的物質而爭取時，效率最差的那個機體必定在競爭中失敗。

(12)在考慮歷史為何不能有絕對的客觀和嚴謹的科學方法時，

發現歷史精神有其眞正的科學性。

⒀為了增強學生來學你希望他們學的科目之可能性，你必須強調正面的制約和結果，而且去除負面厭惡的原因。

⒁為了增加可欲行為的持續性，你必須給予不間斷的增強作用，漸漸改成高頻率間隔的增強作用。

⒂正確的運用通則在於對這通則中的概念之完全了解。

㈦概念的類別

一般而言，概念可以依據其內在屬性的關係，主要分成下列三類（張春興，林清山，民78，頁135）：

1.連言概念(Conjunctive Concept)

凡是概念中的屬性同時具備而且具有相加性質者，稱為連言概念。例如我們要教兒童學到「毛筆」一概念，最後他也許辨認出毛筆的主要屬性為「用毛做的」、「寫字用的」工具，這兩個屬性必須同時具備，缺一不可。

2.選言概念(Disconjunctive Concept)

凡是概念中屬性的組合可以兩者選一或兩者兼具的情形，稱為選言概念。例如在棒球比賽中裁判員判定「好球」時，即係根據「兩者之一或兩者兼具」的原則，球路經由打擊者膝上肩下的空間者是「好球」，打擊者揮棒未中者也是「好球」，當然以上兩者兼具時，也被判為「好球」。

3.關聯概念(Relational Concept)

凡是概念中之各屬性具有特殊關係者，稱為關聯概念。概念中含有時間或空間屬性者，多為關聯概念。例如「南美洲在南極之北」是用了一種表示空間的「在……之北」的概念，這個概念

既包含了地圖上兩個地區的關係，同時也包括了這兩個地區與整個地圖的關係。

二、概念分析

　　概念分析乃是運用系統的方法將概念加以分析，根據分析的結果，診斷學生概念錯誤之所在，並據以選取該概念的範例和非範例，便於教師教學和學生學習，同時為每一範例和非範例提供理論基礎。概念分析的方法主要可以分成三種：(1)概念屬性列舉分析；(2)概念圖分析；(3)概念錯誤類型分析。茲分述如下：

㈠概念屬性列舉分析

　　任何一個概念至少具有一個以上的屬性。其中有些屬性決定了此概念的典型範例，這些屬性稱為必備屬性(critical attributes)。若將這些屬性除去，就不屬於這個概念範圍了，也就非為此概念的範例(example)了，對此概念而言，稱為非範例(non-example)。例如梯形的必備屬性有：(1)四個邊；(2)只有一對邊平行。不是四個邊的圖形或不是只有一對邊平行的圖形等都不可能成為梯形，也就是梯形的非範例(non-example)，像是五邊形或長方形等。除了概念的必備屬性外，尚有某些屬性，雖然每一範例必總有該屬性，但可以有不同的形式。易言之，範例中的屬性雖然有所變化，但絕不會因其變化而變成非範例，此種屬性稱非相關屬性(ir-relevant attributes)，或稱為可變屬性。例如梯形的兩個腰可以等長，也可以不等長，如無「等長」的屬性，則為典型梯形，如無

「不等長」屬性，則屬等腰梯形，不會因屬性的變化而成爲非範例。變化屬性會形成不同的範例，但不會成爲非範例。易言之，不論梯形的腰是等長或不等長，都是一種梯形。歸納言之，屬性有：(1)必備屬性：決定此概念之範例的屬性，若沒有這個屬性，就變成非範例了。(2)可變屬性：任何範例中的一個屬性雖有所變化，但絕不會因其變化而變成非範例。

〔例一〕概念：椅子

屬性	必備屬性	可變屬性
1.腳數		✓
2.靠背	✓	
3.座位		✓
4.材料		✓
5.搖動		✓
6.把手		✓

概念分析時所提出的非範例數至少應等於必備屬性之個數。例如「椅子」概念的必備屬性是「有靠背」，因此，應至少提出一種非範例，例如「凳子」便是一種非範例；又如「三角形」有多種必備屬性，包括：(A)三個角；(B)三個邊；(C)三內角之和等於180度；(D)二邊之和大於第三邊。因此，宜提出至少四種非範例，包括：(1)五角形（缺 A）；(2)四邊形（缺 B）；(3)內角和不等於180度者（缺 C）；(4)二邊之和等於第三邊之圖形（缺 D）。越與概念相近的非範例稱爲「似是而非範例」(close-in non-example)。

概念分析時所提出的範例數應依可變屬性而定，每一可變屬

性至少應有二種範例，一種典型的範例，一種非典型的範例，如有第三個範例尤佳。茲再以「椅子」概念說明如下：

　　腳數是椅子的可變屬性，易言之，椅子的腳可以是一個、二個、三個、四個等，便可舉出數種不同腳數的椅子。

　　座位是椅子的另一可變屬性，易言之，椅子可以有一個座位、二個座位……數個座位。如此，可以舉出各種座位數的椅子來。

　　其他如材料（木製、皮製、金屬製和塑膠製）、搖動（可動和固定式）和把手（有把手和無把手）等都是椅子的可變屬性，也可以分析如上。

〔例二〕地理概念：沖積平原

屬性	必備屬性	可變屬性
1.在河道和流域河床內面沖積層沉澱的證據	✓	
2.表面平坦，內部有各種不同的特質，包括 U 形湖，曲折，聚集的和放棄的溪流，沼澤或天然的防洪堤	✓	
3.有河流泛濫沉積的證據，但依不同的形成原因而有所不同	✓	
4.沖積平原寬度		✓
5.組成 ①在河道底部有粗的碎石 ②過多的淤泥和土		✓
6.平坦地區之形成 ①發生在河道與河道之間 ②發生在天然的防洪堤之後		✓
7.河道的狀態 ①有溪流 ②無溪流		✓
8.可能被埋没了		✓

〔例三〕概念：三角形

屬性	必備屬性	可變屬性
1.有三個邊，且皆爲直線	✓	
2.有三個角，三個頂點	✓	
3.三內角和等於 180°	✓	
4.任意兩邊和大於第三邊	✓	
5.任意兩邊差小於第三邊	✓	
6.三個角的關係		✓
①均相等		
②兩個角相等		
③三個角均不等		
7.三個邊的關係		✓
①三個邊等長		
②兩邊等長		
③三邊均不等長		
8.其中二個角皆小於90°，則		✓
另一角		
①大於 90°		
②等於 90°		
③小於 90°		

就前述必備屬性找出非範例如下：

1.

4.

5.

2.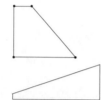

3.

再就前述可變屬性找出範例如下：

三邊等長　　　　二邊等長　　　三邊不等
三角相等　　　　二角相等　　　三角不等

概念名稱：三角形	
相關單元：二上(9)，三下(5)，四上(4)	
必備屬性	可變屬性
1.有三個邊，且皆為直線 2.有三個角、三個頂點 3.三內角和等於 180° 4.任意兩邊和大於第三邊 5.任意兩邊差小於第三邊	1.三個角的關係 　①均相等 　②兩個角相等 　③三個角均不等 2.三個邊的關係 　①三邊等長 　②兩邊等長 　③三邊均不等長 3.其中二個角皆小於 90°，則另一角 　①大於 90° 　②等於 90° 　③小於 90°
必備屬性非範例	可變屬性範例

1. 2.

60°
60°　60°

三邊等長　二邊等長　三邊不等
三角相等　二角相等　三角不等 |

填表人：徐麗慧　　　日期：82.10.16

概念名稱：角	
相關單元：一下(6)，三下(5)，四上(4)	
必備屬性	可變屬性
1.二個邊，且為直線 2.一個頂點	1 等於 90°則為直角 2 小於 90°則為銳角 3 大於 90°則為鈍角 4 等於 180°則為平角 5 等於 360°則為周角
必備屬性非範例	可變屬性範例
1. 2. 二線重合	1. 90°　2. 60° 3. 120°　4. 180° 5. 360°

填表人：李國男　　日期：82.10.14

概念名稱：等腰三角形	
相關單元：一上(4)，一下(8)，二上(9)，三下(5)	
必備屬性	可變屬性
1. 是一個三角形 2. 兩邊相等 3. 有兩角相等	1. 當頂角大於 90°時，則為等腰鈍角三角形 2. 當頂角等於 90°時，則為等腰直角三角形 3. 當頂角小於 90°時，則為等腰銳角三角形
必備屬性非範例	可變屬性範例
1. 2. 3. 60° 70°	1. 2. 3.

填表人：楊芝津　　　日期：82.10.19

概念名稱：直角三角形	
相關單元：一上(上)，三下(5)	
必備屬性	可變屬性
1.是三角形的一種 2.有一個內角是直角	1.其他兩角 　①相等 　②不相等 2.夾直角的兩邊長 　①相等 　②不相等
必備屬性非範例	可變屬性範例
1. 2. 	1.①　　　　　② 2.①　　　　　②

填表人：陳曉瑩　　日期：82.10.19

概念名稱：平行	
相關單元：四上(4)，四上(7)	
必備屬性	可變屬性
1. 和同一條直線垂直的兩條直線互相平行 2. 兩平行線之間的距離處處相等 3. 把平行線延長它們永遠不會相交	1. 兩條平行線的位置 　①與桌面、書本邊緣、地平面平行 　②與桌面、書本邊緣、地平面平行成一個角度 　③一條平行線段不剛好在另一線段的正上（下）方，可透過延長顯示兩者為平行線
必備屬性非範例	可變屬性範例
1. 2.　ㄅ　ㄆ　ㄅ＞ㄆ 3.	1.① ② ③

填表人：徐麗慧　　日期：82.10.16

概念名稱：四邊形	
相關單元：二上(6)，二下(2)，四下(4)，五上(4)	
必備屬性	可變屬性
1.四個邊、四個頂點 2.四個角	1.邊的平行關係 　①二雙對邊不平行（一般） 　②二雙對邊平行（長、正、菱平行四 　　邊形） 　③一雙對邊平行（梯） 2.邊的長度關係 　①完全不等長（一般、梯） 　②四邊等長（正、菱） 　③對邊等長（長、平行四邊形、梯） 3.角的關係 　①四面均不等（梯、一般） 　②均90°（正、長） 　③對角相等（菱、平行四邊形） 　④鄰角相等（等腰梯形） 4.對角線 　①不等長〔垂直（菱）、不垂直 　　（梯）〕 　②等長〔垂直（正）、不垂直（長、 　　平行四邊形、等腰梯）〕
必備屬性非範例	可變屬性範例
1. 2.	1.① 2.①　　　　　② 3.②

填表人：徐靜儀　　日期：82.10.18

概念名稱：長方形	
相關單元：二上(6)，四下(3)	
必備屬性	可變屬性
1.兩雙對邊平行且相等 2.四個角皆為直角 3.二鄰邊不等長	1.二鄰邊不等長
必備屬性非範例	可變屬性範例
	1.

填表人：楊文儀　　日期：82.10.14

概念名稱：正方形	
相關單元：二上(6)，四下(3)	
必備屬性	可變屬性
1.四個角皆為直角 2.四個邊等長	
必備屬性非範例	可變屬性範例

填表人：楊文儀　　　日期：82.10.14

概念名稱：平行四邊形	
相關單元：四下(3)	
必備屬性	可變屬性
1.有四個邊，且皆為直線 2.兩雙對邊分別互相平行且等長	1.四個邊等長的平行四邊形，則為菱形 2.四個內角皆為90°的平行四邊形，則為長方形 3.四個邊等長，且四個內角為90°的平行四邊形，則為正方形
必備屬性非範例	可變屬性範例

填表人：李國男　　日期：82.10.14

概念名稱：菱形	
相關單元：四下(4)	
必備屬性	**可變屬性**
*1.*四邊形的一種 *2.*兩雙對邊平行，且四邊相等	
必備屬性非範例	**可變屬性範例**
1. *2.*	

填表人：楊芝津　　日期：82.10.19

概念名稱：梯形	
相關單元：四下(3)	
必備屬性	可變屬性
1.四邊形的一種 2.一雙對邊平行，且另一雙對邊不平行	平行的對邊 ①相等 ②不相等
必備屬性非範例	可變屬性範例
1. 2.	1.① ②

填表人：楊芝津　　日期：82.10.19

概念名稱：圓	
相關單元：一下(6)，三下(5)，四下(5)	
必備屬性	可變屬性
1.由曲線圍成 2.是密閉區域 3.圓心只有一個 4.半徑：圓心到圓周的直線 5.直徑：通過圓心到圓周的直線 6.一圓的半徑（直徑）有無數多條	1.圓的大小由半徑決定 2.同心圓：同一個圓心，半徑愈大，圓愈大
必備屬性非範例	可變屬性範例
1. 2. 3.	

填表人：陳曉瑩　　日期：82.10.19

評量概念分析時應注意的事項

　　每一項分析都應該遵守下列注意事項：

1. 在必備屬性方面

　　(1)每一必備屬性必須都是獨立的，彼此之間應避免相重複依賴，即使當一組十分相近的非範例都找不到時，也可能有此依賴現象存在。

　　(2)分析者在必備屬性中要避免「暗藏」可變屬性，「或」、「通常」字的出現會顯示出這個疏忽。

2. 在可變屬性方面

　　分析者必須載明每一個屬性變化的範圍，我們所建議的格式是「a 或 b 或 c」。

3. 在範例方面

　　每一個可變屬性的範例都要出現在教學範例和測驗範例中。

4. 在非範例方面

　　對於每一必備屬性，應準備好一個十分近似的教學非範例和一個十分近似的測驗非範例。

5. 兩者共同注意事項

　　(1)範例與非範例都必須是具體事物，而不只是一項概念的描述。

　　(2)每個範例和非範例都需具備合理的理由。

　　(3)教學的範例不可用來當測試的範例，測試的範例不管是範例或非範例，要能測試出對概念的理解，而不是在測試記憶。

6. 對評量的批評

　　一位分析者即使能避免犯了程序上的錯誤，也可能犯學科方面的錯誤。下面對評量的批評將增進分析者的效度。

　　(1)為每個範例及與範例所設之理由應能說明該項事物。

　　(2)必備屬性的分析有助於區別「似非而是的範例」和「似是而非的範例」。

　　(3)由於近似非範例或似是而非的範例與似非而是的範例很相近，所以在教學和測試該概念時很容易搞混。例如凳子是椅子的非範例，和其他傢具的非範例是相對的，如床、桌等。

㈡概念錯誤類型分析

　　兒童學會概念之後，若能對所有範例正確類化，又能對非範例做正確的區別，我們可以認定該生已有了正確的概念，否則就會有概念錯誤的情形。兒童概念錯誤的現象，通常有下列三種情形（如表 3-7）：

【表 3-7】概念錯誤：類型分析及治療策略

錯誤	徵候	治療
過分類化	接受非範例	給予更多好的區分範例
類化不足	拒絕正確的範例	給予更多似非而是的範例
概念錯誤	兩種錯誤之混合	結合治療兩種錯誤之對策

1. 過度類化(Over-Generalization)

　　學生若未眞正理解某概念，則常常會把不屬於該概念的範例認爲是屬於該概念，此種情形稱之爲過度類化。例如學生會把菱形認爲是梯形，就梯形的概念而言，有梯形概念的過度類化現象。如圖 3-13 所示，內圈是梯形的正確概念，菱形係在內圈之外，應不屬於梯形概念的範例，可是學生分不清梯形和菱形，以爲菱形和一些梯形很像，所以認爲也是梯形，這是梯形概念過度類化的結果，也就是對非範例的區別有困難，尤其是「似是而非」的非範例更容易混淆。

2. 類化不足(Under-Generalization)

　　當學生尚未能眞正理解某概念時，除上述過度類化的現象外，也可能會把屬於該概念的範例認爲不屬於該概念，此種現象稱之爲類化不足。例如學生會認爲菱形不是平行四邊形，就平行四邊形的概念而言，有類化不足的現象。如圖 3-14 所示，外圈是平行四邊形的正確概念範圍，學生卻把菱形（也是一種平行四邊形）排除在平行四邊形的概念之外，只認爲內圈虛線部分才是平行四邊形的正確概念。此時，菱形可以說是平行四邊形概念的「似非而是」的非範例。學生無法類化至概念最邊緣地帶，所以會有這種錯誤。

3. 概念錯誤(Mis-Conception)

　　學生的錯誤概念情況，有時會同時具有上述兩種情形，也就是有過度類化的情形，又有類化不足的情形。此稱之爲概念錯誤。例如學生學習「筆」的概念之後，還以爲教師的伸縮指揮棒也是筆（過度類化），同時又以爲彩色筆不是筆（類化不足）。

【圖 3-13】過度類化示意圖

【圖 3-14】類化不足示意圖

【圖 3-15】概念錯誤示意圖

三、概念教學

(一)概念的類化與區別

　　一般教學最常犯的毛病是「教什麼考什麼」，對於特定事件來說，這是無可厚非的，例如「三月廿九日是什麼節？」「是青年節。」因為「青年節」是特定事件，所以考題相同或「青年節」是那一天都未嘗不可。可是如果要教學生關於「節日」的概念，那就必須以其他方式來教學了。

　　通常教學概念時，如果以該概念的相同事例再教學，學生即使學會了，也只是學會該範例而已，並不能證明學生已明瞭該概念。此種情況，學生對該範例只是達到記憶的層次而已。例如教學生「個位數加法」的概念，如果教師一再以「3＋4＝7」來教學，並試以「3＋4＝?」，學生答「7」，學生可能只記得答案「7」，並不能證明他會做「個位數加法」。要學生真正理解該概念，必須他能類化，也能區別。

1. 類化(Generalization)

　　所謂類化，是指對於一個新範例做和前例相同的反應（給予相同的名稱或符號）。例如兒童學會「狗」的概念後，對於甲狗、乙狗、小獵狗和獅子狗也都能叫出「狗」，我們可以說他對於「狗」的概念已經有了類化的能力。

　　利用特定事例教學概念時，首先要分析每一特定事例的各種屬性，然後給予共同屬性者一個概念名稱。但是，由於每一範例

都有許多屬性,所以如果對範例加以分組後會有不同的概念名
稱。如圖 3-16,每個圖都有四個邊,所以叫「四邊形」,也有四
個角,所以也可以叫四角形,其他如「平面幾何圖形」等又是由
另一個屬性所賦予的不同概念。當兒童學會①號四邊形後,也能
叫出②③……⑫號四邊形都是四邊形時,我們可以說該生已能將
四邊形的概念類化到其他四邊形了。

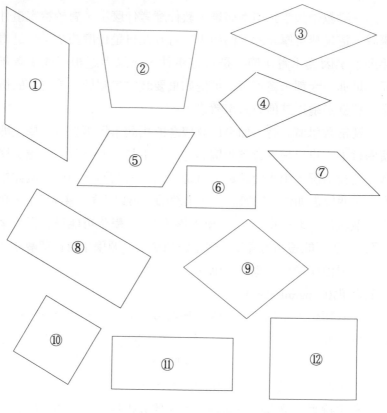

【圖 3-16】四邊形

　　當兒童看到其他不同的狗也能叫出「狗」，見到其他的四邊形也能叫出四邊形，此時，我們可以說該童對「狗」、「四邊形」已經有了類化的能力了。若兒童對於「似非而是」的範例(faraway example)也能正確類化，則其概念類化能力將更可以確認。可是，能否確定他已經完全理解了「狗」、「四邊形」的概念了呢？還不能，因為我們固然可以確定兒童把「四邊形」認為不是四邊形，但是我們不知道他是否會把五邊形或三角形也認為是四邊形。這就有賴區別能力了。

2. 區別(Discrimination)

　　所謂區別，是指對一個和前例有某些相同特質的非範例(nonexample)做不同的反應（如使用不同的名稱）。例如兒童能夠指出三角形和四邊形的不同，對長方形和梯形不會都稱為長方形或梯形，而會正確叫出其名稱來。他會指出長方形不是梯形，梯形不是長方形，就是有了區別能力。

　　我們可以使用性質相近的非範例來測試兒童的區別能力。例如有煙灰缸、受歡迎的雜誌、字典三樣東西，何者最可以用來測試兒童區別「書」和其他東西的能力？字典可能較接近書但不是書，煙灰缸則最不像「書」，所以字典和書互為「似是而非」(close-in non-example)。又如當我們教兒童關於典型的狗寵物之概念，如以飼養貓、幼熊和黑猩猩來做試題，則以「飼養貓」較接近範例的概念，但不是典型的貓寵物，所以是「似是而非」的非範例。

3. 概念理解

　　單單從概念範例的記憶、類化和區別過程，尚無法使兒童真正了解概念。兒童必須對習得的概念能夠類化到其他同概念的範

例，也能夠區別不屬於該概念的非範例，才可以說該兒童已經理解了該概念，即：概念的理解＝類化＋區別。

4.練習類化、區分和強記

　　我們可用新的或不同於教學中所使用的非範例來測驗類化和區別，下面每個練習都有二個範例和二個非範例，範例以（＋）為符號，非範例以（－）為符號，做完範例和非範例後，再做之後的測驗，用以評量學生類化、區別和強記的能力。（註：本練習和學科知識有關，如果你不能判斷那一個是範例，那一個是非範例，則跳過去。暗示：如果你能分辨它是什麼，但是並不懂得這門學科知識，那麼你就是背誦強記。）

〔練習一〕句子：教師教給學生有關句子的範例和非範例如下：

　　　　　（＋)表句子，(－)表非句子

You are a nice boy. (＋)

Because you said so. (－)

Please be seated quietly. (＋)

Don't away. (－)

經過上述實例教學之後，教師以下列實例測試學生：

Because you said so.

此種測試在概念分析上是在測試學生何種能力：①類化，②強記，③區分？

　　測試題 Because you said so 並非句子（也就是句子的非範例），似乎要測區分能力，但因測試題和教學題一樣，所以實際上所測試的是強記能力。了解了嗎？請繼續做下列各題的例題。

〔練習二〕A 組的相互關係（對於下列相關的敘述，學生將認出

相互的關係）：A 為實數；aRb 意思是 a ＜ b。以下
（＋）表範例，（－）表非範例。

A 為二部汽車；aRb 意思是 a 車比 b 車小（＋）

A 為實數；aRb 意思是 a ＞ b（－）

A 為所有的三角形；aRb 意思是三角形 a 比三角形 b 的面積小
（＋）

A 為實數；aRb 意思是 a ＜ b（－）

測驗

A 為實數；aRb 意思是 a ＜ b（？）

概念分析

類化＿＿＿　　區分＿＿＿　強記＿＿＿

〔**練習三**〕自然邊界（下列有政治邊界的等高線地圖如州、國等，
學生可說出那些政治邊界是由自然景觀所決定的）

伊利諾州和密蘇里州之間的密西西比河（＋）

北達科達州和加拿大的邊境（－）

西班牙和法國之間的庇里牛斯山（＋）

流過巴西的亞馬遜河（－）

測驗

智利和阿根廷之間的安地列斯山脈（？）

概念分析

類化＿＿＿　　區分＿＿＿　強記＿＿＿

〔**練習四**〕傳記（讀完整本書後，學生可辨認出那些是真的傳記）

　　桑伯格的「亞伯拉罕林肯傳」（＋）

　　史東的「極苦與狂喜」（－）

　　大衛梭羅的「華滕湖」（－）

　　甘迺迪的「勇者的畫像」（＋）

測驗

　　烏門卡波第的「冷血」（？）

概念分析

　　類化＿＿＿　區分＿＿＿　強記＿＿＿

〔**練習五**〕昆蟲（學生可認出下列動物圖片為何種昆蟲）

　　蚱蜢（＋）

　　蚯蚓（－）

　　螞蟻（＋）

　　蜘蛛（－）

測驗

　　果蠅（？）

概念分析

　　類化＿＿＿　區分＿＿＿　強記＿＿＿

〔**練習六**〕政變（學生可辨認何者為歷史事件之前例）

　　一九六七年軍隊接收希臘政府（＋）

　　十八世紀美洲的奴隸動亂（－）

拿破崙的「不流血革命」而變成皇帝（＋）

西班牙與美國戰爭（－）

測驗

一九六八至一九八九年比亞法拉的暴動（？）

概念分析

類化＿＿＿ 區分＿＿＿ 強記＿＿＿

〔**練習七**〕有理數（給學生一個實數，學生將辨認出有理數）

8（＋）

$\dfrac{\pi}{9}$（－）

$\dfrac{1}{5}$（＋）

$\dfrac{3}{\sqrt{3}}$（－）

測驗

$\dfrac{\sqrt[3]{27}}{4}$（？）

概念分析

類化＿＿＿ 區分＿＿＿ 強記＿＿＿

〔**練習八**〕制約的反射動作（給學生刺激及反應，學生將辨認制約的反射動作）

看到檸檬時流口水（＋）

聽到槍聲時驚嚇的反應（－）

電話響時，心跳加快（＋）

被要求說「請」時，說出「請」（－）

測驗

被要求說「謝謝」時，說出「謝謝」（？）

概念分析

類化＿＿＿　　區分＿＿＿　　強記＿＿＿

(二)概念的教學策略

1.找出必備屬性和可變屬性

　　教導學生認識某種概念時，宜先觀察分析該概念的所有屬性。例如教導學生認識平行四邊形的概念，教師可以先給學生看一張典型的平行四邊形，讓學生詳細觀察該平行四邊形的各種屬性，像是有四個邊、四個角、二對邊平行且等長、兩對角相等；然後教師可再提示各種平行四邊形的圖形，學生再詳細觀察是否都具有上列的各種屬性，如果所有的範例都具有該屬性（例如二對邊平行且相等），不可缺少，否則便不成為平行四邊形，此屬性稱為必備屬性。然後再引導學生觀察其他屬性，結果發現兩鄰邊可等長也可不等長，兩鄰角可相等可不相等，此種變化並不會影響平行四邊形的認定，這些屬性稱為可變屬性。經分析平行四邊形的結果，表列如下。

概念：平行四邊形		
屬性	必備屬性	可變屬性
*1.*有四個邊，且皆為線段	✓	
*2.*兩雙對邊分別互相平行	✓	
*3.*對邊等長	✓	
*4.*有四個角	✓	
*5.*四內角和等於 360°	✓	
*6.*四個頂點	✓	
*7.*兩鄰邊可等長可不等長		✓
*8.*兩鄰角可相等可不相等		✓

　　以上程序係以歸納法得出平行四邊形的各種屬性，包括必備屬性和可變屬性，教師可進一步教導學生採用演繹法去認識其他的平行四邊形。其次，可從必備屬性去找出非範例，再從可變屬性中去找出範例，以利教師教學之用。

概念：地球儀		
屬性	必備屬性	可變屬性
一件物品		
*1.*是圓的	✓	
*2.*有地理學的資料	✓	
*3.*外殼堅固	✓	
也有可能		
*4.*很多種材料做成的如塑膠、金屬等		✓
*5.*地理學資料由簡單到複雜不等		✓
*6.*大小不等如(a)大(b)中(c)小		✓
*7.*有不同顏色，如綠色、水藍色、棕色等		✓
*8.*地形線不同，如立體的		✓

概念：詞位(morpheme)		
屬性	必備屬性	可變屬性
一組字母		
1.在不同的單字中重現而且意思不變	✓	
2.如果再分割的話這個單位已無詞位的意思		✓
也有可能		
3.(a)比一個音節小 (b)一個音節 (c)二個或二個以上音節		✓
4.(a)自由的或(b)限制的		✓
5.(a)基礎的(b)字根(c)字尾(d)字中		✓

概念：昆蟲		
屬性	必備屬性	可變屬性
一隻無脊椎動物有		
1.六隻連在一起的腿	✓	
2.一對觸鬚	✓	
3.身體分為頭部、胸腔和腹部	✓	
它在某些部分有所不同		
4.腿的大小		✓
5.腿長的方式		✓
6.內部骨骼或外部骨骼		✓
7.身體形狀，如細長或粗短		✓
8.翅膀大小（或無翅膀）		✓
9.移動型式，如飛行、爬行		✓
10.整體和身體部分的顏色		✓

2.確定範例和非範例

代表或屬於該概念的特定事例稱爲範例(example)。不屬於該概念的特定事例稱爲非範例(non-example)。例如香蕉是水果的範例，而紅蘿蔔則是水果的非範例。易言之，屬於某概念的範圍一定具有該概念的必備屬性，同時具有某一項可變屬性。例如學生的必備屬性是「在學」，所以有學籍且在求學過程中的可以叫做學生，但是學生有大有小，有男有女，所以大、小、男、女便成爲可變屬性。

大多數的範例都可以很容易從其特殊屬性鑑別出其所屬的概念，但是也有少數的範例不容易從其特殊屬性中看出其所屬概念，甚至還可能會誤以爲非範例，此種範例特別稱爲「似非而是」的範例(far-away example)，這是學生最容易犯錯的地方。例如蕃茄可以當水果，也可以做蔬菜，所以許多小朋友會以爲是水果，也有些小朋友認爲是蔬菜，其實應屬於蔬菜類，因此，蕃茄可說是蔬菜的「似非而是」的範例。

大多數的非範例都可以很容易從其特殊屬性鑑別出其不屬於某概念，但是，也有少數的非範例不容易從其特殊屬性中發現其與某概念的差異，甚至於還可能誤以爲是該概念的範例，此種特別稱爲「似是而非」的非範例(close-in non-example)，學生在做選擇題時，常會犯錯。例如學生常常把蕃茄認爲不是蔬菜，因爲許多人常常把它當水果吃，對水果的概念而言，蕃茄便是「似是而非」的範例了。

概念：成對		
屬性	必備屬性	可變屬性
1.確實包含二個部分	∨	
2.在功能上是配合的	∨	
3.成員屬狹義的同類	∨	
4.可能是 　(a)可辨別的 　(b)對稱的 　(c)在功能上相配合，但 　　在此功能外則有些性質 　　不同		∨
5.可能來自不同類別的東西 　(a)衣服 　(b)其他物品 　(c)動物		∨
6.可能是 　(a)連在一起的 　(b)分開的		∨

教以範例

1.手套（4b, 5a, 6b）

2.眼鏡（4b, 5b, 6a）

3.二點之紙牌（4c, 5b, 6b）

4.短襪（4a, 5a, 6b）

5.一對有斑點的金魚（斑點不同）（4c, 5c, 6b）

6.一件長褲（4b, 5a, 6a）

7.雙馬車（4c, 5c, 6b）

8.一雙溜冰鞋（4a, 5b, 6b）

教以非範例

1. 三點之紙牌（缺第一項）

2. 叉與匙（缺第三項）

3. 右手手套（缺第二項）

4. 棒球和橄欖球（缺第三項）

5. 三塊積木（第一項）

6. 二個左腳（第二項）

7. 大的有柄圓筒杯和小的咖啡杯（第三項）

3. 教學範例和非範例

　　概念教學宜從實例出發，然後教導學生列舉屬性以形成抽象概念。例如教「花」的概念，可從各種花開始教起，有菊花、有水仙花、有紅花、有白花等，然後找出這些花的共同屬性（全部或部分）。全部都具有之共同屬性者稱爲必備屬性，共同屬性中有變化者稱爲可變屬性，例如花有不同顏色、不同香味、不同大小等。教師和學生共同分析必備屬性和可變屬性後，便可從可變化屬性中舉出範例來實施教學。教師最容易犯的錯誤是舉一實例來說明某概念，例如舉菊花來說明「花」的概念，就以爲已經教過「花」的概念，學生應該具有「花」的概念了，其實不然。如果教師第二天、第三天還是以菊花來教「花」的概念，那麼學生會以爲菊花就是花，花就是菊花，尚無法類化到其他的花。因此，教師必須從可變屬性中舉出範例來教學。範例數最少應相等於可變屬性數，才能讓學生有完整的概念。如果時間許可，教師和學生可以各自再舉出相等於可變屬性數的範例，學生更能透過練習而徹底了解花的概念。

　　然而，學生以範例學會了概念，尚不能認定其已真正理解概念，必須再教以非範例使學生能夠區別何者不屬於該概念。例如教「花」的概念，除以菊花等實例教學外，更應該教會學生何者非「花」，例如「葉子」便不是「花」，也就是說「葉子」是花的概念之非範例。

　　如何得到非範例？要多少非範例才算妥當呢？當分析某概念的必備屬性時，每一必備屬性可以設計一個非範例，因為必備屬性乃是該概念必須具有的，缺此必備屬性則不屬於此概念。例如三角形的必備屬性是有三個角，沒有三個角的圖形（如二個角或四個角）就不是三角形了。有多少必備屬性就可以找出相當數量的非範例。

　　教過範例和非範例之後，為了解學生是否真正理解該概念，可以範例和非範例試之。許多老師常常以相同的題目考學生，例如教師教過「8－3＝5」之後，仍然以「8－3＝?」考之，此乃死記性的題目。教師在教學「8－3＝?」時，除了教學生算出正確答案之外，應以個位數減法的實例教給學生，使學生獲得「個位數減法」的概念。上述「8－3＝?」是特例，而「個位數減法」才是概念。學生學會此概念之後，便可出類似題考之，例如「9－6＝?」或「5－4＝?」等都是「個位數減法」的範例。

　　考試題目除了「範例」之外，應包括非範例。例如教「合數」的概念時，教師可以教學生認知「4、6」都是合數，同時要教「1、3」不是合數。考試時，試題應包括「下列那些數是合數」（範例），和「下列那些數不是合數」（非範例）。

文法概念：反義字		
屬性	必備屬性	可變屬性
反義字是一個字（詞）		
1. 在二分法中，它的意義和另一個字詞是相反的	✓	
2. 和先前出現的那個字詞的詞性相同	✓	
3. 不是先前出現那個字詞的衍生字詞，而是一個新的字詞	✓	
4. 和先前出現的那個字詞的語法功用一樣	✓	
5. 可能是名詞、動詞、代名詞、副詞、形容詞或介系詞		✓
6. 兩個字詞的字數 (a)相同或(b)不同		✓

教以範例

1. 壞的—好的（5，形容詞）
2. 危險—安全（5，名詞）
3. 生—死（5，動詞）
4. 他—她（5，代名詞）
5. 快快地—慢慢地（5，副詞，6）
6. 進—出（5，介系詞）

教以非範例

1.得意—驕傲（缺第一項）

2.原因—動機（缺第一項）

3.我們—你們（缺第一項）

4.在上—之上（缺第一項）

5.快樂地—傷心（缺第二、四項）

6.快樂—不快樂（缺第三項）

7.能幹—不能幹（缺第三項）

8.爭論的—同意（缺第二、四項）

試以範例

1.熱的—冷的（5，形容詞）

2.失—得（5，名詞）

3.升高—降低（5，動詞，6）

4.你—我（5，代名詞）

5.快樂地—傷心地（5，副詞）

6.超過—低於（5，介系詞）

試以非範例

1.想像的—奇怪的（缺第一項）

2.椅子—長椅（缺第一項）

3.之後—隔壁（缺第一項）

4.黑暗—亮的（缺第二、四項）

5.暴力—非暴力（缺第三項）

6.有效的—無效的（缺第三項）

7.弱的—有力地（缺第四、二項）

政治概念：政黨政治的運作		
屬性	必備屬性	可變屬性
1. 二黨間利益衝突	✓	
2. 一黨可對另一黨威脅要引發制裁	✓	
3. 一黨明白另一黨可引發對它的制裁或害怕它將被剝奪某件事	✓	
4. 一黨同意另一黨而無引起制裁	✓	
5. 它可能發生於執行的和立法的機構 (a)是 (b)否		✓
6. 它可能發生在任何個人或團體中		✓
7. 力量的種類 (a)看得見助力 (b)看不見助力		✓

教以範例

1. 一黨抗爭導致議長辭職(5b, 6, 7b)

2. 立法委員應行政院長之要求拒絕給某大學資助(5b, 7b)

3. 國大代表支持大法官之提名(5a, 7a)

教以非範例

1. 議長職位在黨的預備會議中被取消（缺第四項）

2. 雖然利亞德對他們的地位缺乏熱誠，他還是被說服去支持

反對的人（缺第二和三項）

3. 即使不同意這件外國援助法案，立法議員還是以依照黨的政策而投票支持（缺第三、二項）

4. 國民黨的書記長相信行政院所提出的資料，所以給予支持（缺第二、三項）

試以範例

1. 某議員要尋求再提名，雖然本身反對因政黨關係，但仍投票支持他們(5a, 7a)

2. 大法官候選人因看見他在民意調查中的失敗，而撤消了他的提名(5b, 6, 7a)

3. 行政院沒有把他的追加預算案送交立法院，因為他察覺到立法院強烈地反對(5a, 7b)

試以非範例

1. 反對黨議員被市長說服，相信市政府的預算是最好的了，應被支持（缺第一項）

2. 新黨議員支持國民黨所提修正案（缺第二、三項）

3. 民進黨議員支持行政院長的提名，因為他想站在總統這一方（缺第二、三項）

4. 總統否決了全民健保法案（缺第四項）

社會學概念：次文化		
屬性	必備屬性	可變屬性
1.在同一文化中某團體擁有與別的團體不同的行為特徵或價值觀	✓	
2.這團體的語言和主要文化中的語言不同	✓	
3.這團體和主要文化之間的差異很大，減少了他們之間的互動	✓	
4.這團體在家庭結構方面和主要文化不同 (a)是 (b)否		✓
5.可以明顯看出身體或社會的疏離		✓
6.在性質上次文化可能是神祕的 (a)撤退者 (b)非撤退者		✓

教以範例

1.美國的黑人次文化(4a, 5, 6b)

2.阿帕拉契白人(4b, 5, 6b)

3.嬉皮區(4a, 5, 6a）

教以非範例

1.德州人（缺第一、三項）

*2.*美國印第安人（缺第二項）

*3.*維吉島人（缺第一、三項）

試以範例

*1.*摩門教教友(4a, 6b)

*2.*二十一歲以下的青少年次文化(4b, 5, 6b)

*3.*有毒癮的人(4a, 6a)

試以非範例

*1.*波士頓人（缺第一、三項）

*2.*墨裔美國人（缺第二項）

*3.*有技巧的社會學家（缺第一、三項）

體育概念：出界（棒球）		
屬性	必備屬性	可變屬性
1.棒子要觸到球	∨	
2.球必須在本壘和一壘或本壘和三壘飛出界線外	∨	
3.球的落點必須在界線之外	∨	
4.球在空中不能被接到	∨	
5.球不能滾到界線外	∨	
6.揮棒動作的種類		∨
7.球碰到棒之後的前進 (a)向外野方向 (b)向幕之後		∨
8.球第一次落地的地點 (a)在界線外 (b)在界線內		∨
9.球被防守球員觸摸到或未摸到		∨
10.球飛的距離 (a)內野 (b)外野 (c)過了牆		∨

教以範例

1.打擊者揮棒，球落在左外野界線外十英呎的地方(7a, 8a, 10c)

2.打擊者犧牲短打，球落在一壘界線外由投手撿起(6, 7a, 8a, 10a)

3.打擊者閃躲觸身球但球碰到他的棒，球彈起但落在界線外(6, 7a. 8a, 10a)

4.打擊者揮棒，球碰到棒但下墜掉落在捕手腳的附近，然後滾了幾英吋(7b, 8a, 9a, 10a)

5.球離開內野後掉進看臺(7a, 8a, 10b)

6.球飛向界外，左外野手想接殺但球掉落在界線內(7a, 8b, 9, 10b)

教以非範例

1.打擊者揮棒落空，捕手漏接，球掉在本壘的幕之後（缺第一項）

2.球越過一壘反彈到左邊，掉落在界內僅一吋的地方（缺第二項）

3.球打到右野掉落在界內，但反彈到界外（缺第三項）

4.球打到左野，左外野手跑到界外接殺（缺第四項）

試以範例

1.打擊者提早出棒，球碰到棒的尾端飛進右邊的球員休息室(7a, 8a, 10a)

2.打擊者揮棒，球出三壘界線外，三壘手奔出去接，沒接穩，球掉在三壘後的界內(7a, 8b, 9, 10b)

3.打擊者跳起，球打到本壘板後之幕(7b, 8a, 10a)

4.打擊者避開，但球碰到棒子粗的一端，而且捕手漏接(6,

7b, 8a, 9, 10a)

5. 企圖短打，球飛過捕手的頭到幕之後(6, 7b, 8b, 10a)

試以非範例

1. 球被打到後，捕手退後在空中接住球（缺第四項）

2. 打帶跑戰術，但打擊者揮棒落空，而捕手也漏接（缺第一項）

3. 左手打擊者短打，球飛到線外但落地前卻越過界，落在界內（缺第二項）

4. 球飛到左外野，落在界內但滾到界線外（缺第三、五項）

數學概念：集合		
屬性	必備屬性	可變屬性
1. 對一批相關或不相關的事物分界限	✓	
2. 憑經驗把包含在同一組的事物和不包含在同一組的事物分開	✓	
3. 沒有存在的事物，同時可包含又同時不包含在組裡	✓	
4. 可能「包含」 (a)有限數目的事物 (b)無限數目的事物 (c)沒有任何事物		✓
5. 它的事物可任意編排順序		✓

教以範例

1. Set A ＝（1, 2, 4, 9, 5）(4a)
2. Set A ＝（9, 1, 5, 2, 4）(4a, 5)
3. Set B ＝（安門博士，一位分析者的鼻子，上述的 Set A，？，3）(4a)
4. Set C ＝（所有從蛋裡孵出的人）(4c)
5. Set I ＝（所有的整數）(4b)

教以非範例

1. A ＝（紅色）（缺第一項）
2. B ＝（所有可愛的女孩）（缺第二項）

3. C＝（所有不包含自己的集合）（缺第三項）

試以範例

1. C＝(1, 2, 3, 5, 4)(4a,5)

2. B＝（Set C，泰德甘迺迪，＄，5）(4a)

3. A＝（它的平方是 2 的整數）(4c)

4. E＝（比－3 小的實數）(4b)

試以非範例

1. A＝（不包含在 A 裡的所有整數）（缺第三項）

2. B＝（所有笨拙的）（缺第一項）

3. C＝（所有快樂的狗）（缺第二項）

生物學概念：被子植物		
屬性	必備屬性	可變屬性
1. 木質的或草本的脈管植物	∨	
2. 種子內藏	∨	
3. 雙重受精	∨	
4. 可能有花		∨
5. 木質部裡可能有脈管		∨
6. 可能產生果實		∨
7. 可能是 　(a)單子葉植物 　(b)雙子葉植物		∨
8. 大小		∨

教以範例

1. 草(7a)

2. 水萍(7a)

3. 梨樹(4, 5, 6, 7b)

4. 百合花(4, 7a)

5. 仙人掌(4, 6, 7b, 8)

6. 向日葵(4, 5, 7a, 8)

教以非範例

1. 長青樹(3)*

2. 苔(1, 2, 3)

3. 銀杏(2, 3)

4. Rhizpous(1, 2, 3)

5. Chlamydamonas(1, 2, 3)

試以範例

1. 麥(7a, 8)

2. 椰子樹(5, 6, 7a, 8)

3. 劍蘭(4, 7a, 8)

4. 天竺葵(4, 7b, 8)

5. 美洲杉(7b, 8)

6. 苜蓿(4, 7b)

試以非範例

1. 羊齒植物(2, 3)

2. 海藻(1, 2, 3)

3. 南美蘇鐵類植物(2, 3)

4. 海萵苣(1, 2, 3)

5. 松樹(3)*

6. Antholeros(1, 2, 3)

7. 木賊類植物(2, 3)

*註：事實上松柏科種子不算是完全隱藏在內，但足夠做為中學的範例。

化學概念：元素		
屬性	必備屬性	可變屬性
1. 由相似的原子組成	✓	
2. 無法用普通的化學方法分解	✓	
3. 以固體、液體，或似氣體狀態中的相似原子組合，有一個網狀的中性電荷	✓	
4. 可能是週期表上一份子		✓
5. 可能是 (a)金屬 (b)非金屬 (c)半金屬		✓
6. 它的量可能 (a)很常見 (b)很少見		✓
7. 在自然情況下出現之形式 (a)自由 (b)合成		✓

教以範例

1. At.#107 之元素(4)
2. 汞(4, 5a, 6b, 8b)
3. 氬(4, 5b, 6a, 7b)
4. 硫磺(4, 5b, 6a, 7a)
5. 硼(4, 5a, 6b, 7b)
6. 氖(4, 5b, 6b, 7a)

7. 鐵(4, 5a, 6a, 7a,b)

8. 鉋(4, 5a, 6b, 7b)

教以非範例

1. 水（缺第一、二項）

2. 水銀（固體）（缺第一、二項）

3. 碳氫化合物（缺第一、二項）

4. 溶於水的氯化鈉（缺第一、二、三項）

5. 鐵離子（溶於水中孤立成膜）（缺第三項）

試以範例

1. 鈦(4, 5a, 6a, 7b)

2. 鎵(4, 5a, 6b, 7b)

3. 氧(4, 5b, 6a, 7a,b)

4. 鈷(4, 5a, 6b, 7b)

5. At.#104 之元素(4)

試以非範例

1. 鹽（缺第一、二項）

2. 溶於水的氫化鋰（缺第一、二、三項）

3. 石頭（缺第一、二項）

4. 鋼（缺第一、二項）

5. 鈉離子（溶於水中孤立成膜）（缺第三項）

物理概念：自由向量		
屬性	必備屬性	可變屬性
1.有大小量	∨	
2.有方向	∨	
3.量的種類		∨
4.註明方向的方法 (a)用箭頭 (b)其他		∨
5.指示移動		∨

教以範例

1.速度 ＝ 20ft./sec.(3)

2.速度 ＝ 35mi./hr.(3)

3.加速度 ＝ $80cm./sec^2$(3)

4.重量 ＝ 111 磅(3)

5.力量 ＝ 20dynes(4b)

教以非範例

1.水深度之測量（缺第二項）

2. f ＝ 800vps（缺第二項）

3.安門博士班上學生的人數（缺第二項）

4. log20（缺第一項）

5. 20cm（缺第一項）

試以範例

1. 4kg(3, 4b, 5)

2. 923dynes(3, 4a, 5)

3. g = 32ft./sec/sec(3, 4b, 5)

試以非範例

1. 聲音大小之測量（缺第二項）

2. T = 10℃（缺第二項）

3. sinθ （缺第一項）5¢（缺第二項）

4.分析概念的正誤

　　學生學習某概念之後，經過「教以範例」、「教以非範例」和「試以範例」、「試以非範例」之後，教師可以根據學生答題的結果來分析其概念是否正確，有無前述過度類化、類化不足或概念錯誤的現象。

〔例題一〕學生是否可以正確辨認質數和合數

試題	正確答案	學生反應	概念分析
17	質數	質數	C
14	合數	合數	C
27	合數	質數	U, O
23	質數	合數	U, O

註：C 表正確

　　U 表類化不足

　　O 表過度類化

　　M 表錯誤

概念分析　　質數　C＿O∨U∨M∨

　　　　　　　合數　C＿O∨U∨M∨

　　就例題一而言，第一題，17 是質數，學生的答案也是質數，所以暫時判斷爲概念正確。第二題亦然。第三題的情形就不同了，27 是合數，學生卻認爲是質數，易言之，學生把合數的範例(27)認爲不是合數，所以對合數而言有類化不足(U)的現象，但是對質數而言，卻把不是質數的範例(27)認爲是質數，所以有過度類化(O)的現象。第四題的情形和第三題相反。23 是質數，學生認爲是合數，就質數言，把質數的範例(23)認爲不是範例，所以

有類化不足現象，對合數來說，把 23（質數）認為是合數，所以有過度類化的現象。歸納言之，對質數和合數而言，都有類化不足和類化過度的現象，所以可以說是概念錯誤。

　　如果根據評分，該生四題對二題得五十分。但是就概念分析而言，該生對合數和質數的概念有過度類化和類化不足的現象。也就是概念錯誤。

〔例題二〕學生學習注音符號

試題	學生反應	概念分析
ㄅ	ㄅ	C
ㄈ	ㄇ	U, O
ㄇ	ㄇ	C
ㄆ	ㄅ	U, O

概念分析：ㄅ　C ∨ O ＿ U ∨ M ＿
　　　　　ㄆ　C ＿ O ＿ U ∨ M ＿
　　　　　ㄇ　C ∨ O ∨ U ＿ M ＿
　　　　　ㄈ　C ＿ O ＿ U ∨ M ＿

　　由例題二可知學生對ㄅ有類化不足的現象，對ㄆ也有類化不足現象，對ㄇ有過度類化現象，對ㄈ也有過度類化現象。

〔例題三〕學生學習辨識句型後，試以下列題目

試　題	學生回答
陳述句	陳述句
疑問句	祈使句
疑問句	疑問句

                        驚嘆句   驚嘆句
                        祈使句   祈使句
    概念分析：陳述句　C＿O＿U＿M＿
                  疑問句　C＿O＿U＿M＿
                  祈使句　C＿O＿U＿M＿

〔例題四〕**學生學習譬喻之辭後，試以下列題目**

                試　題   學生回答
                隱喻   隱喻
                明喻   明喻
                擬人化   隱喻
                明喻   明喻
                隱喻   換喻
                換喻   換喻
                舉隅法   舉隅法
                擬人化   擬人化
    概念分析：明喻　　C＿O＿U＿M＿
                  隱喻　　C＿O＿U＿M＿
                  擬人化　C＿O＿U＿M＿
                  換喻　　C＿O＿U＿M＿
                  舉隅法　C＿O＿U＿M＿

〔例題五〕**學生學習教育目標之後，試試看學生是否能夠正確指**
出課程總目標、一般目標和特殊目標

                試　題   學生回答

總目標	總目標
一般目標	總目標
一般目標	一般目標
特殊目標	特殊目標
一般目標	特殊目標
特殊目標	一般目標

概念分析：總目標　　C＿O＿U＿M＿

　　　　　　一般目標　　C＿O＿U＿M＿

　　　　　　特殊目標　　C＿O＿U＿M＿

〔例題六〕學生學習心理學後，試以下列題目

試　題	學生回答
正增強	正增強
負增強	處罰
處罰	處罰
無效力刺激	正增強
負增強	負增強
無效力刺激	負增強
正增強	正增強

概念分析：正增強　　　C＿O＿U＿M＿

　　　　　　負增強　　　C＿O＿U＿M＿

　　　　　　處罰　　　　C＿O＿U＿M＿

　　　　　　無效力刺激　C＿O＿U＿M＿

5.概念錯誤的補救教學

　　一旦診斷學生概念錯誤之所在後，便可以安排補救教學。一

般而言,不同的錯誤類型可以有不同的補救方式,茲分述如下:

⑴過度類化

當學生的錯誤類型是屬於過度類化時,可採取割捨法。如同某人長了一塊贅肉,只要動手術把它割掉就可以恢復正常了。其方法是先找出該概念的「似是而非」的非範例,因為這種非範例常常會使學生誤以為是,因而導致過度類化。教師應教導學生透過概念分析而確認其未具有該概念之必備屬性,必須予以捨去,然後才能有正確的概念。

⑵類化不足

當發現學生有類化不足的現象時,可採補貼法。正如一個人缺了一塊肉,我們若加以補上,則可以完美無缺。在概念教學上,教師可以教導學生找出「似非而是」的範例,這是學生容易犯錯之處。教導學生做概念分析以證明該範例具有此概念之屬性,一一介紹給學生之後,可以補救概念類化之不足。

⑶概念錯誤

當發現學生有過度類化現象,又有類化不足的情形時,教師宜割捨和補貼並行。一方面找出「似是而非」的非範例,使學生縮小概念的外緣,另一方面找出「似非而是」的範例,使學生擴展其概念外緣。透過概念分析以確定其是否具有該概念的必備屬性。

〔例題七〕分數約分

試 題	學生回答
$\frac{1}{4}$(C)	保留原狀

$\frac{2}{8}$(C)	化簡成$\frac{1}{4}$
$\frac{9}{17}$(C)	保留原狀
$\frac{(1+2)}{(6+3)}$(U)	保留原狀(O)
$\frac{21}{42}$(C)	化簡成$\frac{1}{2}$
$\frac{\sqrt{4}}{\sqrt{16}}$(U)	保留原狀(O)

概念分析：可以約分　C ∨ O ＿ U ∨ M ＿

　　　　　　不必約分　C ∨ O ∨ U ＿ M ＿

　　從例題七的分析可知學生對於可以約分有類化不足的現象，對於不必約分有過度類化現象。易言之，學生對最簡分數有過度類化現象，對非最簡分數則有類化不足現象。其實，二者互有關係。因為非最簡分數和最簡分數互為非範例。所以，可以就最簡分數做概念分析，其必備屬性為分子和分母無公因數。以此原則去找非範例，則例題中的$\frac{1}{4}$、$\frac{9}{17}$都是最簡分數的範例，而$\frac{2}{8}$、$\frac{1+2}{6+3}$、$\frac{21}{42}$和$\frac{\sqrt{4}}{\sqrt{16}}$都是最簡分數的非範例。教師可教導學生繼續找出似是而非的非範例和似非而是的範例，將更能使學生徹底理解最簡分數。

〔例題八〕辨別句子與片語

試題	學生回答
使你高興的事物(C)	片語
那時我真的這麼想(C)	完整句子
請不要走(C)	完整句子

(S)瑪麗無聲地傻笑，湯姆大笑　　　　　不合文法的句子

(S)快樂喘氣的狗，牠的尾巴快樂地搖擺　不合文法的句子

　決不要去睡(C)　　　　　　　　　　　完整句子

　向前走(C)　　　　　　　　　　　　　完整句子

(S)他做的　　　　　　　　　　　　　　片語

(S)好幾個學生和他們的父母正在講話　　完整句子

概念分析：完整句子　　　C__O__U＿ᵛ＿M__

　　　　　　不合文法的句子　C__O＿ᵛ＿U＿＿M__

　　　　　　片語　　　　　　C__O＿ᵛ＿U＿＿M__

　　　從例題八的概念分析可知學生對完整句子、不合文法的句子和片語三者的概念都沒有真正理解，雖然其答對的題數是 $\frac{3}{9}$，約 33 分。詳細分析的結果發現對完整句子的概念有類化不足的現象，因為學生把「瑪麗無聲地傻笑，湯姆大笑」和「快樂喘氣的狗，牠的尾巴快樂地搖擺」認為是不合文法的句子，而且把「他做的」認為是片語。把句子認為不是句子，對句子的概念而言，便是類化不足。至於「不合文法的句子」和「片語」二者的概念都有過度類化的現象。

　　　為補救此種缺陷，首先分析句子的概念，找出必備屬性和可變屬性。從可變屬性中去找範例，從必備屬性去找非範例，以利教學。

　　　同理，對於片語的補救教學也可以採取同樣的方式。

〔**例題九**〕**辨認圖形**

　　　　試　題　　　　　　　　學生回答

□(C)		四邊形
△(C)		三角形
□(C)		四邊形
○(C)		圓形
▱(C)		四邊形
⬠(U)		四邊形(O)
△(U)		三角形(O)

概念分析：四邊形　C＿O∨U∨M＿＿

　　　　　三角形　C＿O∨U＿M＿＿

　　學生在例題九中得分為$\frac{5}{7}$，但就四邊形和三角形的概念分析之，得知學生對四邊形有概念錯誤的現象，對三角形則有過度類化現象。為補救此缺陷，先對四邊形和三角形做概念分析。四邊形的必備屬性是四個邊，三角形的必備屬性是三個邊，其他尚可查看前面的分析。再教以範例、教以非範例，然後試以範例並試以非範例。

〔例題十〕辨認獨體、概念、通則和多種情況

試題	學生回答
勞動（經濟學）(C)	概念
海明威的寫作風格（文學）(C)	獨體
力（物理學）(C)	概念
不規則動詞的過去式（德文）(C)	多種情況
領土擴張主義者的政策（歷史科）(C)	多種情況
節足動物（生物學）(C)	概念

最不費力定律（心理學）(C)　　　　　通則

哈林區（城市學）(C)　　　　　　　　獨體

$\sqrt{-1}$（數學）(U)　　　　　　　　概念

概念分析：概念　C＿O∨U＿M＿

　　　　　　獨體　C＿O＿U∨M＿

　　　　　　通則　C∨O＿U＿M＿

　　學生在例題十中答對了九分之八。僅最後一題的$\sqrt{-1}$應是獨體，學生認爲是概念。至於通則和多種情況則完全正確。因此，針對獨體和概念分析其必備屬性和可變屬性，從必備屬性中找出非範例，從可變屬性中找出範例，然後教以範例和非範例，再試以範例和非範例。

四、兒童的科學迷思概念

（王美芬撰）

　　吾人所生存的自然環境都是遵行著一定的自然法則在運行。人類在出生一開始，使用五官觀察、理解這些自然現象。但是，吾人這種自發性的解釋常與「科學家」的解釋不同，這種兒童對自然現象的解釋，亦即本文所謂科學的迷思概念(Misconception)。

　　近二十年來，中外的科學教育學者均廣泛地注意這種迷思概念和科學家的概念大異其趣。因此，迷思概念的研究，是近年熱門的研究領域。

　　近年來研究人類認知過程的學者，尤其是認知心理學家，對人類如何接受資料或知識，如何理解、記憶、組織成爲個人知識

基模，已有許多研究成果(Champagne & Klopfer, 1984)。認知心理學取代了行爲學派的心理學，建構主義的興盛以及質的研究方法，均受到科學教育界的青睞。建構論的學習觀點也大大影響了科學教材的編寫與教學策略的改進。建構論者認爲學生是「主動」地使外在世界具有意義；由於個人經驗不同，因此個人對於外在世界的詮釋也不同，他們建構個人的概念體系。

㈠迷思概念的名詞類別

　　有關兒童科學概念方面的研究中，因研究中的「概念」所富含的哲學特質，或由於學者對知識形成的價值判斷不同，界定「迷思概念」時就應用不同的名詞，如「先前概念」(Preconception)、「兒童科學觀」(Children's Science)、「錯誤概念」(Misconception)、「天眞理論」(Naive Theory)、「自發性知識」(Spontaneous Knowledge)、「學生架構」(Student Framework)、「另有概念」(Alternative Conception)、「另有架構」(Alternative Framework)等不一而足。一般而言，以建構認知論研究爲出發點者，偏好沒有對錯價值的名詞，而以「教師、科學家」爲出發點的研究，則偏好用「錯誤概念」一詞。以兒童而言，他們是基於個人信念而產生自然現象詮釋的表徵；有些以日常生活的語言來推理自然現象，有人以個人生理感覺的限制（如看不見則爲不存在）造成認知不足，因而產生與科學社群所界定的概念不同。

㈡科學「概念」定義

　　「概念」指的是同一性質的符號，是一種心象、觀念和過程(Kaplan, 1997)。有的人認爲概念是與生俱來、可自動獲得的。有

的人認爲概念的獲得是經過腦力處理的過程，是後學的，因此獲得之前，必先有概念的語詞化，然後才有概念的學習；因此概念形成與文化型態有關；文化型態改變，則概念的意義隨之改變，概念是要用語言表達的。簡言之，概念是依使用者的文化方式，以某種型態的符號來表達同一性質的事物。

Selbert(1970)依概念獲得的範圍不同，定義概念爲：

1. 是一種物(object)或是一件事(event)在某人腦海中的影像，如椅子、旅行。

2. 一種類別，如哺乳動物；一種過程，如蒸飯；或一種性質(property)，如長度。

3. 一種法則(principle)，如「磨擦」是兩個面互相抵抗的力。

4. 可以是一種交互作用，如「能與物質」的交互作用，由許多眼見的事實(fact)、概念或學說(theories)延伸出的。Showalter (1972)將科學知識的發展順序列出：知覺→事實→定律→發明的概念→原理→學說。

至於科學概念如何分類呢？科學教育學家把知識分成過程性概念(procedural concepts)和敘述性概念(declarative concepts)，前者包括歸納、演譯、推理，後者包括問題、學說、結果、預測、結論；前者知道「如何」(How)，後者知道「什麼」(What)。或者也可以分成：(1)直接由感官接觸中獲得的知覺概念；(2)由經驗中獲得的操作概念；(3)由腦力整理而得的推理概念（王美芬，民81）；此三類概念由具體而抽象的成分逐漸增多。更簡單的分類則爲具體概念和抽象概念；具體概念是可眼見的，抽象概念則否。

㈢科學概念的學習

近數十年來科學知識爆發，人類對於科學知識的需求一日千里，因此在科學教育上不得不濃縮傳統知識來教學，最有效的濃縮教材便是科學概念。因此，科學概念的學習成為近年來一再被研究的課題。如布魯納便主張學科應以基本概念為內容，因為概念是基本核心，學得概念才能廣泛應用，以應付知識爆發的年代。

概念學習是最有效的學習，概念是科學學習的基本單位。概念學習是科學教育的重要課題，因為概念的學習有助於記憶、瞭解及學習的轉移（王澄霞、洪志明，民 77 ）。概念的學習不同於事實記憶的學習，前者是經過學習者主動架構他腦中的知識，是一種主動的、真正瞭解的學習；後者是知識的複印，少有認知架構的重組，因此，這種學習的方法是記憶。自然科學現象都有原理原則支配著，而這些知識概念是進一步解決科學問題所必備的(Reif, 1987)，不只是表面所見的單純事實，因此，自然科的學習一定要注意科學概念的學習，教育工作者應瞭解兒童的概念發展情形。

蓋聶(1977)認為在學習上的地位有如一塊基石，要建立高階層的概念之前，教師應負起為學生建立合乎正確科學的先備概念。他強調學習階層(hierarchy)的重要。學生要先學完一個低階層的概念，再學高階層概念。Braund(1991)則認為比基本概念(basic concept)更大原則的是上位概念(superordinate concept)，比基本概念更小、更具體的概念是下位概念(subordinate concept)；兒童應學會下位概念，再學上位概念。

㈣兒童的迷思概念

　　近二十位國內外的科學教育學者致力於兒童自有的迷思概念研究，對於各年齡層兒童所具有不同自然領域的迷思概念，有許多的發現與結果。茲分別列舉，以饗讀者。

　　1. 有關理化的迷思概念（Drive & Erickson, 1983; Stead & Osborne, 1981；黃寶鉤和黃湘武，民 78；黃萬居，民 81；王龍錫，民 81）

　　兒童所具有的物理和化學的迷思概念比生物或地球科學的迷思概念，更廣泛被科學教育者所研究，它包括運動、引力、熱、光、粒子理論、密度、電磁及壓力等主題。

　　有關引力方面，學生認為迷思概念包括：「重量」是使物體下落的主要原因，在無空氣狀況下，重的物體會比輕的物體先落地，兩種不同重量的物體，只要放得靠近一點，就可以讓它們同時掉落地面；離地面愈高的，則引力愈大；沒有空氣的地方就沒有引力。

　　有關力方面，學生則認為物體的速度愈快，摩擦力也愈大；會運動的物體，都是因為其內有「力」存在；運動物體的速度決定於力的大小，較大的力會壓抑較小的力；桌上的書只有推它時才動，拿掉此力，書就能靜止；學生對於摩擦力幾乎都不考慮空氣產生摩擦的問題。

　　有關光的迷思概念，有些學生認為影子也是一種反射現象；當燈光由一個小洞透過時，兒童認為所有的光線都由此洞擠過去；兒童也認為光線是將物品「弄亮」了讓人們看見的，而非物品反射光線的結果；把光源當做是光；有人認為光源會動、有人

認為光源不會動；影子是不透明物製造出來的……等迷思概念。

有些高中學生認為物質的硬度是維持物體形狀的主因，但有些學生則認為重量才是維持形狀的因素。

關於熱與溫度的概念，對於學生來說也是很難分辨。例如將等量的二杯水，一杯為20℃，另一杯為50℃，二杯倒在一起，兒童認為溫度變成70℃了！如果在開水壺的蒸氣上放一乾盤子，兒童認為盤子內後來有的水是由剛才蒸發上來的水再變回去的。他們也認為小杯的熱水所含的熱，一定比大杯冷水所含的熱為多。

其他如兒童以看得見的金屬鐵塊定義「磁」，而以電線去定義「電」。若有一人手取橘子滑滑輪時鬆手，大學生認為橘子會掉在鬆手處的原地，亦即橘子掉在人後方一段距離的地方。若在一小船的船頭掛一帆布，船尾用電風扇吹帆布，大學生認為船會因為風吹帆布而往前行。如果將一塊一斤重會浮於水上的木頭放在十斤的水中，讓兒童預估二者的總重量時，有的兒童會回答共九斤。

至於兒童對於酸鹼的概念，多由日常生活親身體驗去判斷物品的酸鹼。如茶澀澀的，所以是鹼性。

2.生物的迷思概念（王美芬，民82；熊召弟，民84；黃達三，民81）

近年來有關生物概念發展的研究，有生與死、植物和動物、人體、遺傳等主題。我國有些高中生預測兩隻切去尾巴的老鼠交配生的子鼠，也缺乏尾巴。有的小學生認為父親遺傳性症狀比母親多。很多兒童以外型、生長地、食性、運動方式、類別名稱來分類動物，而同類者可交配。

對於「生命」定義方面的研究，則顯示兒童常有「泛靈論」

的迷思概念。所謂泛靈論就是將無生命的物質當做是有生命的。有許多學生把風、火山、腳踏車、雲、太陽、河流認為是有生命的；有不少學生將植物認為是非生物，尤其低年級學生認為一些非生物是「活的物體」，主要理由是因為它們「會動」。訪談兒童對於排泄物是臭的原因時，均認為營養的東西被吸收了，剩下不營養的就是臭的。很多兒童也認為腸子和腎臟、膀胱是相通的，因為尿是我們吃下去的東西變來的。也有兒童認為人的大腸裝大便，小腸裝小便。也有兒童認為母雞肚子內固定存有三十一個蛋，每天生一個。很多幼兒認為我們身體內的骨骼形狀，在前胸後胸的位置是平的，在肚子的位置是圓的，手腳則為正確的長形。

兒童認為植物是在晚上行呼吸作用，在白天行光合作用；植物是「吃」土中的水長大，而非自製養分長大的葉子將陽光變成食物；種植物的地方，土壤會失去重量；小的葉子葉內空氣比較集中，水份容易散失，所以小葉子比大葉子容易枯乾。

有的兒童認為蠶的血液是綠色的原因是因為吃綠葉子變成的；蠶的尾角可以分辨雌雄，牠的斑紋可以呼吸。兒童也認為大眼睛的動物一定比小眼睛的動物看得清楚。有些兒童認為青蛙和魚會產卵是生態上的「生產者」。

3.**天象的迷思概念**（Jones & Lynch, 1987；林顯輝，民 82；王美芬，民 81）

幼兒認為月亮在天上可以跟隨地面上的人行走移動，而且這樣月亮才可以聽到人們的對話；太陽白天由東邊出來，月亮晚上由西邊出來；有些高年級的兒童認為，月亮的圓缺是由於地球遮住月亮所引起的。他們也認為在月亮上放開手中的蘋果，蘋果會

往上飛，因為沒有地心引力；月亮滿月是因為月亮繞地球公轉的方向與事實不符，它在天體中的運動是垂直方向（非水平）繞地球轉，繞到北邊時，在北半球的人會看到月亮是滿月，繞到南半球看不到月亮時就是新月。

有些幼兒解釋地球的形狀，和人類文明的歷史一樣，早期人類認為地球是平的；現今的兒童認為地球像切去一半的柳丁一樣的圓，我們住在平的地方。如果把地球由北向南挖一個洞，在北邊洞口丟下一個石子，兒童認為石子會一直掉到地球的南邊出去；如果把一個裝滿了水又沒有蓋子的瓶子，放在地球的南邊（下方），兒童認為瓶內的水會向南（下）的方向流出去。他們都不能想像地球周圍表面的物品是往圓心的方向吸去；他們的迷思概念均認為在地球南邊（下方）的物品，一定是摔到南邊（下方）的天空去。

西方國家受宗教的影響，幼兒常認為下雨是因為天使哭的結果，而打雷是因為上帝生氣。兒童也認為雲裡有很多小洞，雨是由那些小洞流出來的。我國的兒童認為，雲是小水滴被太陽吸上去而形成雲；雲太多擠壓在一起，就會把雨擠出來；也有不少兒童認為裝冰水之杯子外面的水滴是由杯子內流出來的。

4.迷思概念的來源（Head, 1986；郭重吉，民78；江新合，民81）

科學教育學者多年來從事的兒童迷思概念研究指出，兒童之所以有科學方面的迷思概念或錯誤概念，其可能來源可歸納為：

(1)兒童自己的生活經驗和觀察。

(2)親友師長的說法影響他們的判斷。

(3)教科書中不當的描述或插圖。

(4)教師缺乏學科知識而造成錯誤的教導。

(5)不當的類比或隱喻所產生的混淆。

(6)兒童認知階段未達成熟等。

　　兒童看見積木比紙張較早落地,或看到在花木上澆水便能使它生長,這都是生活經驗所造成的迷思推理。再如,在同一個杯子內,杯中水位的高低和盛水的多寡成正比,但是在大小杯中時就不一定了,但一般人均以前者的例子類化後者的情形而形成迷思概念。當教師認為月相的形成是由於地球影子遮住月亮而形成時,教師一定在教學時傳授這個錯誤的訊息給學生。當兒童聽多了「老房子」一詞時,便建構房子是有生命的、會老的觀念。當兒童的認知年齡未達高層階時,他們很難形成抽象概念,只好用較低層階的解釋來說明他們的所見。

　　人們常因觀察不週而導致迷思概念,這種由於觀察不週而產生的迷思概念可分為四型:

1.心理因素影響觀察。例如某人因為相信催眠師的法力而果真被催眠。

2.因果關係之間的間接因素,反被認為是直接因素。例如夏天晚上雲少才能看見流星,有迷思概念的人會認為夏天流星多於冬天。

3.如果我們看某一結果時,也同時伴有其他結果,就誤認為同一個「因」會有兩種「果」,而事實上是沒有關係的。如在牆角下的花草長了小昆蟲,又往外傾斜長,人們就認為種在牆角下的植物長不直又容易長蟲。

　　以上所論,可知在任何概念形成的過程中,因果關係的控制變因要能掌握,才不致於產生迷思概念。

㈤概念改變的教學策略

　　雖然有些研究指出人們的錯誤概念很難改正，但科學教育的目標之一便是幫助學生獲得正確的知識概念，因此補救教學不可或缺。更有許多研究指出，應用有效的教學策略及適當的教材內容，可避免不必要的錯誤概念產生，更可積極使錯誤概念轉變成正確的科學概念。研究者都主張學習是一種概念的轉變過程，而學生對錯誤概念的轉變需有幾項必須的動機，如學生要不滿意他自己原有的概念，而新概念也必須是合理的、真實的，只有當學生對於新舊概念產生衝突時，他才願意尋找新的解釋，而且新概念必須能解釋新接觸到的經驗(Posner, Strike, Hewson & Gertzog, 1982)。如此，錯誤概念才可能改變，而有效的教學可協助學生浮現這種衝突現象。

　　類比教學是常用的概念改變的教學策略，「類比」(analogy)在科學教育中佔有重要的地位，而且是時時刻刻存在於我們的思考之中，類比是一個過程，是一個確認不同概念間相似處的過程。當一個類比可用來解釋概念與概念間的主要關聯時，即可導向有意義的學習(Glynn, 1991)。

　　利用類比來描述兩個概念的關係，對學習而言非常有用。用精確的、已知的概念來傳達一個未知的概念，我們常稱這已知的概念為類比物(analogy)，而不熟悉的概念則為標的(target)。類比可藉由學生熟悉的名詞、概念（類比物），聯結到不熟悉的概念（標的物），以熟悉的、具體的事或物，去解釋不熟悉的、抽象的事物。

　　類比教學法有幾個重要步驟，首先教師需介紹標的物，讓學

生辨識相似處，確認標的物與類比物之間特性的相關，再標識出相似處，然後再整理出標的物的原理。

　　好的類比是以學生熟悉的事物為基礎。有關類比教學法，就是強調如何以現有的認知去接受陌生的資訊，依照兒童的「以人的感受」、「日常生活經驗」等認知的推理表現的實例。類比可做為概念的支持，幫助讀者去瞭解。老師、著書者或學生有意或無意的硬將兩個概念的特色做一對應或比較，有時會產生誤導或誤解。仔細檢驗一個類比的種種層面與特性，是有效運用類比的先決條件。

　　比喻可用於兩種不同概念之間，找出相同性，使學生可以轉移概念。比喻不是舉例，舉例要合乎某一概念，而比喻是類似某一概念的情況，例如用「水流」來解釋「電路」。格林(Glynn)列出之比喻如下：

水流	電路
水	電
水流	電流
水管	電線
幫浦	電池
水壓	電壓
過濾器	弱傳導
減水壓	電阻
照像機	人之眼
鏡片	水晶球
倒像	倒像
底片	網膜

鏡蓋　　　　　　眼瞼

焦點　　　　　　水晶球調節

透光孔　　　　　瞳孔

　　一個好的比喻要由下列三個標準來判斷：

1. 用來比喻的項目特性眾多。

2. 用來比較的特性其相似性如何。

3. 概念是否重要。

　　一般而言，能提出相似的特性愈多，則此比喻愈好。但是像「月亮的反光，就像是鏡子的反光一樣」這個比喻特性只有一個，但已經很足夠、很正確了。

　　再如教「正義」一詞，可以用「天平」來類比。正義是抽象概念，天平則是具體概念。但二者均有「兩邊」和「平衡」的屬性。以類比的概念來教「正義」概念有三步驟：

　　第一步為：列出正義的屬性，亦即兩邊和平衡。

　　第二步為：找學生過去的經驗中有相同屬性的具體事物。天平是日常常見的具體東西，它被編碼入記憶中，消除已知概念和新概念之間的鴻溝。

　　第三步為：重新整合二者相同點，這樣才能將新舊二者概念相連起來。

　　其他概念改變的教學策略，如王美芬（民81）用角色扮演法來改變學生有關月相形成原因的迷思概念。月相的形成，根本原因是日、月、地球三者運轉時角度的不同，使得地球上夜晚的人們能看見月亮反光部位大小，而造成月相這種天文景觀，人們無法鳥瞰星球，因而造成許多迷思概念，若以多位學生扮演地球和月球公、自轉不同位置的關係，則能令兒童概念改變。又如學習

環(learning cycle)的探究教學策略可以幫助學生達到概念改變的效果。學習環的三階段是：(1)探索；(2)概念介紹；(3)應用推廣。學生如果認爲蠟燭可以把「氧燒得精光」，在教學策略上就可以讓學生先觀察蠟燭燃燒的情形；在密閉瓶中放一隻小老鼠並燒蠟燭，等蠟燭熄火了，老鼠仍在呼吸，第二階段概念介紹時，教師說明蠟燭並沒有把氧用光；最後再以別的動物來做實驗以確定迷思概念可以消除(Pollard, 1992)。Stepans 等人(1988)亦用學習環的教學策略來促使師範生改正對於物理上的密度、浮力、體積、水壓、表面張力等關係的迷思概念。首先讓學生預測各種不同質材的物體在水中沈浮的情形，再將它們放入水中，是爲探索階段。教師用學生的觀點和觀察結果來下質量、體積、密度等的操作型定義，是爲第二階段的概念介紹。學生可以再以前二階段所獲得的概念應用到另一個類似的情境，如把油、水倒在一起會有什麼結果；把蛋放在純水及濃鹽水中有何不同結果，是爲第三階段。

㈥結論

　　不論兒童或成人，對於自然現象都有一套他們自己的解釋，稱爲科學的迷思概念。這些迷思概念，一般而言是很難改變的。有的學生可能爲了考試而暫時改變這種錯誤概念以求得高分，但在日常生活中，仍然用自己的科學觀來看世界。人們由於觀察時考慮的變因不週全，而產生迷思概念，也可能因爲日常用語的混淆，或教師本身具有迷思概念而將此錯誤訊息教給學生，使得學生產生了不正確的科學概念。

　　一般而言無法看見之抽象的、推理的科學迷思概念，如物理、化學、天象，多於可見的生物概念。不論何種型式的迷思概

念，均可以用概念改變的教學策略（如類比教學）使之糾正。依照認知心理學的建構論的觀點而言，各種探究式的教學策略可以使學生的迷思概念(misconceptions)改變成為合乎科學的概念(scientific conceptions)。

五、概念構圖

（黃萬居撰）

㈠前言

1.記憶學習與有意義學習

國小自然科學的學習，除了訓練學生的科學技能、培養學生正確的科學態度以外，增進學生的科學知識是自然科學教師最主要的目標之一。至於科學知識應如何教給學生，才比較有效率呢？這是很值得探討的問題。由於近十年來，微電腦已被學校廣泛地使用，並已成為重要的教學工具。利用微電腦，學生很容易獲得科學資訊，因此以記憶的方法學習科學知識，應該是一種過時的學習方法，同時很多的學習理論已經被發展出來，老師們不應再強調科學知識的記憶。然而，在大多數的自然科學教室中，常發現學生以機械式的方法學習(rote learning)，因此，成績好的學生往往只是具有記憶科學知識的技能而已。可是，以背誦得來的知識不但容易失去，而且即使在忘記之前，該知識並不能有效地應用於解決問題(Novak, 1977)。因此，自然科學教師應該介紹能增進學生作有意義學習(meaningful learning)的學習方法給學

生,而所謂有意義的學習就是要使新的知識與學生原有相關的認知架構以非任意且實際的方式連接起來(Ausubel, Novak & Hanesian, 1978)。

2.概念圖促進有意義的學習

有很多方法可以幫助學生對自然科學作有意義的學習,其中有一適合小學生、中學生和大學生學習的方法,是諾瓦克和高文(Novak & Gowin, 1984)所發展出來的概念構圖,此一方法是學生將所學得的概念結構,以平面的圖樣表達出來(Stewart, Van Kirk, and Rowell, 1979)。所以概念構圖是有效地將有關的概念(concepts),按照概括層次(hierarchy)排列,並以命題連接(propositional linkages)各概念間的關係,而成視覺上表示的(visually representing)圖。概念構圖具有三大特性:⑴階層性的結構;⑵各個概念間均以連接字連接;⑶概括性愈大的概念置於愈上層。Pankratius於一九九〇年的研究報告,曾以概念構圖說明概念構圖,如圖3-17所示。教導學生作概念構圖,不但可以幫助他們認識和使用已有的概念,而且可促進他們建立新的概念。

根據建構主義的哲學觀點,對於科學知識成長的描述,以及最近從認知科學的角度對於科學知識的成長,兩者都強調知識是由科學家或孩童所建構出來的,而科學知識或孩童的數理概念架構是暫時性,它會不斷的被修正和成長(Cleminson, 1990; Hodson, 1988; Nussbaum, 1989)。概念構圖正是幫助孩童建構知識的一種合適的方法。

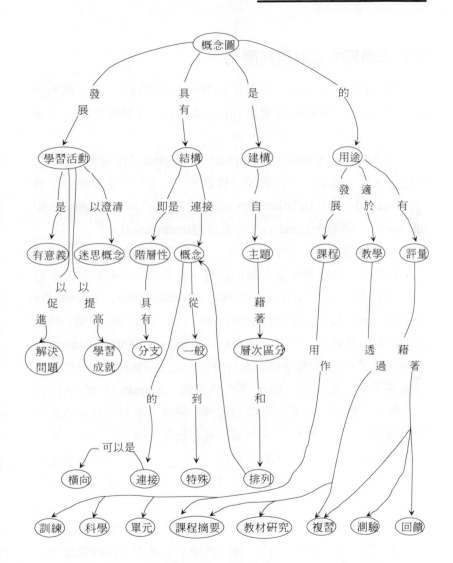

【圖 3-17】概念構圖的概念構圖(Pankratius, 1990)

㈡概念構圖的涵意及其應用

　　所謂概念(concept)，依諾瓦克(Novak, 1977)的定義，為物件(objects)或事件(events)的規則性(regularity)，以記號或符號表示之。

　　所謂概念構圖(concept mapping)，依 Heinze-Fry 等專家(1984)的定義，是一種看得見的認知結構表示法，有四項主要成分：概念(concepts)、關係(relationships)或命題連接字(propositional link-ing words)、階層(hierarchy)及交叉連接(cross-links)。

　　概念構圖在科學教育的應用，先進國家有很多學者進行研究，有關概念構圖對學習成就的影響，大部分的研究報告發現影響並不顯著，例如 Abayomi(1988)、Bodolus(1986)、Heinze-Fry(1987)、Lehman、Carter 和 Kahle(1985)以及 Spaulding(1989)的報告均稱無顯著效果；然而，近年來 Okebukola(1990)和 Pankratius(1990)發現學生使用概念構圖進行學習，比使用傳統法進行學習，有顯著優異成就表現。國小自然科方面，Seaman (1990)所作的「合作概念構圖——通往成功的捷徑」研究，主要是研究概念構圖的學習技巧和合作學習，對國小五年級學生學業成就的影響。該研究將學生分為概念構圖組及控制組，並以自然科學為學生的研讀主題，之後並測驗他們的學習效果，發現概念構圖組的學生在每週的字彙測驗及單元結束所作的測驗成績，均高於控制組的學生。Stice 和 Alvarez(1986)曾作「階層性的概念構圖：幼童學習如何去學習（即初學者可行的啟發教學）」研究，該研究是介紹概念構圖給幼童。九位老師各帶二班學生（學生的年級從幼稚園到國小四年級），老師們被教導概念構圖的術語，並被要求設計

一些繪製概念構圖的活動供學生學習。孩童們的概念構圖能力逐漸被發展，爲以後更直接的教學提供了最好的機會，即使對非常年幼的孩童，概念構圖也顯示出是可行的啓發教學。結果老師們發現孩童的概念構圖使他們有更好的成績，增進了概念關係和模式的了解，並且在班級的討論中表現得更合作，尤其是在同儕一起構圖的表現。孩童的年級愈高，他們製作的概念構圖就愈爲詳盡、複雜。概念構圖使得老師能有組織地表達他的課程內容，學生在班上的學習及創意的分享上，也有更明顯地增進。Stice 和Alvarez(1987)又作「幼童的階層性概念構圖」之研究，曾經探討概念構圖作爲幼稚園兒童到五年級學生學習方法的可行性，結果發現概念構圖可以增進幼童組織與表達他們思想的能力。美國全國科學教學研究協會(National Association for Research in Science Teaching)於一九九〇年十二月曾出專刊(Journal of Research in Science Teaching)討論有關概念構圖的研究現況。

　　至於我國在這方面的研究尚不多見，在大專方面，黃萬居（民 81a）曾作「師範學院學生的概念構圖和化學成就、科學過程技能、邏輯思考能力和性別相關之研究」，發現在實驗組中，科學過程技能分數較低的學生，化學成就較高，這表示概念構圖技巧可能是成就較低學生的另一種合適的學習方法。已具有高成就的學生，即科學過程技能分數較高的學生，可能已有自己的一套學習策略；而過去成就較低的學生，可能尚無合適的學習化學的方法，概念構圖可能正好提供這些學生一種很好的學習策略，所以他們在後測表現得比較好。陳漢瑛（民 82）最近曾作「護專學生酸與鹼錯誤概念之研究：概念構圖法之應用」，發現：

　　*1.*酸中毒與鹼中毒概念之標準參照概念構圖具有統整化學與護

理學之功能。

2. 標準參照概念構圖適用於護專學生酸與鹼錯誤概念之評量。

3. 護專學生認為概念構圖很適合學習效果之評量。

在國中方面，邱上眞與謝兆樞（民 78）曾以概念構圖技巧評量國民中學學生在生物學科特定領域之成就，並比較不同程度的學生在概念構圖的差異，發現：

1. 概念構圖之得分與自編傳統式生物測驗及學校生物成績皆有顯著相關(p < 0.1)，而對全體受試者而言，概念構圖與自編傳統式生物測驗之相關大於與學校生物成績之相關，其 t 值為 15.97，大於α=.01 的臨界值，顯示在某特定主題之評量與傳統式成就測驗（選擇、填充式）具有一樣的效果，更提供了不同的評量方式。

2. 概念構圖可測出學生的統整能力，經由一些練習，學生可學會概念構圖技巧，並作為知識結構的表示法。

在國小自然科學方面，黃萬居（民 81b）在「概念構圖應用在我國國小學生學習自然科學之研究」中，曾探討：

1. 我國國小高年級學生，能否將學過的自然科學概念以概念構圖表示出來？同時概念構圖的製作是否能被我國國小高年級學生所接受？

2. 我國國小高年級學生，分別以傳統法和概念構圖法學習自然科學，學習成就有無顯著差異？該研究的樣本取自台北縣、市六所國民小學，十二個班級共有五百五十一名學生參加。時間是八十年度上學期，實驗組在研究前兩個月先學習概念構圖的技巧。接著實驗組和控制組各一組接受前測，該測驗包括未來兩週的授課內容。授課期間，各學校由同一位老師

教實驗組、控制組各一班，在每節課結束前十分鐘，學生接受一份列有該節課所授內容的概念，要求實驗組學生畫概念構圖；而控制組學生則對這些概念下定義，概念構圖和定義完成後交給任課老師，經批改後再發還給學生。授課完畢後一週，所有學生均接受後測，試題與前測相同。

研究結果發現：

1. 根據概念構圖的得分，發現有半數以上的學生已經學好概念構圖技巧。再由概念構圖問卷，發現學生對概念構圖所持的概念，正面的遠比負面的為多，這是可喜的現象。不過有不少學生認為概念構圖技巧不易學好，此點值得教師們加以注意。

2. 根據資料分析發現：學生一旦學好概念構圖的技巧，則該技巧對自然科學習成就有顯著的影響，這與Okebukola(1990)和Pankratius(1990)的發現一致，學生使用概念構圖法進行學習，比使用傳統法進行學習，有顯著的優異成績表現。

概念構圖的使用極廣，幾乎包括教育的各種活動，例如課程的安排，課堂上的教學活動，以及學習成果的評量等。概念構圖在教學過程中的應用，包括用教師畫好的概念構圖進行教學，和教導學生作概念構圖以進行學習。這兩者之間有顯著的不同：使用教師作好的概念構圖進行教學，主要是用來說明該單元的概念結構，其重點是在於概念構圖的結果；而教學生作概念構圖以進行學習，其重點是在於作概念構圖過程，在這過程中學生自己發現該單元的意義。教學生作概念構圖以進行學習的活動，已獲得相當程度的認同，然而使用教師作好的概念構圖進行教學，其效果尚被存疑(Cliburn, Jr., 1990)。

　　最近有關概念構圖的研究，大多集中於中學生作概念構圖以
進行學習(Arnaudin, 1984; Ault, 1985; Novak & Gowin, 1984)。諾瓦
克和高文(Novak & Gowin, 1984)所提供的「教導學生作概念圖」
的教學大綱，是一套大家公認的非常明確的教材。

　　因此，概念構圖技巧可能是一種適合國小學生學習的自然科
學的方法，不但學生學習的意願很高，而且對於自然科學的學習
亦有助益。擬推廣此方法的教師們，則須注意學生是否已學好概
念構圖技巧，在教導概念構圖技巧時需循序漸進，由熟悉的事物
開始，然後再進入正式課程內容，如此，學生可能較易學好。

(三)概念構圖的教學活動流程

1.概念構圖的準備活動
(1)活動目的
①使學生明瞭概念字及連接字的意義。
②能區分並適宜的將概念字及連接字組成有意義的句子。
(2)活動方式
①首先教師寫兩列字詞在黑板上或投影片上，有一列寫上
「事物」，而另一列寫上「事件」。
　　例如：事物的字詞——狗、樹、雲、書、汽車、椅子。
　　　　　事件的字詞——玩、洗、想、打雷、下雨、生日
　　　　　宴會。
　　問學生是否能描述這兩列字的不同？
②要求學生述說當他們聽到「汽車」、「狗」……等字詞
時，聯想到什麼？（雖然是相同的字詞，但是每個人對
該事物的想法，可能有些不同，幫助學生認識這些心理

影像就是概念，並介紹「概念」這個詞。）

③重作上述二步驟，但換成與事件有關的字詞，如「下雨」、「生日宴會」，再一次指出我們對事件的心理影像（即概念）的不同。（字詞是概念的標示，但每個人對該字詞的意義感覺不盡相同。）

④列出下列字詞，如「是」、「和」、「那裡」、「這個」、「用作」，然後問學生，當他們聽到這些字詞時，心裡想到什麼？（這些字詞不是概念字，我們叫它們為連接字，在平時說話或寫文章時，連接字和概念字一起使用，可構成有意義的句子。）

⑤每兩個概念字和連接字，構成一些簡短的句子寫在黑板上，說明概念字如何加入，而被人類用來傳達意思。例如「狗正在跑」、「天上有雲」。

⑥讓學生們自己練習造一些簡短的句子，要他們確認那些是概念字，那些是連接字。

⑦從教科書中選出一段（最多一頁）有特定主題的文章，要求學生唸一遍，並確認那些是概念字。

⑧介紹一些學生已知的概念字，幫助學生明瞭概念的意義並非一成不變的，會隨著知識和年齡的增加而賦予新的意義。

⑨專有名詞不是概念字，它是特別的人、事件、地點或事物的名字，例如「孔子」、「台北」，幫助學生明白這些專有名詞與概念字間的不同意義。

假如您班上有能說兩種語言的學生，讓他們提出一些外國字來標示相同的事物或事件，幫助學生認識語言是用來作為概念的

標示。

2.概念構圖的發展活動

(1)活動目的

①使學生能將文章中的概念列出並區分那些是較簡單的概念，而那些是包含性較大的概念。

②學生能經由討論將概念字及連接字畫成概念構圖。

(2)活動方式

①課堂上所教授的單元可分為幾個小章節，在每一小節教授完畢時，讓學生從剛學過的內容中列出一些概念，將這些雜亂無序的概念，從最常用的（包含範圍較大的）排到最不常用的（包含範圍較小的），用連接字及線段畫成一個簡略的概念圖。

②整個單元教授完畢時，可將課本內重要概念寫在小紙卡上，將全班分成幾組充分討論後，把紙卡在桌上排列成概念構圖（可經由討論的過程讓學生更深入了解概念之間的關係），可將概念構圖畫在紙上或投影片上，在班上報告、展示或討論。

③當概念構圖完成後一、兩天，讓他們像讀故事一般去讀概念構圖，讓學生說出概念與概念之間的關聯及上下聯結的關係，這是一個很好的整理歸納的方法，讓學生利用概念構圖重新獲得課文中重要的意義，對於那些概念構圖連結得好的學生，雖然他們沒有記憶原文，但是當他們重述原文時會精確的描述課文內重要概念的意義及其相關性，並顯得很有信心。

3.概念構圖的綜合活動

(1)活動目的

①使學生能解釋概念構圖代表的意義及相關性，或重述原文的意義。

②能了解評分的規則及過程。

(2)活動方式

①在每個學生畫出一些概念構圖後，告訴他們評分的規則及過程（參見下頁），這項工作是必要而有意義的，教師可拿出一張集體創作圖並展示給學生如何評分，顯示一個被評分的樣本圖，讓學生也對自己所畫的概念構圖評分，並把圖展示在黑板或投影機上，可要求學生解釋他們的評分情形。

②在概念構圖的教授過程中，充分的討論是有效教學的不二法門，我們可稱為「進展討論」(Progress Discussion)。以下提出幾個適合討論教學的時機：

・和他們一起複習概念、事物、事件、連接字、專有名詞的概念。

・提醒學生雖然有一些概念是普遍而簡單的，但是這些概念是由二個或二個以上的字詞表示出來，如溜冰、火山爆發、高成就者。

・當我們將原有的概念和新的概念作連結時，這樣我們會學得最好、最徹底。

・指出階層式的概念構圖有助於我們將零碎的知識作分類整理的工作，也可將一些特殊的概念包含在原有的一些更大、更普遍的概念中。

．幫助學生了解，在圖上的橫向連接意思是他們將原來
　被看作是不相關的概念，連繫在一起，這種橫向的連
　繫和概念的統整，有利於（保留）記憶和以後有關概
　念的使用，尤其是在解決問題和創造新的經驗等。
．充分討論其他的評分標準和您自己的評分標準。
③讓學生討論他們對概念構圖、背誦的學習法和有意義的
　學習法的感受。

4.概念構圖評分標準

　　諾瓦克(Novak, 1984)的評分標準如下：(1)兩概念間的相關性
合適，每一個給一分；(2)概念構圖的層次明確，每一層給五分；
(3)橫向交叉連接恰當而且具有意義，每一項給十分；(4)所舉的例
子正確，每一個給一分。如圖 3-18 所示。

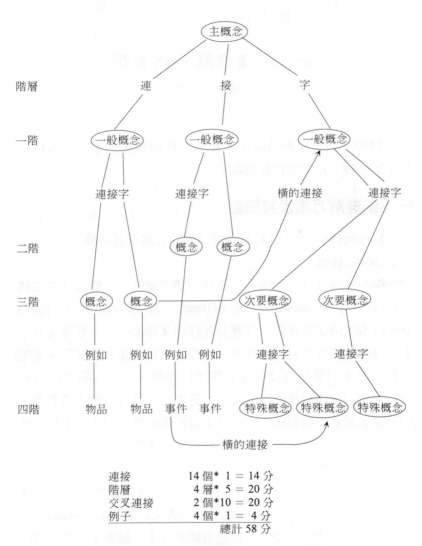

連接	14 個* 1	= 14 分
階層	4 層* 5	= 20 分
交叉連接	2 個*10	= 20 分
例子	4 個* 1	= 4 分
	總計	58 分

【圖 3-18】評分模式(Novak, 1984)

六、閱讀理解策略教學

（林建平撰）

閱讀是兒童學習的最基本技巧，任何學科的學習均需用到它，以下特介紹閱讀理解策略。

(一)閱讀理解方案及其策略

Mayer(1987)曾介紹五種閱讀理解的方案及其策略

1. SQ3R 技術

Robinson 早在一九四一年建議閱讀文章的五步驟如下：瀏覽(survey)、提 問(question)、閱 讀(read)、背 誦(recite)、複 習(review)，俗稱SQ3R技術。瀏覽乃在詳讀文章之前，先概覽文章一番，以控制閱讀的目的、方向和注意力；提問是讀者瀏覽後產生一些問題，引發好奇心，提升閱讀的動機，有助益閱讀時的專注；閱讀是專注於找出發問問題的答案；在閱讀時做重點畫線、口頭複誦或筆記摘要以幫助記憶；最後是回憶所記憶的重點。此技術已獲廣泛的報導，但欠缺實徵研究的支持。

2. REAP 技術

Eanet(1978)主張訓練讀者以自己的話重述文章的內容。REAP的四步驟如下：閱讀(read)、編碼(encoding)、註解(annotate)、審思(ponder)，俗稱REAP。閱讀是去閱讀文章；編碼是用自己的話重述文章內容；註解是用自己的話對文章做摘要；審思包括複習及對摘要加以思考。Eanet 的實驗研究並未支持此法對閱讀記憶

保持的效果。

3. DRTA 技術

Stauffer(1975)提出閱讀三步驟爲：預測(predict)、閱讀(read)、驗證(prove)。閱讀前先依題目、圖片、文章開頭的一些字預測文章的內容；接著默讀文句，並爲先前的預測找尋證明；最後驗證先前的預測是否獲支持。Stauffer 已提供一些資料證實DRTA 的有效性，但仍有待實徵研究的評鑑。

4. ReQuest

Manzo(1969)提出 ReQuest 的步驟爲，師生合作默讀一篇文章，然後輪流相互提問及回答，此法使學生學習從文章中提問問題及找出答案。此法的成效亦有待評估。

5.芝加哥精熟學習閱讀方案

此方案的教材包括幼稚園至八年級，分爲幾個學習單元，每一單元均有一個或多個學習目標，這些學習目標如辨認文章結構、推論題義、提問……等特定的學習策略，學習中在進入下單元前，必須通過精熟測驗，否則則需矯正、再施測。此方案是由現存閱讀研究激發出的方案，且使用科學方法加以評鑑，其成效已系統地評估中。

㈡ Staton 的讀書五步驟

Staton 在一九八二年所著〈How To Study〉一書中（李源長譯，民 72）介紹了 PQRST 的五步讀書方法，即預覽(preview)、發問(question)、閱讀(read)、重述(state)、考測(test)。預覽乃在閱讀之前，預先瀏覽課業中的章節、標題或首末段的主題句，以獲得書中的概略，掌握其中的大局和全盤輪廓；發問是在預覽後，

提出一些你認爲可藉精讀來解答的問題，提問藉精讀中找答案，故可提升學習動機，並在尋找答案中助益專心閱讀；閱讀時精閱字句，眼腦並用，理解其中的概念；重述乃自問課文究竟在講什麼，並用自己的話重述所讀的內容，此步驟助益讀者重新檢討自己是否切實吸收及記住所讀的內容；考測是數小時或數天後，查看課文中的標題，考測所記內容，此步驟並非只將所學的內容存入短期記憶中而已，它更將所學的內容變成長期記憶的知識，故其功能更較重述廣大。

㈢文章結構分析策略

　　文章結構策略一直被認爲是閱讀理解的要素。Mayer(1987)將典型文章結構分成描述型(description)、聚集型(collection)和比較型(comparison)。訓練受試確認文章的結構，可幫助閱讀者組織資料，使更有效的記憶。文章可分爲敘事性文章(narrative prose)和說明式文章(expository prose)。前者如故事體，後者如解釋事件或事物的文章，一般學生對故事體文章較熟悉，但對說明式文章則較欠缺經驗。若成功的給予訓練，將可協助學生建立文章內主要觀念的內在聯結，其結果可增進學生的記憶力和問題解決能力。有三種有效的摘要大綱的技術，可訓練學生對文章結構的了解：

　　*1.*建立網狀組織(Networking)。

　　*2.*摘要上層結構(Top-Level Structuring)。

　　*3.*基模訓練(Schema Training)。

　　Cook 和 Mayer(1988)認爲，教導學生文章結構的學習策略，包括：

　　*1.*辨認文章的結構。

2.確認文中所表達的適當觀念。

3.在文章結構中建立觀念與觀念間的適當聯結。

　Cook 和 Mayer 所提出的文章結構訓練的方式包括：

1.非正式的團體演講、討論，針對不同形式的說明式文章的架
　構做列舉、說明、舉例，並加以討論。

2.工作單的練習。

3.給予工作單回饋，評估工作單的正確性。

4.口頭詢問文章內容，亦是一種評估的方式。

　教導學生了解文章結構，可以幫助學生建立文章資料的心理
表徵(mental representation)。在閱讀理解的過程中，包括：

1.從文中選擇適當的資料。

2.處理適當存在的知識。

3.建立文章內觀念間的內在聯結。

4.建立文章新知識與既存舊知識間的外在聯結。

　當閱讀者能辨認一篇說明文的內在結構形式，他較能選擇適
當的資料及建立內在的聯結。一個曾受過文章結構辨認訓練的學
生，和未受此種訓練的學生比較之下，在「回憶方面」，所記憶
「概念的資料」表現特別的好。此乃因結構策略包含指導讀者去
注意辨認文章結構適當的資料。在「回答問題方面」，在問題解
決等需要引用推論的問題的表現上特別的好。此乃因結構策略包
括了聯絡資料進入一個促進邏輯推論的連貫凝聚的架構中。

　Ruddell 和 Boyle(1989)指出，最近有許多人探討閱讀者對文
章結構的知識與其對文章理解之間的關係，並已建立了一個閱讀
歷程的互動模式。此理論是當讀者在閱讀文章的過程中，伴隨著
文章閱讀過程的心理記錄，會形成文章意義的心理表徵。此心理

表徵的形成乃讀者依個人儲存於記憶中的先備知識，找出文中資料間的相關和組織，利用此有組織和統整的資料，建立一代表文章意義的心理表徵，此心理表徵可用摘要圖示等方式表示出來。已有不同的策略被發展來協助學生組織和統整文章的意義，其中大家最熟悉的一種策略是「認知圖示法」(Cognitive Mapping)。

　　許多研究者已使用描繪的或空間的地圖來看文章的結構、閱讀者的理解及回憶。圖示法是用繪圖的方式描繪文章的表徵。此圖示能提供閱讀者及寫作者確認重要的概念和關係。圖 3-19 即是一位學生在接受圖示法(mapping)的教學後所畫的一個典型的認知圖示。畫這種圖是以聯結的三角形、同心圓、梯形等描繪出代表文章關係和結構意義的圖形。這種策略是用來提供一個工作的大綱，來發展解釋、定義、分類、舉例、敘述和比較。

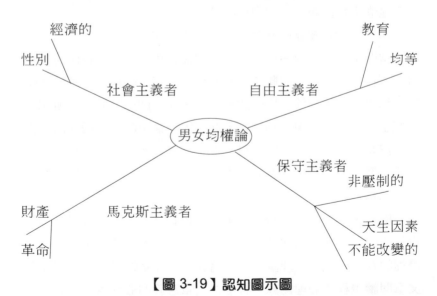

【圖 3-19】認知圖示圖

Saperstein & Joseph(1987)認為，閱讀文章後，對文章結構筆記成大綱，將特別會增加文章的回憶，此種方式是使用一些簡要的、重要觀點的字來代表文章廣泛的意義。它若作成圖形化、表格化，則更具有視覺性和創造性。此外，此種筆記的方式亦可以地圖的方式來表達。「心理地圖」(Mind Map)把記憶的內容表現出來，以幫助主要觀念的聯想。畫心理地圖時，把文章最主要的字或句子放在最中央，然後將所有支持的事實或思想、觀念放在中央的分支部分。「心理地圖」是相當個別性的，不同圖形除了反應個人的風格外，重要的關鍵字也可能對畫的人才具有意義。因此，只有自己畫「心理地圖」才是最好的，將對你自己的記憶和理解有最大的衝擊。

㈣自詢策略

King(1989)提出自詢式(self-questioning)的理解監控策略。自詢能達成閱讀的理解主要是其過程中後設認知的效果。自詢時自我考驗的方式協助學習者去監控教材的了解。學習者使用自詢策略，把學習焦點集中在重要的學習教材上，他們分析內容，和先備知識相聯結、評估教材。透過此理解監控歷程，學習者覺知到何處尚未了解，並能採取重讀或其他補救之道。

在此策略的訓練中，King以直接教學的方式，教導大學生自詢的技巧及後設認知的原則。自詢技巧教他們寫各種形式的問題類型，包括事實和高層問題。簡要的教導他們後設認知的意義及其監控理解的功能。教導之後，再提供教材讓他們練習使用自詢策略。若學生在提問問題上有困難，教師可提供給學生題幹，使學生依題幹來產生問題，以便自詢自測。題幹例如：⑴甲和乙如

何相關？(2)舉……的新例？(3)依你的看法，什麼是最好的及為什
麼？(4)什麼是此問題的一些可能解決方法？解釋為什麼？(5)你能
引出什麼結論？(6)甲和乙間有何不同？(7)甲和乙有何相似……
等。

㈤ Ross 的閱讀理解策略

美國學者Ross（民78）曾在台北市立師院舉辦之「小學語文
教育研討會」中，綜合提出在閱讀理解過程中所用的策略如下：

1. 引導式閱讀——思考活動(The Directed Reading-Thinking
   Activity, DRTA)。

係一種團體理解的活動，如閱讀一故事，在閱讀前，先做故
事事件的預測，然後進行閱讀及摘要，以證實或修正預測。其活
動過程如下：

(1)首先請學生從題目去預測故事可能的內容是什麼。

(2)教師大略記下學生所預測的內容。

(3)教師引導學生默讀故事中的第一段（或由教師決定閱讀到
　　那兒停頓）並作摘要，且考驗自己所做的預測是否獲證
　　實。

(4)去除不可能的預測，修正及建立新的觀念。此預測→閱
　　讀→摘要→證實的過程一直循環至文章的結束。在引導閱
　　讀時，文章可依一段落為一循環，故一篇文章若有三或四
　　段，其就有三或四個循環過程。此方式鼓勵學生用其故事
　　結構的知識作預測，對故事可能的方向作擴散性思考、邏
　　輯思考及歸納，它促進學生主動參與討論，並引發學生的
　　好奇心。

2.問—答關係(Question-Answer Relationships, QAR)

此法協助學生分析存在於問題、文章和閱讀者的知識三者間的關係,以加強學生回答理解問題的能力,問題依閱讀者回答問題時所需的訊息資源分為「明示的問題」(right there)、「搜尋的問題」(think and search),及融會貫通後的「心得與感想的問題」(on my own)三種類型。

「明示的問題」是學生在文句中很容易即能找到答案的問題;「搜尋的問題」是需要學生從許多命題或好幾段的文章去找尋答案的問題;「融會貫通的問題」是需要閱讀者融會其先前知識始能找到答案的問題。教師首先以示範方式對一文章提出問題、答案,及告知此問題的類型是屬於三種中的那一種;然後教師從一文章中提供問題及答案,請學生確認問題的類型;最後,指導學生能依文章自己創造三種類型的問題及回答這些問題。此方式可訓練學生自問自答的技術,且經此訓練,學生因能提出三種問題而對文章融會貫通,達到理解。

3.故事圖(Story Maps)

此法用圖示故事要素之間的關係來發展理解,並且培養對故事結構及順序的精通及感受性。教師選擇一篇具足夠長度及連貫的故事體文章,引導學生討論故事的一般組織,包括開始、中間及結束。開始的部分是介紹故事的背景及角色;中間部分是描述主角所面對的一些問題和解決方法的事件;結束部分描述故事最後主角如何解決問題。教師首先示範圖示出此故事的組織,接著教師提供閱讀的故事,並指導學生自己完成故事圖,最後學生即可在閱讀故事後,自己完成故事圖。此方式提供故事體文章邏輯結構的視覺表徵,使學生知覺到故事要素間的關係,對不同故事

作比較,對文章有更深入的理解。

　　4.**相互教學**(Reciprocal Teaching)

　　此法用在說明式文章,教師和學生輪流帶領對話活動,此對話活動包括四個技術:

　　(1)預測(Prediction)

　　以文章的題目或標題來預測此段文章將討論什麼。

　　(2)發問(Questioning)

　　對閱讀的內容產生一些問題。

　　(3)摘要(Summarizing)

　　找出及摘要文章的主題句,找出及摘要文章的主要觀念和支持細節。

　　(4)澄清(Clarifying)

　　找出文中困難的部分,加以澄清。

　　首先,教師選一閱讀的教材,使用此文章,先由第一段,教師示範和解釋上述四個技術,示範時並以有聲思考(think aloud)的方式進行,使學生能看到當教師在閱讀時他的思考是如何進行的,教師持續透過文章的各段落,示範此四個技術。然後,教師把班上分為幾個小組,學生在小組中輪流扮演小老師的示範引導角色,此時,教師在各組間扮演的是回饋、讚賞的角色,最後的目的是希望每位學生閱讀時能獨自表現這四個技術,以增進閱讀理解。很重要的,教師要明白告訴學生這些活動是閱讀理解的一般性策略,在個人自行閱讀時有賴這些技術來協助他們的理解。

㈥ Dole 等的文章閱讀五策略

　　Dole、Duffy、Roehler 和 Pearson(1991)認為閱讀理解教學應

強調教導學生一套理解文章所可用的策略，據閱讀認知的研究，這一套適用於閱讀任何文章的策略包括有五種：

1.找出重點

即決定文章的要旨、主題、主題句、鉅觀結構(macrostructure)、超結構(superstructure)、關鍵字、論題(thesis)、話題(theme)和說明。高閱讀能力者較能依閱讀的目的決定文中的重要訊息，他們判斷文章重點的方式如下：

(1)使用其一般世界知識和特定領域知識，閱讀文章及評估文中的內容。

(2)使用其對作者寫作文章的傾向、意向和目標的知識，決定文章的重點。

(3)使用其文章結構的知識，確認和組織訊息。文章結構包括故事體文章的文法知識和文章頂層水準結構(top-level structure)組織的知識。

有關的研究顯示，教導兒童區別重要訊息的方法，可有效改進閱讀理解。

2.摘要訊息

此策略需閱讀者從閱讀的文章中，區辨出重要與不重要的訊息，然後，綜合這些重要的訊息創造出一新的、連貫的、濃縮的文章，來代表原來的內容。摘要的過程如下：

(1)選擇重要的訊息，刪除不重要的訊息。

(2)以較高層的概念來替代細節的訊息，可濃縮一些材料。

(3)把訊息統整為一連貫的、正確的、可理解的內容，以代表原來的材料。

有關研究並顯示摘要策略具可教導及有效性。

3.引出推論

　　最近閱讀的研究普遍發現「引出推論」是理解過程中最基本的部分。推論是理解過程的核心，當閱讀者在閱讀文章，建構他們的意義模式時，廣泛的使用推論的方式，去詳細的填補文中所省略或遺漏的部分，及推敲所閱讀的內容，如：「小明正在玩遊戲，他被球棒打到。」雖然上兩句中未提到玩什麼遊戲，但二到六年級的學生能毫無困難的推論小明正在玩棒球。有關的研究證實兒童有推論的能力，但他們不常自動的去引出推論，有關的研究亦顯示可有效教導兒童的推論能力及改進文章的理解。

4.產生問題

　　傳統的閱讀教學，常是由教師發問問題，很少使用學生自己產生問題問自己的方式。讓學生自己產生問題，可導致較高層次的文章處理水準，促進文章的理解。Singer 和 Donlan(1982)曾研究教高中生一般故事的文法，再從中產生故事特定的問題。於是，學生使用一系列的一般故事文法的問題（如誰是故事的主角，故事主角最先做了什麼……），去產生、創造有關他們正閱讀的特定故事的特定問題，結果，自己產生問題的學生較回答教師所問問題的學生更能改進他們對故事理解。因此，學生閱讀時自己產生問題，可導致對故事的主動理解，故改進了文章的理解。Brown 和 Palincsar(1985)的研究，亦證實「產生問題」是閱讀理解不可或缺的部分。

5.監控理解

　　此策略即後設認知策略，已受到許多研究的重視。有關研究均證實：高閱讀能力者在閱讀時較能監控、控制和調整他們的策略；相反的，低閱讀能力者較少覺知存在的問題，縱使知道問題

的存在，亦較不能解決問題。此策略包括兩部分：

(1)覺知個人理解的品質和程度。

(2)當理解失敗時，知道做什麼及如何做。

監控理解是指閱讀者在閱讀時，可能由於其先備知識不夠，妨礙其理解；或由於所閱讀的內容和其存在的知識不一致。當覺知其欠缺理解，此時，就得採取一些補救策略，如重讀、回顧、調整花費的時間和精力……等。有關的研究顯示：理解監控已被包括在後設認知的訓練方案，且有助益改進學生的閱讀理解能力。在補救策略方面，有關的研究亦顯示補救策略的教導，有助益閱讀理解。Tregaskes 和 Daines(1989)在其研究中，所訓練的後設認知策略包括：

(1)視覺心像：教師使用詢問和批評來引導學生對文章形成心像。教師朗讀文章，請學生視覺化心像，然後以說明和圖畫分享給大家。

(2)摘要句子：教導學生確定主要觀念，忽略瑣碎和多餘的訊息，然後，使用一般語辭分類及摘要此適當的訊息。

(3)網狀化(Webbing)：以圖示表示章節中的關係，把主要觀點放在圖的中間，主要支持點放在其旁邊，不重要的支持點則放在最外圍，形成一個網狀結構。

(4)自詢：教學生自問自答。

(5)建構一組提供監控系統的卡片，協助學生檢核對文章的了解，當未清楚理解，即進行重新理解。

(七)不同閱讀階段的閱讀策略

Pressley 和 Gillies(1985)指出閱讀時可依不同階段的需要採取各種增進理解的策略（郭靜姿，民 81 ）：

　　*1.*解碼階段：當個人不能辨認出單字時，可使用的策略包括：查字典、詢問他人、對照上下文猜測字意、跳過不管等。

　　*2.*在文義理解階段：當個人不能了解字句的意義時，可使用的方法包括：在難字難句下畫線、分析句子結構、統整各單字組合後的意義、對照上下推敲字句的意義、跳過不管等；當個體不了解文章的意義時，可採用的策略包括：重新瀏覽全文、畫重點、分段閱讀、自我問答、作筆記、作摘要、文章架構分析等。

　　*3.*在推論理解階段：個人可採用的策略包括：運用舊經驗及知識以促進理解、檢討文章立論的正確性及一貫性、批判文章的内涵、作新的聯想及推論等。

　　*4.*在理解監控階段：當個人要了解自己是否理解文章意義時可採用的方式包括評鑑自己的理解正確度多少，以及根據評鑑的結果採取自我調整(self regulation)的方式。

　　Heilman、Blair 和 Rupley(1990)亦分別就閱讀前、閱讀中及閱讀後三個階段提出下述學習的策略（郭靜姿，民81）：

1.閱讀前

　　(1)複習與主題有關的背景知識。

　　(2)聯結新章節與舊章節的經驗。

　　(3)將新材料與個人經驗聯結。

　　(4)討論主要的單字與概念。

　　(5)閱讀文章提要以發展整體概念。

　　(6)瀏覽文中插圖。

　　(7)預測文章内容。

　　(8)建立閱讀目標。

　　(9)瀏覽文章型式。

2.閱讀中

(1)運用標題引導學習。

(2)在每一段落結束後問自己一個問題。

(3)重讀文中不熟的部分。

(4)找到作者的型態。

3.閱讀後

(1)運用文後的問題檢視理解的程度。

(2)評估所得的訊息及預測後來。

(3)重點摘要。

(4)重讀某些觀點的部分。

第六節　原理原則的學習與發現教學法

（楊坤堂撰）

一、原理原則的學習

前文指出（第二章第二節的連續性特殊教育模式和第三章第六節概念分析與概念教學），蓋聶(Gagné, 1965 & 1968)提出學習階層理論(hierarchies of learning)，主張人類的學習行為與現象，從具體到抽象，從簡單到複雜，其學習發展階段依序是訊號學習(signal learning)、刺激反應學習(S-R learning)、連鎖學習(chaining)、語言聯結學習(verbal association)、多重區別學習(multiple discrimination)、概念學習(concept learning)、原理原則學習(principle learning)以及問題解決學習(problem-solving learning)。其中，概念學習、原理原則學習和問題解決學習乃屬於高層次的認知能力學習（或稱高層次的心智能力或腦功能）。Johnson和Myklebust(1967)認為人類的中樞神經系統腦功能，或稱經驗層次論(hierarchies of experiences)，從基層到高層依序是注意力、知覺作用、記憶力、符號化和概念化(conceptualization)，而概念化能力乃涵蓋概念學習、原理原則學習和問題解決學習等。在概念、原理原則和問題解決能力三種高層次的認知能力中，概念是原理原則的基礎，而問題解決是原理原則的應用。換言之，在學習活動的過程中或實際生活的情境裡，兒童結合各種相關的概念以形成原理原則，並應用此原理原則解決學習上或生活上的實際問題。詳言之，學習原理原則之前，必先學習概念。原則係指對許多概念間某關係的敘述，或是許多概念在某種條件下的適當配合；亦即原則是概念的擴展，或指統攝性的基本統一的概念。從問題解決的層面來看，原則乃是解決問題的方法（高廣孚，民77）。因此，在認知神經心理學和認知資訊處理理論(cognitive information-processing theories)等應用學習心理學以及實際的班級教學上，原理原則的教學誠乃相當重要的理論和技術。我國學者高廣孚（民77）認為發現教學法的主要目的在鼓勵學生去發現原理原則；因此教師可實施發現教學法協助學生進行原理原則的學習。而概念與原則的學習則有賴教師在教學過程中多方鼓勵學生主動參與學習，經由觀察、操作、實驗、討論、推理、歸納和綜合等學習活動，自行發現原理原則，並應用原理原則解決問題。蓋聶(Gagné,

1965, 1968, 1972 & 1977)的教室教學(classroom instruction)主要包括四階段（如圖 3-20 所示）：

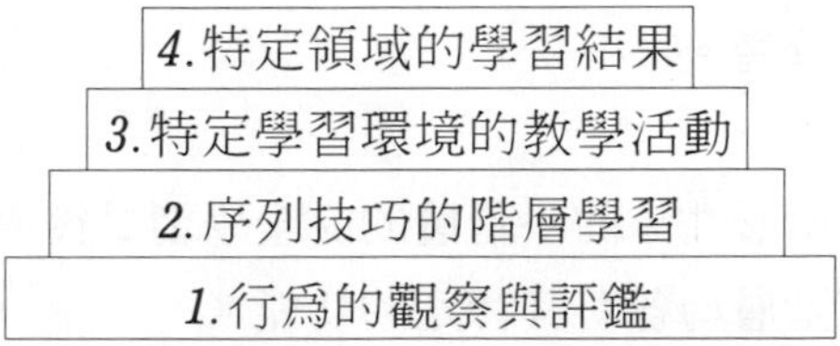

*4.*特定領域的學習結果
*3.*特定學習環境的教學活動
*2.*序列技巧的階層學習
*1.*行爲的觀察與評鑑

【圖 3-20】Gagné 的班級教學流程

基本上，原理原則的學習，亦依循此流程教學。茲簡要說明如後：

㈠行爲的觀察與評鑑

以工作分析鑑定兒童的先備技能(prerequisite)及期待學習的技能，並分析學習活動的技能成分(skill components)，據以設計技能階層(skill hierarchies)。

㈡序列技能的階層學習

蓋聶(Gagné, 1965)所倡導的學習階層包含八項學習類型(types of learning)，如前所述，從簡易層次到複雜層次依序是：

*1.*訊號學習。

*2.*刺激反應學習。

*3.*連鎖學習。

*4.*語言聯結學習。

5. 多重區別學習。

6. 概念學習。

7. 原理原則學習。

8. 問題解決學習。

　蓋聶認為：

1. 學習具有階層性，前一階層的完全學習是後一階層的基礎。

2. 每一學習階層均各有其特定的功能。

3. 特定學習階層的學習可訓練學生的特定能力。

4. 各學習階層需要運用不同的教學方式來培養其所屬的特定能力。

(三)特定學習環境的教學活動

　　蓋聶主張學習是序列性、全體性、確定性、累進性、可計量和目標性的行為表現或活動。蓋聶建議以引導學習(directed learning)進行教室教學，教師經由工作分析決定兒童的學習目標，並針對學習目標確定特定的學習類型，選用特定的教學方法和設計必需的教學環境。而其主要的教學過程則是：引起注意→告知學習目標→喚起舊記憶（先前學習心得的回應）→呈現學習材料→提供學習輔導→誘導學習行為與表現→提供回饋→評量學習表現→促成與增進學習保留和遷移。

　　蓋聶(Gagné, 1968)認為成功而有效教學的三原則是：

1. 提供教導：教師針對系列的學習活動內涵（指學業或行為的技巧）教學，協助兒童有計畫且循序漸進的學，俾益兒童完成工作，習得最高技巧或終點作業(final task)。

2. 確定兒童在學習過程中已經熟練每一項學習活動的內涵或作

業要素。

3.順序排列學習活動的內涵，協助學生學習遷移，確定達到最
　高技巧終點作業的學習目標。

㈣特定領域的學習結果

　　蓋聶(Gagné, 1972)主張不同的學習類別代表不同的能力和表
現，並且以不同的方式去學習。教學活動在引導學生實現學習目
標，而學習目標涵蓋下列五種學習結果：(1)語言資訊(verbal infor-
mation)；(2)心智技能(intellectual skills)（包括區別、具體概念、
定義的概念、原則學習和高層次原則學習）；(3)認知策略；(4)態
度；(5)動作技能(motor skills)。其主要內涵如表 3-7 與表 3-8 所示
（盧雪梅，民 80）。

【表 3-7】五種學習之概覽（盧雪梅，民 80）

學習的類別	能力	實作表現	例子
語言資訊	檢索已存在的資訊（事實、名稱等）	以某種方式敘述或溝通此資訊	說出「愛國主義」的意義
心智技能	個體對環境中的概念做反應的心理運作	利用符號與環境互動	辨別藍色與紅色；計算三角形的面積
認知策略	管理個體思考與學習之執行控制歷程	能有效管理個人之記憶、思考和學習	為寫報告而製作資料卡
動作技能	表現一系列動作的能力和執行計畫	表現出某動作技能	繫鞋帶；游蝶泳
態度	對人、事與物表示支持或不喜歡的傾向	趨近或遠離某人、事、物	選擇參觀博物館；遠離搖滾樂

【表 3-8】心智技能的階層（盧雪梅，民 80）

技能的類型	敘述
辨別學習	兒童能對不同的物體做不同的反應
概念學習	
具體的概念	兒童經由與具體事物（如三角形）互動而學習
定義的概念	無法經由具體例子學習的概念，如「自由」、「愛國」
原則學習	學生能以某一類代表某關係的表現對某一類情境做反應；例如學生看到 $5 + 2$、$6 + 1$、$9 + 4$，則表現將各組整數相加的反應
高層次原則學習（問題解決）	學生將次級規則相結合以解決問題。

二、發現教學法

　　發現教學法又稱為探究教學法和活動教學法（Inquiry method 和 Activity method），或稱為探究發現教學法，屬於啟發式教學法的一種（高廣孚，民 77；林寶山，民 80）。在性質上，發現教學法與問題教學法或創造教學法有些類似（郭鴻銘，民 66；高廣孚，民 77）。一般而言，在教學法或教育心理學的領域中，發現教學法和探究教學法(Inquiry teaching method)常相互並用（林寶山，民 80）。本文的撰述式發現教學法、探究教學法和探究發現教學法為同義詞。早期的發現教學法可追溯到古希臘哲學家蘇格拉底的詰問法（林寶山，民 80），蘇格拉底在師生的對話與問答

過程中，誘發學生自行探究問題，其教學過程強調學生的思考過程，讓學生自行發展觀念與發現答案。

近代以來，由於知識的爆發，科技的日新月異，導致學校課程內涵的擴增與類別的增加。然而，學校的授課時數和兒童的學習能力並未相對的加多或改善。因此，改變課程的組織方式（例如重視基本科學概念）與教學方法（例如強調科學過程的學習），藉以培養兒童發現、探究與解決問題以及獨立思考、創造發明的能力，乃有益於適應複雜的現代社會。於是教育學者紛紛倡導各種有效的學習策略，其中之一乃是於一九六〇年前後美國教育改革運動中，美國教育學者 J. S. Bruner 倡導的發現教學法(discovery method)（蔡金龍，民 84；林寶山，民 80）。期間，P. H. Phenix 提案以關鍵概念(key concepts)為中心發展教學，亦即分析課程的知識內容，概括其知識本質(essence)，透過教學活動，協助兒童理解其知識本質（引自蔡金龍，民 84）。此外，R. Suchman 於一九六〇年代進行自然科探究教學法的探究訓練(inquiry training)實驗（引自林寶山，民 80）。

Bruner(1966)主張，學習乃是個體對整體學習情境（特別是對某一學科的基本結構的整體認識）認知能力的發展過程，個體以兩種方式達到學習結果：

㈠一般觀念的遷移或是原理與態度的遷移

知識在基本觀念上的加廣加深，其教學活動的流程如下：教師實施學科基本觀念的教學，使學生精熟學科的教材結構，達到原理原則的學習遷移以及知識基本概念在新情境的應用，進而增廣學習結果。

㈡特殊的訓練遷移或是技能學習方面習慣的延伸

利用學習本身的特定應用能力(specific applicability)去學習性質相近的學習活動（林寶山，民 80 ）。

發現教學法的心理學基礎是認知論，強調學習的領悟作用(insight)，認爲學習是有機體對情境的領悟與洞察（高廣孚，民 77 ）。Bruner(1960)主張發現教學法的關鍵性學習過程乃是探究，簡單地說探究(inquiry)係指學生主動自行地探究問題，並尋求解決問題的過程（林寶山，民 80 ）。換言之，探究過程從事件經驗的觀點看，包括觀察、分類、推理、預測、數量化和簡單統一化等過程；從心智創設的觀點看，則包含尋找特性變因、符號表示、概念測試、理想化和分析因果等過程（ Wilson，引自蔡金龍，民 84 ）。發現教學法是：

1. 使學生主動去發現問題，查證原因，並謀求解決的方法。
2. 重視學生創造力的發展，強調智慧和知識的探索。
3. 教師教的少，學生想的多；依循行動→思考→發現的學習歷程達到舉一反三、觸類旁通的學習遷移的學習效果（高廣孚，民 77 ）。
4. 以學生活動爲中心的課程與教學法。強調學生自我學習、形成概念、發展原理原則、增進解決問題能力的教學法（郭鴻銘，民 66 ）。

學習活動的主要內涵是課程與學習方法，發現教學法的課程內容重視知識的本質或關鍵概念，亦即是科學的基本概念。科學家應用簡要的原理原則解釋複雜的科學知識，並以科學知識的層

次結構（通稱知識結構）來簡化科學的內涵，知識結構由低層次的具體科學現象，逐漸達到高層次的抽象現象，認識科學的知識結構就可能對其他的知識融會貫通（趙金祈，民64），而這正是兒童的學習活動由「概念→原理原則→問題解決」漸成說的理論基礎。發現教學法的學習方法強調科學方法的應用，科學方法的主要過程依序是：(1)假設；(2)求證；(3)建立理論達成科學目的（真理與物質世界的自然律）（趙金祈，民64）。

歐陽鐘仁（民76）主張科學具有客觀性、證實性、邏輯性和創造性，而這些特性可經由觀察、實驗、推論、探究而發現與證明。其流程是：(1)假設；(2)客觀的觀察或實驗（科學的客觀性與實證性）；(3)分析現象的共同點與規則性（概念與原理原則）（科學的邏輯性）；(4)思考活動發現新規則或新事項，並引發新動機（科學的創造性）。

基於科學的基本概念與科學的過程技能(science process skills)，發現教學法的主要教學流程依序如下（高廣孚，民77；林寶山，民80）：

1. 教師安排適當的學習情境，設計與提供學生觀察、探索、操作與思考的學習環境和機會，以行動與內在思考為教學的前提，並重視質的學習，使教材結構與學生的認知發展結構相結合。
2. 學生經由做中學(learning by doing)和發現學習(learning by discovery)，自動發現與探究問題，實際探討各種問題的關係和意義、教材的結構、組織與形式，以及事實的異同之處。
3. 學生提出假設並設計與執行實驗。

4.學生發現各種事物的原理原則。

5.達到學習遷移的學習目標,學到解決當前與未來問題的能力,建立自我勝任能力的信心。

發現教學法的主要目的在激勵學生經由主動積極參與學習活動,藉以自行發現原理原則,獲得解決問題的能力,培養其自行解決問題的思考習慣與科學態度(高廣孚,民 77;蔡金龍,民 84)。而發現教學法的主要特色與實施過程如下:

㈠發現教學法的特色(蔡金龍,民 84;高廣孚,民 77)

1.學生是學習活動的主動參與者和探究者,而非被動的接受者。

2.在學生的學習活動過程中,教師是協助者、引導者、諮詢者以及學習環境與機會的營造者。

3.學生經由行動與邏輯思考方式助長其學習,並增進其認知(科學概念)和技能(科學技能)發展。

4.學習自由選擇與自由探討的精神,由學生自己發展問題與答案,並產生知識。

5.學生應用科學方法探究問題,其主要的學習活動是分析、綜合和判斷。

6.學生的學習方法與過程重於學生的學習結果。

㈡發現教學法的實施過程與步驟

發現教學法並無固定的教學方式,其教學過程常因教材、教

學目的以及教師的個性與能力不同而有所更易。換言之，發現教學法的教學過程須視實際的需要而做彈性的調整，無一成不變的步驟。因此，發現教學法是屬於開放式的教學模式（高廣孚，民77；蔡金龍，民84）。

美國科學課程改革研究(Science Curriculum Improvement Study)計畫主持人 R. Kaplus 提出三階段的發現教學法教學過程：由⑴探索(exploration)而⑵發明(invention)，由發明而⑶發現(discovery)（引自蔡金龍，民84）。

1.探索

教師營造適當的學習環境，讓學生自由探討，助其獲得體驗。

2.發明

教師提供學科的基本概念，協助學生領悟新的概念。

3.發現

學生應用習得的概念於新情境上，經由概念的類化而發現新的科學概念（高廣孚，民77）。

茲以表 3-9 簡要標示發現教學法教學過程的主要原則與方法。

一般而言，發現教學法的教學過程其實施步驟依序是：⑴發現問題；⑵分析問題；⑶提出假設；⑷求證假設；⑸應用；⑹評鑑（高廣孚，民77）：

1.發現問題

教師指導學生觀察、實驗與討論，藉以發現問題。引導學生比較新單元教材與舊有經驗或指導學生觀察或討論教材，從中對學習材料產生疑問或矛盾，而引發其認知衝突，進行探究活動。

【表 3-9】發現教學法教學過程

探索階段	發明階段（老師引進新名詞和界定新名詞）	發現階段
1. 兒童自行操作 2. 老師發問。 3. 老師提示兒童做更多變化的操作。	A：1. 兒童口頭自由發表所觀察的結果與想法。、 　　2. 兒童自行發現概念或原則。 　　3. 兒童若不能達到A，則： B：1. 老師發問。 　　2. 兒童回答。兒童若只能敘述現象，而無法指出概念或原則，則： C：1. 老師明白指出概念或原則。 　　2. 老師以此概念或原則解說兒童發現的現象。 　　3. 再讓兒童進行操作。 　　4. 進入發現階段。	1. 兒童自行操作，利用概念作初步的應用。 2. 兒童利用發明的概念自行對所發現的概念下定義。 （以上須經由師生多次的口頭交互討論，老師在必要時，仍要做新的「發明」工作。）

2.分析問題

依據教材性質採分組或團體討論的方式進行。教師引導學生做變通思考(alternative thinking)，讓學生自由地對發現的問題發表意見，並指導學生歸納與整理所發表的意見。

3.提出假設

教師鼓勵學生進行個別的自由思考與發展，針對問題提出假設（亦即解決問題的方法）或設計實驗計畫。教師指導學生解決問題的步驟與方法，俾益學生的「智慧冒險」之旅。

4.求證假設

依據問題的性質決定其求證的方法，諸如蒐集資料、比較分析、實地考察或觀察實驗等。求證假設階段的主要目的在發現基本的原理原則，並整理查證結果，提出研究報告。

5.應用

本階段屬於學習遷移的作用。學生將所發現的原理原則應用到學習問題或生活事項的解決上，屬於學習遷移的作用，亦可做為下一次發現之旅的肇始。

6.評鑑

教師評鑑學生的學習過程與結果，包括研究方法、行為表現及書面報告等，藉以改善和增進學生的學習能力與行為。

Gunter 等人(1990)認為 Suchman 所提出的探究模式(inquiry model)是最具代表性的發現教學法之教學模式。茲簡要轉錄其實施步驟如下：

1. 教師提出學習情境或問題。
2. 教師解說探究活動的過程。

3. 學生詢問問題，並提出假設：其實施過程是學生發問，老師回答，但問題的性質僅限於有關「假設」的「是與否」的閉鎖式問題，而不涉及「思考」的開放性問題。

4. 學生考驗自己所提出的假設，逐漸發展其暫時性的理論，並記錄在黑板上。

5. 全班學生討論登錄在黑板上的理論，教師並要求學生解釋其中的原理原則。

6. 教師要求學生分析說明其理論的建立過程，藉以建立學生探究能力的信心。

發現教學法的常用教學策略可歸納成四種：(1)矛盾事件法 (discrepant event approch)；(2)問題解決法(problem-solving approach)；(3)歸納法(inductive approach)；(4)演繹法(deductive approach)（林寶山，民 80）：

(一)矛盾事件法

係指利用某種矛盾現象以引起學生學習動機的教學方式。教師可利用實物展示、表演、影片或口頭提問等方式顯現矛盾事件。

(二)問題解決法

問題解決法的教學過程依序是：

1. 教師提供實際生活中具有挑戰性的問題情境，並說明問題情境和背景。

2. 學生認識問題的性質。

3. 讓學生蒐集資料，提出解決問題的假設。

4. 學生分析資料，考驗假設。

5. 學生提供解決問題的方法。

(三)歸納法

是指將許多個別或特殊的事件歸結成某種原理原則。在教學過程中，教師先提供一種學習情境，讓學生先行認識某種觀念或特性，進而發現某種原理原則，再讓學生下定義，進行討論。

(四)演繹法

係依據一般的原理原則來推論特殊的事件。演繹法在本質上屬於講解法和接受性學習。其實施過程依序是：

1. 教師先以講解法說明某種原理或原則。

2. 教師實施探究教學法，讓學生自行發現觀念或原理的實例。

我國教育學者林寶山（民80）主張發現教學法可以區分爲：(1)指導式探究(guided inquiry)和(2)非指導式探究(unguided inquiry)兩類。而台灣省國民小學教師研習會（民66）的我國國民小學自然科學實驗教材編製所依據的發現教學法則有：(1)發現式探究教學法(inquiry by discovery)；(2)推理性探究式教學法(rational inquiry)；(3)實驗式探究教學法(inquiry by experimentation)。茲概要轉述如後：

(一)指導式探究

主要目的在教導學生學習的方法。教師在設計情境、組織教

材、提出問題與促進反應等教學活動與過程中是領導者與組織者。教師可在學生進行探究之前或在探究之中給予指示和引導，而後再讓學生實際進行探究，自行發現答案。學生的思考過程是從特定的觀察到推論，教師要鼓勵學生彼此溝通各自的推論。

㈡非指導式探究

　　Carin和Sund(1985)認為在非指導式探究教學過程中，學生必須能夠自行發掘問題，提出所要探討的問題。在整個探究過程中完全由學生自行蒐集與整理資料、自行發現答案與解決問題。在教學過程中教師只控制學習材料和提出一些簡單的問題，並鼓勵全體學生提供自己的推論，彼此分享。

　　教師可視教材的性質、程度、質和量以及兒童的年齡和認知發展層次與實況靈活運用指導式探究和非指導式探究。Kaplus認為，在兒童不能自行發現重要的概念時，教師應明確地介紹出來；學生以老師所介紹的概念為基礎，進行驗證、理解、推廣和應用等探究發現活動。

㈢發現式探究教學法

　　茲以表 3-10 說明發現式探究教學法（見下頁）。

【表 3-10】發現式探究教學法

階段	教學活動		注意事項
	教師	學生	
第一階段	1. 教師準備教學活動、教材、教具等。 2. 教師分發教材、教具給全體學生。 3. 教師巡迴各組之間，注意個別兒童的學習（例如操作教具）情形與態度，注意兒童彼此間討論的情形與內容，避免告知兒童操作或觀察的內容，隨機指導學習困難兒童（諸如以口頭或示範方式）。	學生進行個別學習活動或學生進行分組學習活動。	視教材（課程）的性質、程度、質與量決定個別學習或分組學習活動。
第二階段	1. 鼓勵全班兒童進行討論各組所獲得的學習經驗。 2. 教師發問：採用開放式問句，誘導兒童依據既得的學習經驗，自行去發現學習材料的法則與關係。	1. 兒童自行發展其操作方式和自行發現。 2. 兒童自由發表學習經驗（觀察的結果和想法），兒童自行發現概念、原理原則。	1. 師生口頭討論。 2. 兒童重複操作工具。 3. 教師發問（開放式問題）。

㈣推理性探究式教學法

推理性探究式教學法適用於：

1. 教學單元的教材內容相當抽象，諸如相對位置、相對關係等概念。

2. 教學單元的教材無法設計小型教具供兒童操作。

推理性探究式教學法的實施過程如下：

1. 教師先單獨使用或配合使用各種方式，例如講述故事或趣聞，或展示圖畫或圖表數據，或播放錄影帶，或示範（由老師或少數學生）某種實驗或活動，開始進行教學。

2. 教師發問：根據上述教學活動的內容，向兒童提出問題。

3. 兒童自由發表。

4. 師生共同討論。

(1)老師不告知學生答案（即學習結果），而採用開放式問句，協助兒童運用理性推理，進行了解。

(2)教師必要時可發明概念（即介紹兒童無法發展的概念）。

5. 老師誘導兒童自行發現結論。

6. 重複上述的教學活動（教學目標一樣，惟教材內容如故事，則不一樣）。

㈤實驗式探究教學法

因為兒童在實驗式探究教學法過程中運用到較為複雜的科學過程能力，因此，實驗式探究教學法僅適用於較高年級的教學活動中。實驗式探究教學法的實施步驟如下：發現問題→形成假設→根據控制變因的原則自行設計實驗→執行實驗→驗證假設。

實驗式探究教學法基本上係以發現式探究教學法爲其第一階段的教學過程。

第一階段

　1.兒童經由操作，探索發現變因。

　2.老師可能需要「發明」概念，以協助兒童形成假設。

第二階段

　1.設計實驗。

　2.根據擬定的實驗計畫步驟操作。

　3.據以發現最佳的假設或改進原先的假設。

　　實驗結果證明，發現教學法確實是從事有效學習、達成科學教學目標的有用又可行的教學方法。雖然，並非所有的知識都可經由發現而習得，但發現教學法可應用於各種學科的教學上，包括數學、物理、文學與社會科的教學上，可增進學生的心智運作和學習活動，並有助於學生將來在社會上的終生學習，諸如發現知識與解決問題的能力（蔡金龍，民 84；林清山，民 65；林寶山，民 80；李詠吟，民 81）。

　　然而，發現教學法難免有其理論和技術上的缺失（林寶山，民 80），例如：

　1.發現教學法比傳統教學法需要更多的教學時間，因此，在教學時間上比較不經濟。

　2.在發現探究的過程中，教師有時無法回答學生所提出的問題。

　3.學校缺乏儀器設備，使得教師無法在教室內實施發現教學。

　4.在發現探究的教學過程中，學生經常發生思考上的錯誤。

　5.教室秩序難於維持。

不過，上述的缺失與執行上的困難是可以克服的(Gagné, 1968; Collette & Chiappetta, 1968)，例如：

1. 在發現探究教學的過程中，教師提供必要的引導可以節省教學時間和增進學習結果。

2. 教師利用發問技術或書面資料引導學生思考，但避免直接告訴學生答案。

3. 教師應該對整個學習情境加以控制，以減少錯誤的發生，並減低學生的失敗挫折感。

三、發現教學法舉例

(一)發現式探究教學法(Inquiry by Discovery)

以現行國立編譯館所編的六年級第十一册第八單元「四輪車與小山坡」爲例，介紹如下：

教具：四輪車一部，小山坡一塊，小木塊三塊，白粉筆二支，螺帽十個。

過程：1. 教師將實驗所需用具（教具）分給每一組一套。

2. 老師告訴學生：「我們想要利用這些實驗用具，找出影響四輪車從山坡上往下滑的變因。」

3. 將學生帶到操場（範圍是大王椰子樹下的磨石子地和 PU 跑道）進行試驗，老師進行行間巡視，發現學生若有方向錯誤時，可以給予暗示。

4. 進行二十分鐘以後請各組報告他們的發現。

5. 結果學生發現影響四輪車從山坡上往下滑的變因有：

(1)當山坡的高度不同時，四輪車從山坡上往下滑的距離也不同。

(2)當山坡的粗糙程度不同時，四輪車從山坡上往下滑的距離也不同。

(3)當山坡的濕潤程度不同時，四輪車從山坡上往下滑的距離也不同。

(4)當四輪車的重量不同時，四輪車從山坡上往下滑的距離也不同。

(5)當四輪車重物位置不同時，四輪車從山坡上往下滑的距離也不同。

(6)當四輪車在山坡上不同位置時，四輪車下滑的距離也不同。

(7)當山坡下的障礙物的位置不同時，小木塊被推動的距離也不同。

(8)當山坡下障礙物的重量不同時，小木塊被推動的距離也不同。

6. 教師和學生共同討論，歸納出原理原則：

(1)四輪車所受的推力越大，滑下來的距離越遠。

(2)阻力越大，滑下來的距離越近。

(二)推理性探究教學法

以現行國立編譯館所編四年級第七冊第六單元「食物鏈」為例，介紹如下：

器材：生態錄影帶

過程：1.教師先問學童：「麻雀吃什麼？」

　　　2.兒童回答：「蝗蟲、稻子。」

　　　3.教師再答：「那蝗蟲吃什麼呢？」

　　　4.兒童回答：「稻子。」

　　　5.我們來看一段影片，介紹大自然中各種生物之間食物鏈的關係。

　　　6.看完影片後討論內容：

　　　　(1)請說出動物和植物間食物鏈的關係。

　　　　(2)那種動物只吃一種植物？

　　　　(3)那些動物可以吃兩種以上的植物？

　　　　(4)只有動物吃植物，有沒有植物吃動物？

　　　　(5)請小朋友試著畫一條動物和植物間的關係圖。

　　　7.食物鏈遊戲

　　　　(1)鼓勵兒童畫出不同的食物鏈，然後在卡片上寫下每一條食物鏈中各種動植物的名稱。

　　　　(2)每一個人拿一張寫有動植物名稱的卡片，按照食物鏈的關係圖找到前後的生物，然後手牽手形成食物鏈。

　　　　(3)全班構成幾條食物鏈，然後老師扮演食物鏈的破壞者，將食物鏈的前、中、後的生物分別拉走，破壞食物鏈。

　　　　(4)兒童討論食物鏈中任何生物的消失對其他生物的影響。

　　　8.教師引導學生做歸納，整理出生物學的原則：

(1)食物鏈中每一種生物都對其他生物的生存造成深
　　遠的影響。

(2)食物鏈中任何一種生物的消失都會破壞生態的平
　　衡。

(三)實驗式探究教學法(Inquiry by Experimentation)

　　以現行國立編譯館所編六年級第十一册第七單元「硫酸銅溶
液的沉澱」爲例，介紹如下：

過程：　1.教師先發給各組兩小包的硫酸銅顆粒，請各組觀察
　　　　　　它的顏色、形狀、氣味。

　　　　2.教師發問：「如果把硫酸銅顆粒加入水裡會產生怎
　　　　　　樣的結果？」

　　　　3.學生的回答可能是溶解或不溶。

　　　　4.教師再發問：「如果把硫酸銅顆粒加入酒精裡會產
　　　　　　生怎樣的結果？」

　　　　5.學生的回答可能是溶解或不溶。

　　　　6.教師分別給每一組一小杯水和一小杯酒精，請學生
　　　　　　將硫酸銅顆粒分別倒入這兩杯液體，然後同時觀察
　　　　　　有什麼不同。

　　　　7.學生會發現水的那一杯顏色變成淡藍色，酒精那一
　　　　　　杯顏色不變。

　　　　8.請學生想一想這是怎麼回事（硫酸銅溶於水不溶於
　　　　　　酒精）。

　　　　9.再請學生想一想，如果再把酒精加入已經溶解的硫
　　　　　　酸銅溶液結果會如何。

10. 實際操作後，發現會有淡藍色的粉末沉澱在燒杯底部。

11. 然後請學生想一想影響硫酸銅溶液沉澱的變因有那些。

12. 然後選出其中一個最容易懂的變因，全班一起討論如何設計實驗，再實際操作，得到第一個結論。

13. 再由各組根據每一種變因分別作一個假設再設計實驗，希望各組做的變因不同，如此一來就可以透過討論發表分享全班的實驗成果。

14. 各組可能的假設有：

(1) 酒精的體積越多，硫酸銅沉澱量也越多。

(2) 硫酸銅的體積越多，硫酸銅沉澱量也越多。

(3) 硫酸銅的濃度越高，硫酸銅沉澱量也越多。

(4) 酒精的濃度越多，硫酸銅沉澱量也越多。

(5) 攪拌的次數越多，硫酸銅沉澱量也越多。

(6) 攪拌的時間越多，硫酸銅沉澱量也越多。

(7) 容器越小，硫酸銅沉澱量也越多。

15. 教師與學生共同討論，藉以發現原理原則：

(1) 酒精的濃度越高，體積越多，硫酸銅沉澱量也越多。

(2) 硫酸銅溶液的濃度越高，體積越多，硫酸銅沉澱量也越多。

(3) 攪拌次數越多，攪拌時間越長，容器底面積越小，硫酸銅沉澱高度越高。

四、發現教學法在學習障礙兒童自然科教學的實施

㈠發現式探究教學法

　　以現行國立編譯館所編一年級第二册第一單元「豆子發芽」為例，介紹如下：

器材：各類豆類各十顆（綠豆、紅豆、黃豆、四季豆、花豆、黑豆）、水、布丁杯六個、棉花一些。

過程：*1.*老師將綠豆種子裝在空布丁杯裡，讓兒童觀察。

　　　*2.*老師問兒童：「這是什麼？」（期望兒童能回答「綠豆」。）

　　　*3.*老師再問兒童：「吃過綠豆的請舉手。」（期望能有兒童舉手。）

　　　*4.*老師再問兒童：「你吃的綠豆吃起來是什麼味道，鹹的還是甜的？」（期望兒童回答「甜的」。）

　　　*5.*老師再問兒童：「你吃過綠豆做的什麼東西？」（期望兒童回答「綠豆湯、綠豆冰、綠豆麥片稀飯」。）

　　　*6.*老師問兒童：「如果把買來的綠豆泡到水裡會怎樣？」（期望兒童回答「發芽」，可能有些兒童會回答煮熟了。）

　　　*7.*讓兒童實際將綠豆放進裝有棉花的空布丁杯裡，然後再加水觀察。（綠豆很容易發芽，天氣熱四至五小時就發

芽，天氣冷第二天一定會發芽，水量可以少一點，發芽速度比較慢。）

8. 老師請學生去觀察昨天泡的綠豆並問：「發生了什麼事？」（期望兒童能回答「發芽了」。）

9. 老師再問兒童：「綠豆繼續泡在水裡會如何？」（期望兒童能回答「芽會更長」。）

10. 讓兒童一邊繼續觀察綠豆，一邊進行黃豆的實驗。

11. 老師再拿出黃豆依照過程 2 至 6 問兒童，並讓兒童自己將黃豆放進空布丁杯裡，然後再加水觀察。黃豆約八小時就會發芽，最好第二天再觀察。

12. 老師繼續進行過程 7 至 10，讓兒童體會黃豆也會發芽。

13. 老師鼓勵兒童繼續做其他豆類的觀察，希望每種豆類都有兒童做觀察，一週後再進行討論。有些豆子發芽時間較長，觀察時豆子都放在學校，以便老師發現水量太少時即時補充水分。

14. 一週後，老師問兒童：「你泡的豆子發芽了嗎？」（期望兒童能回答「發芽了」。）

15. 老師問兒童：「誰可以對你們做的實驗做一個結論呢？」（期望兒童能回答「豆子都會發芽」。）

16. 老師將事先準備好未泡水的豆子拿出來，問兒童：「你們的豆子都發芽了，為什麼老師這裡的豆子都沒發芽？」（期望兒童能回答「沒有加水」。）

17. 老師做結論：豆子泡水都會發芽。

(二)推理性探究教學法

　　以現行國立編譯館所編一年級第二冊第三單元「今天天氣好嗎」為例，介紹如下：

器材：圖片（晴天、陰天、雨天景物相同，只有天氣情況不同）

過程：*1.*老師問兒童喜歡晴天、陰天還是雨天？為什麼？

　　　*2.*讓學生討論：晴天、陰天、雨天有什麼不同？

　　　*3.*老師問：「除了天空下雨或不下雨外，還會有什麼不同？」

　　　*4.*然後逐一展示晴天、陰天和雨天的圖片，讓兒童比較圖片中的差異。

　　　*5.*老師問：「這三張圖片裡面的東西都一樣，但是有些地方不同，是那些地方不同呢？」

　　　*6.*希望兒童能說出：

　　　　(1)晴天有太陽，房子有影子，人有影子，樹也有影子。

　　　　(2)陰天沒有太陽，房子、人、樹都沒有影子。

　　　　(3)雨天沒有太陽，房子、人、樹都沒有影子。

　　　*7.*老師和兒童討論得到以下的原則：

　　　　(1)有太陽就有影子。

　　　　(2)陰天、雨天沒有太陽就沒有影子。

(三)實驗式探究教學法

　　以現行國立編譯館所編一年級第二冊第三單元「吹泡泡」為例，介紹如下：

器材：肥皂一小塊、象頭肥皂絲、沙拉脫（或洗碗精、洗髮精

等）、吸管、鐵絲，各種有洞孔器具（如漏斗、網子）、糖、醋、水、一匙沙拉油、小桶子三個。

過程：1. 將肥皂切成小塊放入桶子，然後加水讓它溶化成肥皂水。

2. 將肥皂絲放入小桶子，然後加水讓它溶化成肥皂絲水。

3. 將沙拉脫加水攪拌，讓它變成沙拉脫水。

4. 用五官（眼、鼻、手）觀察這三種不同的水，是什麼顏色？有沒有氣味？用手摸是滑滑的還是澀澀的？

5. 每一種液體裡放一隻吸管，避免混合。

6. 用吸管沾滿肥皂水，吹吹看，泡泡是什麼顏色？泡泡圓形還是各種不同的形狀？泡泡有大有小還是大小都一樣？

7. 還有什麼方法可以使得泡泡的大小不一樣？

8. 讓兒童討論並實際嘗試，充分利用身邊的器具來吹泡泡。可能會有以下的結論：

　(1)用不同的力道吹吹看，如何才能吹得成美麗泡泡。

　(2)將吸管末端剪開，使得吸管末端變大用來吹泡泡。

　(3)用鐵絲圈成各種形狀，如圓形、三角形、正方形、長方形或任意形狀，來吹泡泡。

　(4)把漏斗、紗網或任何空盒子拿來試試看，是不是可以吹泡泡？

9. 讓兒童討論：除了用不同的容器吹泡泡，還有什麼方法可以使泡泡更大？

10. 可能有人會想到：如果在肥皂水裡加入一些東西會怎樣？

(1)在肥皂水裡加上糖，攪拌讓它溶化，再來吹泡泡。

(2)在肥皂水裡加上鹽，攪拌讓它溶化，再來吹泡泡。

(3)在肥皂水裡加上醋，攪拌讓它溶化，再來吹泡泡。

(4)在肥皂水裡加上沙拉油，攪拌讓它溶化，再來吹泡泡。

11.最後老師和兒童共同討論得到：

(1)肥皂水、肥皂絲水、沙拉脫水都可以用來吹泡泡。

(2)只要有空間的東西，也都可以用來吹泡泡。

(3)在肥皂水裡加入各種東西，都可以使泡泡變大。

第七節　問題解決之教學

一、問題解決能力的基礎

蓋聶(Gagné)將問題解決列為教學的最高能力，主要原因有二：(1)人的一生中無時無刻都要解決問題，不論生活、求學、謀職，隨時都會面臨問題而必須加以解決，能夠成功地、完善地解決問題，才能有快樂的、有成就的人生。(2)問題解決能力必須植基於適當的基本能力（語文、思想、技能等）和概念，原理原則的理解和運用能力等。

　　特殊兒童除了和普通兒童有相當的問題要解決之外，他們更有特殊問題需要處理。雖然有些事件對普通兒童來說可能不成為問題，然對特殊兒童卻是重要而必須解決的問題。例如大小便對普通兒童可能簡易方便，不成問題，但對重度的智能不足者而言，可能是很大的問題，他必須學會以照顧者的動作、眼神或其他方式表示需要，然後在他人協助下完成需求的滿足，這是重度智障兒童教學中的重要工作，有時要花上很長的時間，透過特殊的教學方法才能教會。

二、問題的分類

　　Newell 和 Simon (1972)將問題區分為界定明確的(well-defined)和界定不清的(ill-defined)問題。Dixon 和 Glover(1984)則區分為有固定答案的和開放式(open-ended)的問題。Ruggrero(1988)將之區分為一般性的和特殊性的問題。Read(1988)區分為重組問題、歸納問題和轉換問題，Ross 和 Maynes(1982)則區分為比較性問題、做決定問題、相關性問題、因果性問題等。有些人則從師生關係看問題的類別；有些問題有明確答案，有些則否；有些教師知道答案，有些則否；有些學生知道答案，有些則否。

三、問題解決的策略

　　行為學派認為可採嘗試錯誤的方法來解決問題，完形心理學

派主張要洞察全境以探求問題之根源和解決之途徑，認知學派更強調後設認知之應用。下列策略可教給學生：

㈠目標——方法分析

　　找出欲解決之問題為目標，加以明確界定。然後診斷出目標和現況間的差距，尋求一種可以減少目標和現況差距的方法，並將此方法加以試行，在試行中隨時修正，直到目標和現況的差距縮到最小為止。

㈡類推法

　　從過去解決問題的經驗中找出類似欲解決之問題的策略，應用此策略試行解決該問題，在解決過程中逐步修正策略，直到解決為止。若發現無法解決，則可改採其他策略。

㈢次目標分析法

　　運用工作分析法，將欲解決之問題分析成若干較小或簡易的次問題，次問題仍可再以同樣方式區分成次次問題，達到容易思考、容易解決為止。然後從最小最容易的問題逐步解決起。最後將可解決主要問題。

㈣回溯法

　　問題解決不一定要完全從頭開始，有時可以從終點目標著手，逐步往起點回溯，有助於問題的解決。

㈤放聲思考法

在解決問題的思考過程中，出聲將思考的內容和歷程表徵說出來，有時有助於思考，尤其在小組解決問題時可以產生腦力激盪的效果。

㈥後設認知法

在問題解決過程中，對思考的過程加以認知、監控，必要時並調節思考的策略和方向，有助於問題的解決。

四、問題解決的歷程

㈠瓦勒士(Wallas)將解決問題的歷程區分為準備期、孕育期、豁朗期和驗證期等四期。後來許多學者採用做為創造思考的歷程。

㈡杜威(Dewey)提出問題解決的步驟為陳述問題、分析問題、提出假設、評估假設和驗證假設等。

㈢ Newell 和 Simon(1972)認為問題解決過程實際上也是訊息處理的過程，所以採訊息處理的模式來解釋問題解決的歷程。

㈣ Osborn(1963)認為解決問題包括發現事實、發現問題、尋求主意、尋求解決方法和尋求接受等過程。

㈤ Parnes(1967)採取 Osborn 的問題解決過程並注入創造思考的策略而提出創造性問題解決法。Isaksen(1992)更將 CPS 區分為三階六段（如表 3-11 ）。

　　第一階為了解問題，此階內包括：(1)發現困境；(2)發現資料；(3)發現問題。第二階為產生主意，此階僅包括：(4)發現主意。第三階為計畫行動。

【表 3-11】創造性問題解決過程(Firestien,1994)

階段	思考型式	思　　考　　內　　容
1. 了解問題		
(1)廣泛搜尋	擴散性思考	搜尋解決問題之機會
↓	聚斂性思考	建立解決問題的廣泛目標
(2)資料搜尋	擴散性思考	從眾多觀念中找出主意並檢驗它
↓	聚斂性思考	決定最重要資料
(3)問題搜尋	擴散性思考	儘量想出各種問題
↓	聚斂性思考	界定問題
2. 產生主意		
(4)主意搜尋	擴散性思考	產生各種獨特主意
↓	聚斂性思考	確定較佳主意
3. 計畫行動		
(5)搜尋解決方案	擴散性思考	發展分析和選擇方案之標準
↓	聚斂性思考	應用標準以選擇可行方案
(6)尋求接受	擴散性思考	考量實施方案時之可能助力、阻力和行動
	聚斂性思考	形成特殊計畫

五、問題解決的模式

待解決之問題型式計有比較性、決定性、相關性和因果性等四種。解決之方法也因類型之不同而有差異。

(一)比較性問題解決法

不論是數學問題或日常生活問題，有些是在比較各變項間的異同，做為選擇的參據。例如比較長方形和菱形的不同；比較物理變化和化學變化的差異；比較春天和秋天的不同。下面實例在教導資優生分析比較硬筆書寫和毛筆書寫的差異。

教學單元：比較硬筆書寫和毛筆書寫的異同

編寫者：

教學過程

1.列舉：將硬筆和毛筆書寫之屬性加以列舉。

(1)以硬筆書寫	(2)以毛筆書寫
①工具簡單	①工具較繁
②攜帶方便	②攜帶不便
③不容易髒	③容易弄髒
④容易保管	④不易保管
⑤習寫容易	⑤習寫較難
⑥容易選購	⑥不便寫外文
⑦變化較小	⑦選購不易

⑧無收藏價值　　　　　⑧變化較多
　　　　　　　　　　　⑨可當做藝術品收藏

2.比較

比較項目	硬筆	毛筆	摘要
價格	較便宜	較貴	
保管	容易	較麻煩	
攜帶	方便	不便	
習寫	容易	較難	
選購	容易	較費時	
變化	較少	較多	
收藏	少	可當藝術品	
使用	各種文字	不適外文	

3.摘要：依據前項比較，分項列出異同。例如價格不同、保管、攜帶……等也不同。

㈡決定性問題解決法

　　對於需要決定的問題，其解決的辦法和比較性問題解決法相近，最後再做分析。分析方式可採等第法或加權法，也可用加減法（如下頁表 3-12、表 3-13）。

【表 3-12】硬筆和毛筆書寫之比較

比較項目	硬筆	毛筆
價格	＋	－
保管	＋	－
攜帶	＋	－
習寫	＋	－
選購	＋	－
變化	－	＋
收藏	－	＋
運用	＋	－

【表 3-13】硬筆和毛筆書寫之難度比較

比較項目	硬筆	毛筆
價格	＋ 1×3	－ 1×3
保管	＋ 1	－ 1
攜帶	＋ 1×2	－ 1×2
習寫	＋ 1	－ 1
選購	＋ 1	－ 1
變化	－ 1	＋ 1
收藏	－ 1	＋ 1
運用	＋ 1×3	－ 1×3
	＋ 9	－ 9

(三)相關性問題解決法

有些問題是在探求變項間的關係。可用相關法求二變項之相關,也可進行多次記錄以觀察二變項之相互關係。

(四)因果性問題解決法

欲了解變項間的因果關係,可採實驗法,以了解操弄自變項是否會影響依變項。

(五)創造性問題解決法

此種方法和Osborn的問題解決法不同之處,在於前者注入了創造思考的方法,從尋求事實到尋求接受等步驟都交錯運用擴散性思考和聚斂性思考(參見圖 3-21)。

將創造力應用於問題解決的歷程,由潘恩斯(Parnes)所倡導。它和一般解決問題方法的不同之處,即強調問題解決者在選擇或進行解決方法之前,要儘可能地想出各種多樣性的變通辦法,在其過程中的任何步驟,解決問題者在思考或想出變通辦法時要延緩判斷,以免可能還有更佳的構想會被抹殺,因而要在更恰當的時機才下判斷。

由於潘恩斯相信創造性的行為可以學習,因此他明確地相信教育工作者能夠而且應該教人創造性的行為。根據潘恩斯的想法,當他將一系列有順序的解決問題之過程,教給學校中的學生或參與研習的成人時,他們即能發展出一套可以應用於各種實際問題的技巧,例如改進自己和他人之間的關係、為活動或節目(programs)作決策、處理資源,以及有計畫地擬訂個人或事業(career)的目標等。他相信：藉著參與這個過程，創造性的領導者能夠學會成功地使用創造性解決問題的技巧(CPS)於小學兒童以迄成人等不同年段的團體。簡而言之，潘恩斯覺得：創造性解決問題的技巧易於學習，易於教導，而且高度地可轉移應用。因此，潘氏建議：教育工作者必須及早和（或）經常地使用創造性解決問題的方法教導資優生；因為資優生更大潛能的開發將因之而獲益。根據這個推論，資優生也有較一般人更大量的資訊必須加以組織、巧妙地處理和評鑑，這使得他們更時常需要運用這個過程。

　　潘氏創造性問題解決的過程表列如表 3-14，並圖解如圖 3-21。

【表 3-14】潘恩斯創造性解決問題過程之步驟

步　　驟	活　　動
*1.*發現事實 (Fact-finding)	(1)從「雜亂無章」中分析出什麼是已知的 (2)蒐集關於問題的資料 (3)像照相機照相般，仔細而客觀地觀察 (4)探究情境中的事實
*2.*發現問題 (Problem-fin- ding)	(1)從若干觀點看可能的問題 (2)思索可能的問題 (3)把範圍縮小到主要的問題 (4)重新以可解決的形式陳述問題 (5)使用「我可能用什麼方式」(IWWMI)這樣的 　措辭鼓勵思考和推敲 (6)當重新陳述問題時改變動詞 (7)用小規模的試驗嘗試擬訂的計畫是否可行 (8)擬可能附帶做的計畫，以防第一個計畫行不 　通
*3.*尋求主意 (Idea-finding)	(1)產生許多主意和可能的解決方法 (2)產生許多主意以便解決問題 (3)用腦力激盪法想出許多主意或數種可能選擇 　的解決方法 (4)儘可能地列出許多主意
*4.*尋求解決方法 (Solution-fin- ding)	(1)在數種可能的解決方法中選擇最具有解決問 　題潛力者 (2)發展評鑑「數種可能的解決方法」的準則 (3)客觀地應用這準則到每一個可能選擇的解決 　方法上 (4)根據適合於問題需要的準則評鑑可能選擇的 　解決方法 (5)列出可用於聚斂性或擴散性過程的準則
*5.*尋求接受(Ac- ceptance-fin- ding)	(1)發展行動計畫 (2)考慮一定會接受這計畫的所有聽眾 (3)針對前面所提的解決問題的方法，徵求所有 　聽眾的意見

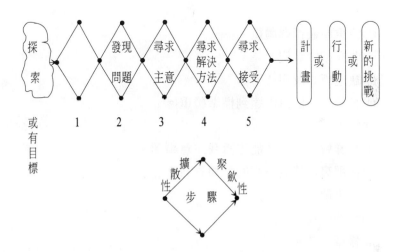

【圖 3-21】創造性解決問題步驟之圖解

茲舉下列教學實例供參考（曹中嫦提供）：

題目：如何減肥？

1. 發現事實

已知：

(1)體重超過標準體重。

(2)要在家中實施。

(3)缺乏恆心及耐心。

(4)必須在一個月內達到標準體重。

欲知：

(1)有誰曾減肥過？能告訴我注意事項。

(2)在那裏可找到減肥的各類資料？

資料來源：

(1)親朋好友。

(2)報章雜誌。

(3)醫生。

2. 發現問題

(1)我可以用什麼方法減肥？

(2)那一種方法最經濟、方便，可自己在家做？

(3)如何收集這些資料？

(4)我的目標體重是多少？

問題重點：可用什麼方法減肥？

3. 尋求主意

(1)每天跑五千公尺。

(2)減肥食譜。

(3)減少睡眠時間。

　　⑷到減肥中心。

　　⑸動手術。

4.尋求解決辦法

	經濟性			時間性			可行性			在家可行性			安全性			總分
	3	2	1	3	2	1	3	2	1	3	2	1	3	2	1	分
⑴跑　步	✓					✓			✓			✓		✓		8
⑵減肥食譜	✓				✓		✓						✓			11
⑶減少睡眠時間	✓			✓					✓	✓			✓			13
⑷到減肥中心		✓				✓			✓	✓				✓		9
⑸動手術			✓			✓			✓			✓			✓	5

5.找尋接受

　　⑴詢求親友意見。

　　⑵找尋減肥食譜並請教醫生。

4

科技在特殊教育之應用

王華沛主撰

　　我國的特殊教育政策，強調讓所有的學生得到適性的發展，以激發個人潛能。因此，教育部在民國八十四年公布「中華民國身心障礙教育報告書」，強調「充分就學與適性發展」為我國推動特殊教育的指導原則。具體而言，我們的特教理念是「零拒絕」。然而，檢視當前的特教環境，我們距離此理想尚有一段漫長的路途；其中最大的困難在於許多重度及多重障礙學生，因為肢體或心智功能限制，無法適應一般學校環境，以至於以「在家教育」形式接受特教服務，加上嚴重的溝通困難，讓特教教師無從下手。從先進國家的經驗中可以發現，適當科技的介入，正是落實「零拒絕」的有利途徑，透過各類輔具的協助，可以解決一部分學生的生活，學習甚至就業安置的問題。因此，前述身心障礙教育報告書中，特別就如何「加強硬體設施，建立無障礙學習環境」及「建立輔助系統，提升學習效果」多所著墨（教育部，民 84），無非希望加強科技輔具軟硬體建設，以落實特殊教育。

　　本章從輔助性科技的觀點出發，說明各類身心障礙學生所需的輔具支援。重點強調肢障者擺位與行動輔具，聽語障者輔助性溝通系統，重度障礙者的環境控制，最後輔以最新電腦科技輸出、輸入設備之考量以及網際網路所能提供的資源與服務。

第一節　「輔助性科技」概說

　　根據國外發展經驗，近年來，特殊教育界結合語言治療、職

能治療、物理治療與社會工作等專業團隊，在身心障礙學生教育工作上強調透過輔助性科技（assistive technology）落實教育目標。具體而言，特殊教育專業人員期望透過科技能擴大(augment)身心障礙學生殘存能力；繞過(bypass)無法發揮之能力；或補償(compensate)較爲不足或有待提升之潛能 (Lewis, 1993)。

　　簡單而言，「輔助性科技」是指「可改進一個人學習、競爭、工作和與他人互動能力的科技。包含調適（adapted）性的玩具、電腦、飲食系統、電動行走工具、擴大溝通設施〔augmentative communication devices〕、特殊開關（switches）等」（周二銘、黃慶鑽、黃瑞瑛、劉建仁，民 85）。因此，輔助性科技可以依照使用者身心發展需求及功能特性應用在學生生活、學習與復健各領域。茲簡單區分如下：

一、肢障者輔具

　　肢障者輔具包括座椅與擺位、輔助移行類、輔助書寫類。

　　肢體障礙者一般還分爲上肢、下肢或軀幹等不同部位程度之障礙者。輔具的應用對於上肢功能障礙者以輔助及完成手部粗細動作功能爲主，在一般的學習活動中，以書寫或手部操作之協助爲主；對於下肢或軀幹障礙者，則以擺位與行動輔具爲主要考量，因此特殊座椅、輪椅等需特別給予協助。

二、視障者輔具

　　視障者輔具包括定向行動輔具、擴視設備、點字工具、盲用電腦。

　　視障者首先要克服定向與行動問題，在一般校園中，透過有計畫的訓練，再輔以盲用手杖，可以解決部分問題。而針對學習所需輔具、弱視者擴視設備、閱讀機以及全盲學生的點字、報讀等服務，更是不可或缺。最近結合電腦科技的盲用電腦、語音系統，更是盲生不可或缺的輔具。

三、聽語障者溝通輔具

　　在歐美廣泛使用的擴大性及輔助溝通系統（Augmentative and Alternative Communication , AAC；簡稱爲「輔助性溝通」）係利用各種可能的途徑，以增進聽語障者的溝通功能。AAC大致上可區分爲兩大類(Beukelman & Mirenda, 1992)：第一類係指不需要依靠個體外的器材或設備就可以進行溝通的方式，例如手勢、表情、甚至手語等；第二類指的是必須在其他外在物品的協助下，才能完成溝通的模式。這類的輔助溝通從簡單的紙筆（筆談）、打字或字母表，到高科技的電腦化溝通器等。又根據其科技化程度，簡單區分爲低科技輔助溝通系統和高科技輔助系統兩大領域。

四、認知功能障礙者閱讀與書寫輔具

　　認知功能障礙者如智能障礙、學習障礙與自閉症學生受限於認知能力異於常人，在一般的學習環境中難以像一般人一樣習得必要的知識與技能，而足以適應現代社會生活。例如：某些閱讀障礙者受限於認字、拼音能力缺陷，終其一生難以熟練普通的閱讀材料。近年來針對閱讀障礙者的代償性（compensatory）科技已逐漸受到重視（Elkind, 1998; Helsel-Dewert & Van den Meiracker, 1987; Shiah, Mastropieri, & Scruggs, 1995; Wise, 1998），如電腦語音輸出的有聲書，除了造福視障者外，對於聽覺理解能力正常的閱讀障礙者，不啻為吸收新知或參與社會的重要管道；此一議題在歐美特殊教育學界已有許多探討。

五、重度與多重障礙者環境控制與無障礙環境

　　一般重度障礙者多半在認知功能上有所缺損，為了協助其適應複雜多變的社會，具備基本謀生能力，利用其視覺化區辨能力，設計簡單輔具，以加強工作及生活技能的訓練，能縮短訓練時程，維持訓練效果。而許多多重障礙者其認知功能並非全然受阻（例如部分腦性麻痺患者），適當的環境控制器加上無障礙環境設施，有助於其回歸主流，完全融入社會中。

| 第二節 | 肢體障礙學生的輔助科技：擺位和行動輔具 |

日常生活中食、衣、住、行、育、樂和學習等活動，必須能夠維持頭部直立向前看，也就是至少能夠維持坐姿，才能達到預期目標。對於許多肢體障礙學生而言，通常無法維持直立平衡的坐姿或無法隨意做出自主動作，以致於限制了他們的學習活動；對於這些學生而言，想要達到獨立學習和生活或使用其他科技輔具的目標，第一個要解決的問題是可以維持直立平衡坐姿和在空間中自行移動（王華沛，民 86a）。本節從此觀點出發，先介紹常見的肢體上不便的特殊學生的困難，其次介紹擺位輔具和行動輔具，最後說明特教教師與其他專業人員應知道有關肢體障礙學生的教育問題。

一、常見肢體上不便的特殊學生

一般肢體上不便的學生大都屬於神經動作或肌肉骨骼的問題，常見的有腦性麻痺、肌肉萎縮、脊髓損傷、小兒麻痺、頭部外傷、脊柱裂，和其他一些疾病例如骨發不全症、關節彎曲等，也會造成肌肉骨骼的問題。這些疾病在張力、肌力、骨骼、感覺

的問題會造成感覺動作受損，無法維持長期的坐姿平衡，進而影響日常生活和學習 (Harrymann & Warren, 1992)。

二、擺位 (positioning) 輔具

Hobson(1990)將需要擺位輔具的對象分為姿勢控制與處理變形(postural control & deformity management)、壓力與姿勢控制(pressure & postural control) 和舒適與姿勢調適 (comfort & postural accommodation)等三類 (引自 Cook & Hussey, 1995)。主要是針對腦性麻痺、肌肉萎縮症、多發性脊柱側彎、頭部外傷患者，因為無法控制和維持軀幹的平衡，所以需要輔具來達到姿勢控制和預防或處理變形的目的；同時有些肢障者（例如脊柱損傷）由於感覺功能喪失，皮膚在長期承受壓力而不自知造成骨頭突出處組織壓瘡，再加上他們的自我移動功能差，無法適當地解除組織壓力，所以他們需要壓力可以分布均勻的擺位系統。

從復健醫學的觀點來看治療，適當的擺位和座位有下列優點 (Cook & Hussey, 1995)：

1. 正常化或降低不正常張力和反射對身體的影響。
2. 誘發發展順序上正常的動作順序。
3. 維持神經骨骼的正常排列和關節靈活度。
4. 控制或預防變形或肌肉攣縮。
5. 預防組織壓瘡。
6. 增加適宜姿勢的舒服和耐受力。
7. 減低疲乏。

8. 加強呼吸、口腔動作和消化功能。

9. 增加穩定度以達到增強功能的目的。

10.使其他照顧(例如治療、護理和教育)能順利提供。

(一)擺位輔具需求評估

為了提供適當的擺位，正確而有系統的評估十分重要。在功能性技巧評估方面首先評估身體能力，範圍包括骨科、神經動作和心肺等方面。墊上運動評估必須包括坐姿(檢查平衡能力和受重力影響時身體各個部位的排列情形)和平躺(檢查關節活動度和關節變形)。在骨科方面評估必須測量個案的關節活動度、骨骼變形和排列情形，先讓個案躺在墊子上，測量骨盆和腰椎的活動度，再測量下肢、上肢和頸部，之後再檢查骨骼變形的情形。對於定型化的變形，在擺位是採取配合變形或者開刀的方法；對於柔軟性的變形，則採取矯正變形的方法。

在神經動作因素方面，評估的項目包括肌肉張力、反射型態、姿勢控制和自主動作，對於腦性麻痺的學生這幾點尤其重要。在張力方面，應評估它對個案的動作和姿勢的影響，應注意身體姿勢改變（例如輪椅往後傾時）、外在刺激（例如噪音）和內在刺激（例如快樂或失望）對張力的影響；在反射方面，以下不正常的反射會影響坐姿：不對稱性頸部張力反射、正支持反應；姿勢控制和自主動作會受張力和反射型態影響，同樣地，張力和反射型態會受姿勢影響，因此應同時評估身體所有部分，且描述其外觀以了解個案的動作能力，才能建立一個適當的擺位坐椅系統，而不是一個綁手綁腳的系統，在評估時，可讓個案抬起雙手視其平衡能力，記錄其狀況。在心肺和循環因素方面，由於

　　脊柱變形會影響呼吸功能，所以應注意擺位坐椅系統是否限制了呼吸功能，另外應注意安全帶和固定帶是否影響下肢血液循環。

　　在感覺和知覺功能方面，由於視力和本體感覺會影響平衡能力和姿勢，應列入評估範圍，在觸覺方面，應注意感覺是否有異常，過於敏感或沒有感覺，有些人可能對坐椅的材質敏感，而感覺功能喪失的人，特別是在臀部會因沒有感覺而造成壓瘡，另外，在身體其他會承受重力的部位，也應注意皮膚的變化(例如循環、壓瘡等)。

　　雖然認知能力，例如問題覺知和動作計畫在擺位評估時並不像行動輔具評估一樣的重要，但是個案的判斷力若很差，就無法覺知綁緊安全帶的重要性。在行為問題方面，若個案過於激動且會撞椅背，這也是一個必須考慮的安全問題；在動機方面必須考慮的有對科技的接受力、對輔具外觀的要求和對障礙的接受程度；在功能能力方面，個案的轉位能力、自我照顧能力、活動能力、自我推進力、溝通能力、大小便功能和其他的使用裝備必須一起列入考慮。完成了上述的評估，再來就是使用者與輔具配對，配對後可模擬使用者使用椅坐輔具，藉由模擬使用可了解個案的使用輔具情形是否合用，材質是否合適，輔具是否增加或減少個人的能力等。

㈡擺位的輔助科技（椅座和椅背）

　　在輔具方面可根據個人需求提供平坦或有輪廓的椅背，椅背的設計有不同型式，有的高度可調整、固定在椅座系統或可拆式；除了椅背外，在前面或旁邊可使用安全帶或支撐物提供身體前面的控制。以上這些輔具可依個案的需求而選擇。

　　一般而言，脊椎應維持在頸椎前彎、胸椎後彎和腰椎後彎，可使用護腰達到上述脊椎的弧度，但對於張力太低者，腰椎稍微伸直有助於維持穩定，而對於張力太強者，胸和髖部稍微彎曲有助於維持身體直立；背肌太弱無法維持軀幹直立者，可使用安全帶；張力太低、肌力不足或彎曲張力太強者，會使軀幹太向前彎，雖然將椅背往後傾可減少身體前彎，但功能性卻會降低，所以應考慮使用訂做的椅背，才能達到最佳功能的擺位。若軀幹有柔軟性的脊椎側彎，想維持身體在中線，可使用三點式側支撐物，一點在脊椎凸出點，另兩點在對側脊椎的上下處，但對於側彎太大者、有好幾個側彎或側彎主要在腰椎者，並不建議開刀，應採取穿背架或訂製椅背的方法(Harrymann & Warren, 1992)。

㈢控制壓力避免褥瘡的輔助科技

　　壓瘡的原因很多，其中以外力為主因，包括壓力、剪力和磨擦力。當外力施加予組織時，會造成血流量和供氧量減少，持續一段時間後會造成組織細胞改變，引起細胞死亡，此種情形易發生在活動受限的人和久臥在床的人或長期坐輪椅的人，會形成壓瘡。其中易發生壓瘡的部位是承重的骨頭凸出處，例如坐骨、股骨大轉子、薦骨和尾骨(Cook & Hussey, 1995)。

　　Habson(1990)根據椅坐的材質將控制壓力的輔助科技分為四大類，分別是(1)流動的液體(flotation cushion): 包括空氣(air-filled)、彈性膠(elastomeric gels)、水(water-filled)、黏性液體(viscous fluid-filled)；(2)泡棉(foam cushion): 包括多層泡棉(planar)、標準型(standard contoured)和訂做型(custom contoured)；(3)可變換壓力的墊子(alternating pressure cushion)；(4)合併兩種上述材料。可根據

個案的需求選擇上述椅座輔具。

　　在材質方面，了解上述輔助科技的材質有助於選擇椅座的材質，Sprigle(1992)認為可分五大性質來看：

1.密度

　　同材質的高密度椅墊較低密度耐用。

2.硬度

　　硬度是指坐在椅墊時椅墊陷下的距離，太軟的材質會造成臀部深陷到底，反而造成會骨突處壓力過大和壓瘡。

3.可恢復性

　　是指外力移除時，材質恢復原來形狀的能力或對外力的調整情形。

4.吸震力

　　吸震力是指材質吸收外力的能力，當重物掉在上面時會陷入，就是吸震力很好，若是反彈就是吸震力不好。

5.包覆性

　　包覆性是坐在墊子上時陷入的程度和墊子包圍臀部的程度，包覆性良好的墊子可增進穩定性和壓力平均分配(Cook & Hussey, 1995)。

三、行動（mobility）輔具

　　保持行動的自由對於肢體障礙學生而言，是其生存與發展的首要任務，因此，行動輔具的提供對於下肢幹障礙學生，其重要性不言可喻。行動輔具包括柺杖、各式助行器（walker）、乃至

手推與電動輪椅。一般而言，輪椅可說是嚴重下肢障學生最重要的輔具，而輪椅選擇需考慮的因素包括(1)個案的基本資料：障礙情形、何時發生、預後、外形和體重；(2)個案的需求：日常活動、脈絡(例如可接近性、室內／室外)、喜好、運輸方式、耐力、依賴度和預算；(3)身體和感覺功能：關節活動度、動作控制、肌力、視力和知覺、轉位能力和輪椅推進能力(手動或電動)。

選擇輪椅的考慮因素和椅座系統差不多，比較值得再討論的輪椅推進力之方式是手動或電動，其關鍵點是使用者的上肢是否有足夠的推進力，不足夠應考慮使用電動輪椅。

(一)手動輪椅

由於需要輪椅輔助科技的學生上肢功能較差，對於手動輪椅需求性較低，在此僅簡介類型，包括手推車、標準處方式、輕型折疊型、超輕型折疊型、超輕型固定型、椅背斜躺式、空間中傾倒式和特殊型。

(二)電動輪椅

使用對象屬於動作嚴重受限者，介於可獨立走路者和使用電動輪椅者，或是介於手動輪椅和電動輪椅者。有人認為年齡太小使用電動輪椅會造成小孩子懶惰和手功能退步，但研究顯示小孩使用電動輪椅有助各方面的發展，包括自尊、動機和控制環境感。但也不是每個人都適合使用電動輪椅，以下情形並不適宜使用電動輪椅(Cook & Hussey, 1995)：(1)年紀太小，因年齡小於二十個月，認知功能有限，不合適使用；(2)無法找到控制電動輪椅機制；(3)沒有人可維護電動輪椅；(4)環境不允許使用電動輪椅；

⑸沒有意願使用者。

四、結語

　　由於回歸和去機構化的影響，愈來愈多肢體障礙但認知上有學習潛能的孩子回到學校，不過老師的在職訓練計畫並未將這群學生的特殊需求納入，這也造成老師避免接觸這些學生，使得這些學生游移在主流教育之中。爲解決上述困難，特教專業訓練應提供一套「跨專業教育訓練課程」給一般教師、特殊教師和服務這些學生的其他人員，其訓練課程方向包括：⑴肢體障礙學生的擺位原則，和如何利用生物力學的方法設計自己和學生的相對位置，避免拉傷；⑵使用輪椅或其他助行器技巧；⑶使用適當的設備移動學生。很多人都有背痛的經驗，身體障礙學生由於長期的不當機械壓力，更易造成肌肉骨頭的問題，但是若我們能善加利用各種身體機制(good body mechanism)的原則，使用各種助行器或移動器(lifter)，這樣可以減少或預防老師的態度阻力惡性循環和疼痛循環，如此方可促進學生在學校成功地融入一般教育(Good & Yasumura, 1992)。

第三節 聽語障者的輔助科技：輔助溝通系統

人類必須藉助語言或文字做爲主要的表達工具以傳達信息、交換情報、建立關係、聯絡感情，進而形成人類社會中綿密的人際網路。然而，對於身心障礙者而言，由於認知、動作、感官等困難或限制，以致於無法像一般人利用語言做爲主要的溝通勢力，要依賴其他的管道或方式，以建立其個人與外界連繫溝通的模式。

一、「輔助溝通系統」概述

近二十年來在歐美興起的擴大性及輔助溝通系統（Augmentative and Alternative Communication, AAC；中文可簡稱爲「輔助性溝通」）便是著眼於利用各種可能的途徑，以增進殘障者的溝通功能。所謂「輔助溝通系統」係指對於嚴重表達性語障者所提供之臨床性的專業服務，暫時性或永久性地補償其喪失之溝通機能爲目標（American Speech-Language-Hearing Association：ASLH, 1989）。因此，AAC包含範圍大致上可區分爲兩大類(Beukelman & Mirenda, 1992)：第一類係指不需要依靠個體外的器材或設備就可以進行溝通的方式，例如手勢、表情，甚至手語等；

第二類指的是必須在其他外在物品的協助下，才能完成溝通的模式，這類的輔助溝通從簡單的紙筆（筆談）、打字或字母表，到高科技的電腦化溝通器等，正是 AAC 領域中核心的部分。在高科技化的輔助溝通系統下，使用者如何操作，也就是如何使用溝通器，是建立輔助溝通系統的首要考量。

基於溝通者本身的身心特質及溝通器所能展現的功能，一般係將 AAC 使用方法分成直接選擇（direct selection）和掃描（scanning）兩種（Church & Glennen, 1992）。所謂直接選擇，就是讓溝通者自己直接指出他所要表達的目標（圖片、符號或文字材料）；而掃描則是由他人（或電腦）逐一指出目標物，直到溝通者所要選定的目標物出現為止。因此，直接選擇較具有主動性，較為直接，雖然偶而必須藉助其他器材，如頭杖、口杖或光筆等以指出目標物，但還是能為溝通者自行掌控。然而，如果溝通者因肢體動作的不靈活，以致於無法充分使用，掃描就成為唯一的操作方法了。

二、輔助溝通系統的適用對象

任何在表達性語言的運用上有困難的學生，都是輔助溝通設備的潛在使用者，其中可能包括下列學生(Beukelman & Mirenda, 1992; Church & Glennen, 1992)：

1. 肢體障礙嚴重但有認知功能者。
2. 多重障礙但其認知能力不確定者。
3. 肢體功能正常，但有語言方面障礙者，如言語失用症，語言

發展遲緩。

4. 處於口語發展前期者。

5. 自閉症者。

6. 發展遲緩者。

7. 因無法有效溝通導致行為有偏差者。

8. 因疾病導致有語言障礙的成人，如中風及失語症患者。

9. 腦部受傷者。

10. 有退化現象者，如肌萎縮性側索硬化（ALS）、帕金森症者、亨丁頓氏舞蹈症……等。

三、溝通輔具的選擇與評量

　　當我們要替身心障礙學生選擇一樣適合的溝通輔具時，面對各式各樣的科技產品，往往會不知道該如何選擇才能真正使溝通輔具幫助學生達成溝通的需求，這時就必須透過系統性的評估（Reichle, York, & Sigafoos, 1991)。在進行評估之前，我們必須瞭解，輔助溝通的評估是一個專業團隊工作，該團隊包括物理治療師、特教老師、語言治療師、職能治療師、視覺或聽覺方面專家、輔具專家、家人、主要照顧者，以及相關學者等。組內的每個成員都是不可或缺的。團隊之目的在提供多角度的觀點及較完整的專業知能，適時地分享各自專業的知能和角色，讓組內成員也能理解及欣賞由不同領域所提出的處理方式，計畫長、短期目標，並且針對優先工作取得共識，對有效及無效的處理相互提供溝通和回饋；對個體提供持續且整合性的方案，提供檢核和平衡

的系統，針對短期、長期優先考慮的項目建立共識，整合優先項目融入日常生活的功能性活動中，訂定出可能的行動計畫（包括「誰」、「做什麼」、「在什麼時候」）。

在實際的評估過程上，以下整理出一些簡單的通則，讓老師或是家長在選擇溝通輔具的時候，能夠有標準可以依循（Johnson, Baumgart, Helmstetter & Curry, 1996）。

㈠個人因素

首先，我們對於身心障礙兒童本身的能力要有所瞭解。能力的評量可以分成兩大部分，一個是該兒童的動作能力，另外一個是該兒童的認知能力。因爲溝通輔具的使用，牽涉到這兩個層面，缺一不可。以下就這兩個部分來分別說明(Beukelman & Mir-enda, 1992)：

1.動作能力的評量

(1)擺位的評量

在評量動作能力的時候，最重要的，我們要先評量該兒童的擺位是否良好，因爲只有在擺位良好的情況下，兒童才能將其動作能力發揮到最好，所以第一步，我們就要先找出適當的擺位。

(2)「點選能力」的評量

所謂的「點選能力」，是指兒童能夠用肢體或是其他代用物品，直接選擇他所要的選項。評量的程序是從手臂開始，如果手臂的能力不佳，必須靠頭部的控制能力。一般來說，要讓兒童以頭棒或是其他長型物體，套在頭部來進行點選評量。若頭部點選能力不佳，我們接下來要評量腳部的點選能力；如果效果還是不佳，我們便要該兒童用眼睛凝視的方式，來表達他直接點選的意

願。

　　在進行評量時，需注意到一些技巧，例如爲了避免兒童因爲認知能力的不足，造成評量上面的誤差，必須把認知、語言和技術的層面減到最小。我們可以在評量點選能力的時候，要求受試者以手或腳去碰觸桌上的糖果或餅乾，並將其作爲動作達成的增強物。對於絕大部分的孩童來說，他們都能夠立即瞭解這項指令的意義，我們便很容易就可以測出動作的準確度和範圍。如果對於受測的孩童年齡很小，我們可以要求他指出彩色的動物圖案，或是他熟悉、喜歡的卡通造型人物。至於在凝視能力的測量方面，我們可以要求受試者以眼光追隨測量者移動的手，來測量他眼光移動的範圍。如果受試孩童年齡很小，我們可以要他隨著某個玩具而看。以這種簡單的方式，我們可以很快的瞭解兒童的動作能力。

　　如果兒童在測驗的表現不錯，我們可以將要他點選的目標物變小，藉以測出他的動作精確度。此外，我們也可以增加測量物品的範圍和數量，或是改變物品的細緻與粗糙程度、改變物品放置的角度，以達成進一步的測量。

　　最後，評量時也要考慮兒童採用某種溝通媒介可能的負面影響。我們知道，如果長期採用某一種點選的方式，可能會造成不良的姿勢，或是引起過度疲乏。所以雖然該身心障礙兒童可能具備很好的點選能力，但是基於上述考量，在決定溝通輔具的時候，我們可以考慮同時具有「直接點選」和「掃描選擇」兩種方式的溝通輔具，讓孩童可以交替使用。

(3)啓動開關的能力

　　如果孩童的點選能力不良，接下來我們就要評量他操作開關

的能力。因為很多溝通輔具都有選項掃描的功能，只要當事人一按下開關，就有指針或是燈光逐項幫當事人選擇，孩童只要等指標達到他要選擇的選項，再按下開關選擇，一樣可以使用溝通輔具。因此，動作能力評量的第三步，就是評量開啓開關的能力。

①掃瞄開關的種類

輔具的開關有不同的啓動和選擇方式，掃描開關基本上可分為下列三類：

- 使用者必須一直按壓開關，直到指標走到目標項目，使用者再放開開關表示選取。
- 使用者只需要按一次開關，輔具的指標就會自動掃瞄，到了目標項目時，使用者再按一下代表選取。
- 第三種選取方式，需要使用者一次次的觸碰按鈕，按一下指標才會走一下。

上述三種掃描功能，各有不同的優缺點。第一種方式，需要孩童有持續按壓開關的能力，也要有足夠的靈敏度放開開關，才能夠選到他想要的項目；第二種選擇的方式，也需要動作的靈敏度，在指標或是亮光指到目標項目的時候，孩童要迅速點選，才不會錯過選擇的時機，又要等指標從頭開始一次，相當花費時間；第三種雖然可以避免點選不及的情況發生，但是要一次一次的觸碰，使用者會比較累，要多次觸碰。

所以在選擇開關點選的時候，必須針對身心障礙孩童的動作能力作詳細的評估，依照他動作的優勢，選擇適合的點選開關。

②評量的原則

為了避免其餘因素的介入，此項測量可以非常單純，如要求兒童開啓錄音機的開關，若是受測孩童的年齡甚小，我們可以用

玩具開關來做測量。測量的順序是從手部開始，接著是頭、腳和其他部位。

2.認知能力的評量

(1)認識物品的能力

在評量認知能力的時候，首先要進行認識物品的能力。我們可以拿幾樣日常生活的用品，放在受試兒童面前，要求他指出。舉例來說，我們可以把鏡子、球和杯子放在兒童面前，然後問他：「你指給我看杯子在那裡？」看他能不能正確指出。若是兒童的的動作能力不佳，我們可以要求他看著某樣物品，藉以瞭解受試者對於物品的認識能力。除此之外，我們也可以反過來，拿著其中的球，然後詢問兒童：「這是球嗎？」看他是否能夠正確表示「是」或「否」。

(2)實物與符號的配合

接下來，我們可以呈現三個不同的符號，如我們拿出鏡子、球和杯子的圖形，然後要兒童指出相應的實物；或者反過來，我們要兒童選出代表該物品的符號。

在施測的時候，我們可以時常調整符號或物品擺放的順序，以免兒童由東西擺放的順序來猜出該物所對應的符號。如果兒童的表現良好，我們可以逐漸增加選項，從三個慢慢增多。

(3)以符號回答

如果兒童對於符號與實物之間的關係有了相當瞭解，我們就要更進一步測量他在日常生活中運用符號的能力。我們可以要求他以符號來回答問題。舉例來說，我們可以在麵包、床、電視三種符號中，詢問受試者：「你今天早餐吃什麼？」藉以得知受試者運用符號的能力。

(4)以符號要求

更進一步，我們可以要求兒童在他意思無法清楚表達的時候，以符號來表達他的要求。舉例來說，遇到不清楚兒童意願的時候，我們可以問：「我不懂你要什麼，你能選出一個符號來告訴我嗎？」藉以得知受試者是否有用符號來要求的動機。

(5)識字能力的評量

文字也是一種符號，如果兒童的認知能力很好，我們可以嘗試用文字來作為他溝通輔具的內容。這類輔具，一般我們最常看到的，就是電腦的文書處理功能。如果兒童沒有很好的文法概念，文字也可以以單字或是單詞的形式出現，或者和圖形一起搭配出現，也可以達成並增進溝通的目的。

(二)相關因素

在考慮使用者本身的能力之後，並不表示我們就可以據以決定適用的溝通輔具，因為我們還要考慮到一些特殊的因素，在此以條列方式加以說明（Reichle et al., 1991）：

1. 輔具本身的品質

在我們考慮輔具的選擇時，也要考慮到其外觀、耐用、攜帶時的輕便等因素。

2. 學習的困難與否

若學習該溝通器材所需要的技能和時間過於長久，可能也不是很適合的輔具。

3.輸出聲音的自然度

以聲音輸出的溝通輔具來說，如果合成音的品質過於粗糙或怪異，則該器材可用的機會將降低，因為輔具的溝通對象是人，

如果對方覺得聲音很難聽或很怪異，將會降低溝通的意願。

4.親密性

對許多兒童的父母來說，「親密性」是相當重要的決定因素。若將溝通輔具分為高科技(如語音合成)或低科技(溝通板)來說，父母會較傾向於選擇低科技溝通輔具，因為這樣才能兼顧親子間的親密感需求。

5.對自然語言學習的負面影響

有時候，兒童之所以放棄輔具的使用，常是因為其父母擔憂輔助器材的使用，會影響到該兒童自然語言溝通能力的訓練。他們認為，因為有了溝通器材，兒童有了方便的溝通工具，會放棄自然語言的學習，使得原來可以訓練的能力無法獲得發展。所以針對家長這一點的疑慮，在進行輔具使用訓練的時候，應該順便訓練兒童自然語言的能力，讓溝通輔具成為自然語言訓練的良好工具。

6.溝通對象的喜好和能力

在選擇溝通器材的時候，需要考慮到溝通對象的能力。舉例來說，如果使用者是小學一年級的身心障礙者，其同儕認識的字有限，故溝通輔具上過多或是過於艱深的文字就不適合。同樣的，如果語音輸出的速度過快或語句太難，也將不適合於該兒童。

㈢溝通內容選定

在選擇溝通輔具的同時，我們也要決定那些溝通內容可以放在溝通輔具上面，才能真正符合學生的需要。

在選擇適當的溝通符號項目時，我們可以用一張總表把兒童

在家庭、學校、工作或其他重要環境的主要活動列出。列出以後，老師、家長和治療師就一起來討論，那些是屬於該兒童溝通時重要的項目？把那些項目找出來。

接著，為了避免將溝通的計畫訂的過於理想，我們必須將該活動從正常兒童角度來看，看該活動對於一般兒童來說，是屬於可以獨立運作，還是該活動本來就需要旁人的協助？之所以需要評量這個向度，是因為評量小組中的老師或父母常常用過於理想化的標準來評估一個活動的重要性。舉例來說，老師在評量過程中，希望該兒童能夠每星期讀完指定閱讀資料，並且參與課堂討論。但如果我們從一般孩童的角度來看，這樣的標準通常很難做到，所以對於這個主要活動的目標，就不應該訂得如此之高。

根據這兩個原則，我們可以大致決定最重要、最實用且需要放在溝通板上的內容。

㈣定期檢討

在溝通輔具和其內容項目決定之後，由家長、老師、專業人員所組成的團隊，還需要對於身心障礙兒童使用該輔具的情況加以定期檢討，看看該兒童是否能夠達成溝通的目標（Reichle et al., 1991）。如果有無法達成的地方，我們就必須要找出無法達成溝通的原因，並且嘗試加以改善。一般來說，對於身心障礙者，運用溝通輔具時，無法順利達成溝通的原因可分為下列幾類：

1.政策面障礙

從法律的角度來看，障礙學生被排拒在學校、教室或是社區環境之外，無法和一般人相處在一起，所以即使有再好的溝通輔具，身心障礙者都沒有使用的機會。或是某些運用公費購買的輔

具，付款機構會限制身心障礙者輔助溝通的使用，如學校禁止身心障礙兒童在課後將輔助溝通器材帶回家使用，這將會造成兒童無法順利達成溝通活動。

2.執行面障礙

雖然政府對於融合普通人和身心障礙者已經有明文規定，但個別的學校或機構對於身心障礙者仍舊持隔離的態度。比如說，雖然政府的政策是提倡「零拒絕」，但是仍有許多學校將重度的身心障礙兒童拒於校門之外。

3.態度障礙

指個人對於身心障礙者的負面態度，如父母、親戚、同事、教師、同儕或是社會大眾。由於他們對於身心障礙者成就極低的預期，剝奪了其應有的參與機會。舉例來說，老師對於使用溝通輔具的身心障礙者，沒有給予發言的機會，造成身心障礙者在課堂上發言的機會大幅降低，無法達成溝通的目標。

4.技能障礙

指在溝通輔具購買以後，周遭人士缺乏維修的技術，一旦輔具壞掉，就被束之高閣，沒有人知道應該如何修理，廠商又缺乏更換零件，如此一來溝通輔具將無法發揮其應有的作用。

在找出可能的溝通障礙原因之後，我們應該盡力排除這些障礙，讓溝通輔具能夠真正的達成它應有的功效。

四、結語

總結上面所述，我們可以知道，溝通輔具的評量是一個循環

的過程，從一開始對於身心障礙兒童能力的評量之後，找出適當的溝通項目，進行教學以及後續的評估，每過一段時間，我們就必須再度開會討論，找出身心障礙兒童在溝通上面的問題。問題如果是在兒童本身，則我們要加以協助；如果問題來自溝通對象，則我們要嘗試去溝通，改變溝通的對象；如果問題是來自學校政策，則我們必須和教育行政機關溝通，甚至透過立法程序來達成我們幫助身心障礙兒童溝通的目的。我們開會討論的活動必須持續進行，隨著身心障礙兒童成長的過程中，協助處理他所遇到的不同問題。只有透過這樣一個持續的、循環的過程，才能夠讓溝通輔具發揮最大的功用。

第四節 各類障礙學生的綜合性需求：善用電腦科技

近年來，隨著電腦科技的進步，電腦儼然成為新生的寵兒，逐漸在教育領域中佔有一席之地。以美國為例，一九九五年調查資料顯示：全美學校擁有電腦總數達五千八百萬台；平均每九個學生有一台電腦（Office of Technology Assessment, Congress of the US, 1995）。台灣地區資訊及電腦工業之發展，不但在全球資訊工業界佔有舉足輕重之地位，邇來對於本土化資訊之應用與推廣更是不遺餘力。最近幾年，由於個人電腦之功能日漸提升，價格日趨便宜，使資訊教育之推廣更行活絡。加上各級政府教育主管

單位之努力推廣，資訊教育已成為中小學教育中重要之一環。

　　放眼天下，中小學資訊教育之推廣，不過是最近十五年之新潮流。起初，資訊專家與教育學者對於電腦在學校中所能扮演的角色總是有較高的期望。然而，在軟硬體條件並不是非常理想的環境下，電腦在學校中所扮演的角色與所能達到之功能也不斷地修正。進入九〇年代，雖然個人電腦功能大幅提升，電腦在中小學日趨普遍，學者專家對電腦之期望卻日趨保守。資訊教育界也逐漸取得共識，認為中小學資訊教育推展之首要目標，並不是在於教導學生電腦程式語言或複雜之應用軟體，而是提供學生另一種學習之管道與機會：熟悉資訊時代的新工具，具備基本的電腦知能 (computer literacy)，誘發學習興趣，增進各科之學習效能。準此觀之，電腦只是學校所應提供之種種教育工具中比較新奇或複雜者。

　　從教育工學的觀點來看，電腦只是教學媒體家族中之一員，但由於它強大的儲存、運算、分析與比對功能，加上電腦多媒體輸出技術逐漸成熟，介面的操作也日趨簡單化，無疑地，電腦的工具性角色幾乎是無可取代的。更重要的是，電腦的功能可以幫助或彌補一部分身心障礙學生所欠缺的能力。因此，電腦在特殊教育之可能貢獻，逐漸為人們所重視 (Church & Glennen, 1992)。反觀我國，雖然電腦在特殊教育之應用已略有討論（林宏熾，民84；鐘樹椽，民84），然而討論之重點，仍然是以傳統電腦輔助教學（CAI）的思考架構為主（高豫，民84a；高豫，民84b），對於如何應用電腦在身心障礙學生教學理論方面多有著墨（李禎祥，民84），而對於身心障礙學生使用電腦所面臨的介面問題，除了葛湘玟（民84）曾介紹部分身心障礙人士與電腦輔助輸入設

備外，則少有專家學者提及。至於可能進一步改善身心障礙者與電腦互動之高科技介面，例如語音輸出入介面、間接輸入介面等，雖然在國外（英語環境）已經被廣泛地應用在特教與復健上，在國內仍然處於初期研發階段，短期內尚無法提供學生使用。

為了探討教師與資訊教育界面對身心障礙學生使用電腦可能面臨的困境與補救之道，本節說明身心障礙學生使用電腦之問題與解決之道。討論重點除了硬體上輸出入設備之考量外，並能兼顧作業系統（operating system）之調整；此外，對於最新中文電腦輸出入方法之更新，將略微說明與評論。

一、個人電腦的輔助性輸入設備

電腦的輸入設備係指使操作者得以指揮電腦完成特定目的之硬體設備。傳統上包括鍵盤、滑鼠兩大基本配備。由於電腦是為一般人所設計的，使用者必須具備基本的手部精細動作能力，方能順利操作電腦。然而，對於手部功能不便，如肌肉萎縮症、腦性麻痺者或其他重度肢障者，傳統的鍵盤和滑鼠並不能符合肢障者的需求，因此，必須在輸入的設備上加以調整。Cook 和 Hussey (1995)認為，完全無障礙（transparent access）是殘障者使用電腦最基本的原則。任何適用於標準輸入設備之應用程式或軟體，必須考慮殘障者之需求。換言之，如何創造一個「無障礙的電腦操作環境」（Accessibility），便成為特殊教育電腦化教學當中重要的課題。如何使肢障者和其他人一樣快樂的使用電腦，選擇或調

整輸入方式便成爲最基本的要求。

　　鍵盤是電腦最主要的輸入設備，然而，鍵盤也往往是肢障者使用電腦時最主要的障礙點。許多肢障者欠缺精細動作的靈活度。沒有足夠的肌力，乃至缺乏持續的耐力操控標準鍵盤上的單一按鍵，或是無法操作連續的按鍵動作。針對這些障礙，大致上有下列幾種改進之途徑（Lewis, 1993）：

㈠選擇最適當的標準鍵盤

　　在選擇標準鍵盤時，要考慮一些鍵盤的基本設計。就國內最常用的個人電腦(IBM-compatible)而言，標準 101 鍵的鍵盤，很少有特殊的變化；最近特別爲 WINDOWS 95 設計的 104 鍵盤，也只是增加幾個特殊功能鍵。當然，按鍵的靈敏度、準確度與觸感都是最基本的考量。

　　在選擇標準鍵盤時另一要考慮的問題是使用者究竟可以用什麼方式來接觸鍵盤。大部分電腦使用者是同時用兩手在鍵盤上游走打字，然而，某些人可能只能用單手打字，甚至必須用腳或身體的其他部位打字。若有這種特別需要，作爲溝通標準鍵盤和使用者之間的「介面」（interface），例如手杖、鐵筆、嘴杖、頭杖等 (Lindsey, 1993)，必須仔細評量使用。

　　對於手部功能不便或精細動作不良之肢障者，可能無法要求他們「懸空」將雙手放在鍵盤上方。例如某些腦麻痺或脊椎損傷者，由於肌肉張力問題，必須將雙手搭在鍵盤上，或是因控制力不足，容易誤觸他鍵。此時最好的解決方案，就是在標準鍵盤上覆以一層護鍵（keyguard)。這種護鍵可以是壓克力或金屬材質，直接加裝在標準鍵盤上（葛湘玟，民 84）。雖然國內極少成品出

現，但是可以採取個別訂做方式，以配合個別之需求。

(二)對標準鍵盤做適度之調整

　　標準鍵盤上的文字、符號和字母，對某些肢障者而言可能太過於複雜。尤其中文電腦鍵盤上除了英文字母外，另外加印注音符號或倉頡字根，這些符號往往造成使用者認識或使用鍵盤之困難。解決之道可以利用單一按鍵的護套或貼紙，以改變按鍵之外觀。此外，在按鍵上貼上特定顏色的貼紙或覆蓋整排塑膠套，以避免肢障者碰觸不必要的按鍵，或加深對某些按鍵的印象，也是一種可以採行的方式。

(三)使用替代性鍵盤

　　如果身心障礙者的障礙程度較嚴重而無法使用標準鍵盤，替代性鍵盤（substitute keyboard）可以是另一種選擇。常見的替代性鍵盤包括迷你鍵盤（mini keyboard）、超大型鍵盤（如 intelli-tools 的 unicon expanded keyboard）。這類替代性鍵盤除了在大小和造型上與標準鍵盤有所不同外，在按鍵的設計上採用薄膜（membrane）式，使觸鍵更輕巧，靈敏度更高，適合一般手部功能不彰者使用。

(四)採用其他輸入設備

　　除了標準鍵盤之外，目前個人電腦上的標準輸入設備尚有滑鼠（mouse），滑鼠是圖形式使用者介面（GUI）最重要的輸入方式。透過滑鼠，使用者可以減少許多指令的輸入動作。然而，滑鼠的操控對肢障者而言，可能比鍵盤更有障礙，原因是操作滑鼠

所需的手眼協調、視動統合功能與認知上的理解能力都有較高之要求。目前有些替代性滑鼠（如 track ball）或使用電動玩具之搖桿（joystick）可以改善部分不易操作之障礙。

　　對於極重度動作功能障礙的學生而言（如脊椎損傷者），「開關」（Switches）可能是最重要而且唯一的輸入設備。透過單一或組合式的開關，使用者可以控制畫面或選擇選單，甚至輸入文字，使嚴重肢障者不致於完全無法使用電腦。

　　以上所討論之輸入設備均為直接選擇（direct selection）模式，也就是說，使用者必須直接操控某一輸入控制介面與電腦互動。此外，利用譯碼（encoding）、選項掃描（scanning）的方式，配合開關的操作，也可以簡化使用者輸入流程。然而，選項掃描的輸入模式，必須結合特殊的輸入裝置，或經由一種可調式的韌體設備（adaptive firmware card）作為介面。這些特殊裝置在英文環境中已十分普遍，只是在中文電腦環境中只有小規模之測試，尚未全面推廣。而中文的摩斯碼輸入方式也僅止於實驗室階段（施清添，民 85），尚有賴國內各界繼續努力。再者，隨著個人電腦功能日益強大，「語音輸入」(Voice Recognition)已經逐漸成形。以個人電腦為例，國內已有「音中仙」（台康科技）與「說亦通」（大時科技）兩種商業化產品問世。只是目前僅作為語音文書輸入為主，未來若能結合「語音指令」（Voice Command），將有助於許多上肢不便者更順利的使用電腦。

二、個人電腦作業系統之調整

操作電腦標準鍵盤時需同時按住兩個以上的鍵，對許多肢障者而言，是一件不可能完成的任務。例如個人電腦的暖開機，必須同時按住三個鍵，然而許多手部精細動作不良之使用者，無法同時按住這些鍵。這類問題可以透過適當的作業軟體控制來克服。在 IBM 個人電腦上有 Access DOS 和 Access Pack for Windows。當 Microsoft 推出 WINDOWS 95 時，「協助工具選項」（Accessibility）變成 WINDOWS 95 作業系統下內建的標準配備，在正常的安裝過程中會自動載入，使用者可以簡單地啓用其內建功能。

WINDOWS 95 中內建的「協助工具選項」，共包括下列五項：

㈠鍵盤

目的在改變原本鍵盤的使用方式和功能，具有使操作者更加方便、克服其手功能協調控制障礙的功用。其中包括：

1. 相黏鍵

有些身心障礙者一次只能按一個鍵，但許多功能需要同時按下兩個按鍵才能執行，「相黏鍵」允許使用者一次按下一個鍵，而好似兩個或三個鍵同時被按下一樣。設定後，一次只需按一個鍵，就具有同時按下 shift、ctrl、alt 等鍵的功能。

2.篩選鍵

對於有些人無法及時提起按鍵而出現一連串的字母，打開「篩選鍵」，便指示鍵盤忽略偶然或重複按鍵。也可調整鍵盤速度。換言之，可有略過簡要、重複按鍵、減慢重複按鍵的功能。

3.切換鍵

使用此一特性，在按下 Caps Lock、Num Lock 及 Scroll Lock 時，便會在按下的同時，聽到聲響，以提醒使用者。

(二)聲音

對於聽力有缺陷的人來講，利用「聲音」的輔助，系統的警告能以視覺的效果從螢幕上顯示給使用者。使用「聲音感測」，當系統發現聲音時，可使WINDOWS產生視覺提醒，如標題列閃動、螢幕閃爍等。而開啓「顯示聲音」，可指示通常僅透過聲音傳遞資訊的程式能提供所有視覺資訊，如顯示文字標題。

(三)顯示

選擇「顯示」，對於視力不太好的使用者，可在顯示資訊的前景與背景之間有一個大的反差，使其更容易閱讀。

(四)滑鼠

開啓「滑鼠」特性，能使我們使用鍵盤上的數字小鍵盤來移動滑鼠指標以及按一下、連按兩下、拖拉滑鼠、調節速度等。

(五)一般

1.具自動在「設定時間」到時，關閉「協助工具」的功能。

2.具啓動或關閉功能時，便會發出警告訊息。

3.支援「序列鍵」的裝置。

上述諸功能係屬 WINDOWS 95 內建功能，自然可以在安裝時一併處理，對於肢障者運用電腦時，實有莫大之助益，值得大加推廣應用。

三、輸出設備的調整

電腦制式的輸出設備主要是螢幕的顯示和印表機輸出兩種。這兩種輸出設備對其他類障礙者可能不會造成太大的困擾，但卻為視覺障礙者十分不利。就弱視者而言，雖然他們尚有若干視覺而不致於完全無法使用一般的輸出設備，然而，標準螢幕的畫面由於字型太小，或顏色反差不夠，或主題與背景不夠明確，甚至印刷文字空間不適當，造成閱讀上的困難。就全盲者而言，如果無法配合語音輸出或摸讀系統，他們就完全無法使用電腦了。

就聽覺障礙者而言，電腦的輸出對他們造成的困擾就是許多警告訊號只以聲音型態出現，例如顯示錯誤訊息的嗶聲。而越來越多的多媒體應用軟體也只考慮到一般人的需求，許多操作提示或內容講解只以聲音檔呈現，欠缺文字的說明。這些基本的限制，造成聽障者在使用電腦時莫大的困擾。

針對上述缺失，對弱視者而言，我們若能提供較大之螢幕，改變畫面字型，加大提示比例，甚至改變畫面顏色，弱視者在使用電腦的障礙方面，就可以得到部分改善。

針對全盲學生，除了結合摸讀系統之外，語音輸出功能是最

重要的一環。國內盲用電腦的發展在淡江大學的主持下，已有一定之成效，然而，在完全無障礙的要求下，仍有部分功能有待突破。在英文電腦環境下所謂的「畫面報讀系統」（Screen Reader）和「語音合成器」（Speech Synthesizer），已經成為盲用電腦標準的輸出設備，畫面上全部訊息透過語音合成輸出裝置「說」給使用者聽。

在以英文為主的電腦環境下，根據 Lazzaro（1996）的歸納，理想的畫面報讀系統至少須具備下列各項報讀功能。例如報讀單一字母，報讀一個字，報讀一列文字，報讀整個畫面上的文字，把使用者按鍵的內容（單字或字母）報讀出來，追蹤並且報讀浮標的移動，追蹤並且報讀滑鼠的移動，追蹤並且報讀反白區域的動態，凍結畫面使報讀功能成為被動選項，控制合成語音的音量、音高和報讀速度，控制說出或省略標準符號，把阿拉伯數字以讀音或數字形式報讀（pp.98-99）。

除了上述特性外，Cook 和 Hussey（1995）也指出，理想的盲用電腦輸出介面必須能和所有商業化的軟體完全相容，並且具備不同的語音合成器，使能讀出文章和圖形；使用飛行員慣用的英文字母讀音（例如 a＝alpha，b＝bravo 等）；在報讀文字時可以前進、後退自如；對於文字內容，除了標點外，空格、字面的特性（如粗體、斜體、底線等）也要兼顧。最後，操作上要做到易學好用，具備巨集指令功能，好讓使用者定義自己所習慣的按鍵。

上述的畫面報讀系統在英文電腦環境下，已能廣泛地使用在各式電腦上，並能充分地應用在ＤＯＳ或ＷＩＮＤＯＷＳ的作業環境中。這些系統還可以和個人電腦的文書軟體、資料庫、電子

試算表、電子郵件、傳眞、網路等充分相容。根據 Lazzaro 的整理，此類軟體在英文環境的市場上就多達二十種以上。

在中文電腦作業環境下，嚴格來說，除了淡江大學金點一號附加語音箱功能外，尚未發展出全功能中文畫面報讀系統。最近中央研究院資訊研究所已發展出中文自然輸入法附帶語音回饋功能（許聞廉，民 86），除了鍵入國字可以讀出國音外，並且可把整段文章存入「剪貼簿」，在按某一按鍵的方式讀出內容。此種語音輸出功能除了在語音節律上稍有缺失外，已屬上上之作；若能發展出全功能語音報讀系統，將可使中文電腦成爲視覺障礙者最重要的夥伴。

爲視障者所提供的輸出介面除了上述語音輸出外，尚有光學文字辨識（OCR）與語音輸出之結合，和點字（Braille）輸出等。雖然國內已有中文化的ＯＣＲ軟體（丹青），惟在辨識正確率與字體適用範圍方面，仍有待加強。

第五節　超越時空障礙：活用網路資源

自從一九九二年美國柯林頓政府正式提出「國家資訊基礎建設」（National Information Infrastructure： NII）爲政府施政方針以來，NII 儼然是現代化國家的重要指標。由於電腦網路的急速擴充，先進國家無不在網路建設上大力投資。數位化與網路化的結果，不但使一般人的溝通更加便利，對大多數肢體障礙者而

言，NII 所提供的服務，正是他們超越障礙希望之所繫。就世界潮流發展趨勢而言，各類障礙者不論在生活、就業、學習與休閒等領域，勢必要回歸到一般社會大眾當中。在未來社會中，NII 確實為人類的生活提供另類選擇，這種遠景，正是肢障者得以融入主流社會最佳的機會。

隨著網際網路（internet）的普及，加上全球資訊網（WWW）的盛行，使得特殊教育相關服務內容更加豐富，也無形中產生另一類服務——網路資源服務。以台灣地區而言，網路的成長比起先進國家毫不遜色，我國「國家資訊基礎建設」（NII）小組所訂定的三百萬人上網目標已在去年(民 87)底以前完成。

今天，隨時有數以萬計的新資訊湧入網路中，而這些資訊中，提供了不少最新的教育訊息，讓人有取之不盡、用之不竭的感覺；加上網際網路無遠弗屆的特性，我們只需在彈指之間，便可將這些分散於全球各地的資源寶藏擷取回來。從教師的觀點來看，藉由網路，我們可以迅速取得第一手的教育資訊或補充的教學資源，甚至我們可以在網路上與人分享教學的經驗，尋求教學或學習中遭遇到的問題，這種豐富的網路資源比起傳統的教學資源真是有過之而無不及。從特殊兒童的家長觀點來看，如何以最經濟快速的方法獲得所需的資訊，也是我們所關心的重點。此外，當我們面對如排山倒海而來的資訊該如何取捨，更是身為特教工作者必須深入思考的議題。

一、網路資源簡介

簡而言之，網路上看得到的所有資訊都是寶貴資源，例如生活資訊中的統一發票對獎號碼、火車時刻表、某個風景區的導覽、產品介紹、試用軟體、明星個人網站等，都可以視為是一種網路資源。

目前網際網路上的網路服務大致可分為以下幾類：

㈠電子布告欄（BBS）

提供公告、信件、交談等功能，可以達到多人的及時或非及時性的互動。

㈡網路論壇（Newsgroup）

可以讓全世界的使用者以信件或貼布告的方式進行非及時性的意見交流。

㈢圖書館線上查詢系統（Libraries）

使讀者在網路上可依作者、書名或關鍵字來查詢或預約想要的圖書。

㈣地鼠查詢系統（Gopher）

是一套整合性資訊的服務系統，裡面提供各式各樣的訊息，並以選單的方式，讓使用者不用去記憶那些繁瑣的 IP 位址便可進

入不同的 BBS 或 Libraries 等網路服務系統。

(五)資料庫服務系統（Database）

提供求職、求才、留學、論文檢索、藝文活動等訊息的查詢。

(六)檔案傳送（Ftp）

可以將遠端的檔案傳回本地的電腦。

(七)檔案查詢系統（Archie）

可以查詢在浩瀚資訊網路中我們所需要的檔案之位置。

(八)電子郵遞（E-mail）

只要你有一個電子郵遞地址，便可利用世界各地的電子郵局來傳遞電子信件。

(九)對談程式（IRC）

可以利用文字進行及時性的多人交談溝通。

(十)全球資訊網（WWW）

利用超文件（hyper text）、超鏈結（hyper link）提供多媒體的文件、圖片、聲音等資料，算是一種整合性的網路服務。

(土)網路電話（Internet Phone）

將音訊資料數位化之後，透過網際網路傳輸到對方的電腦，

以進行對談。

(土)視訊會議（Video Conference）

　　利用網路傳輸影像及聲音使得雙方得以進行視訊方式的會議。

　　上述網路資源在一九九二年以後，幾乎完全由全球資訊網（World Wide Web，WWW）加以整合。WWW 是一種資料的儲存與整合應用的型態。這種概念最早源自於位在瑞士的歐洲微粒物理實驗室（European Laboratory for Particle Physics,普通簡稱爲 CERN），它的核心觀念就是所謂的「超文字」（Hyper Text），超文字也許應該說是「超媒體」（Hyper Media）更爲恰當，因爲它可以把諸如一般文字、圖形檔、聲音檔或是影像動畫檔在彈指之間從遙遠的地球彼端，拉到我們的眼前。更神奇的是，透過一種非常簡單的語法（Hyper Text Markup Language, HTML）和各種瀏覽器（browser），不論您用的是那一種型式的電腦（PC 或 Macintosh），都可以準確無誤地接收並使用這些資源。

　　WWW 至少具備下列三項特色：第一，它是一種整合性的概念。把原本散布在世界各個角落，儲存在各種不同電腦上的資源，以一種簡單的工具（browser），而達到充分利用的目的。第二，WWW 上的資源呈現的內容與方式是多樣化而且非常有彈性。基本上，這些資源可以用多媒體的形式表達，更重要的是它的超鏈結（hyper link）可以讓使用者在一按一放之間從一筆資料跳到另一筆，在檔案間、首頁間、甚至國與國之間瞬間穿梭。第三，WWW 上資料的及時性可能是其他任何資源所難以比擬的。WWW 不但囊括所有電子資料庫，而且經由所有首頁主人的努

力，保證使用者可以獲得最新的資料。因此，我們直接針對WWW，說明如何在全球資訊網上搜尋特殊教育的網路資源。

二、全球資訊網資源運用

由於目前網路上各式各樣的網站林立，想要找到自己所要的網站好比是大海撈針一樣，還好現在網路上有許多的搜尋引擎，可以幫助我們尋找自己適合的網站，所以要找尋網路資源的第一步或是說最快的方法，便是先進入有提供搜尋引擎的 WWW 網站，以下列出幾個知名的搜尋引擎網站：

■國外的搜尋引擎網站	
Infoseek	http：//guide-p.infoseek.com
Yahoo	http：//chinese.yahoo.com
■國內的搜尋引擎網站	
Coo 台灣索引	http：//www.coo.com.tw/
八爪魚搜尋機	http：//gais.ht.net.tw/
奇摩站	http：//www.kimo.com.tw/
怪獸搜尋引擎	http：//www.monster.com.tw/
哇塞中文網	http：//www.whatsite.com/
蓋世引擎	http：//gais.cs.ccu.edu.tw/cwww2.html
蕃薯藤台灣網際網路索引	http：//search.yam.org.tw/

　　以台灣的蕃薯藤爲例，一進入之後，便可看到一個搜尋的欄
位，只要鍵入一個我們想找尋網站的關鍵字詞，再按下開始查尋
按鍵，搜尋引擎便會列出相關的網站來。假設我們想找特殊教育
相關的網站，我們便可以「特殊教育」爲關鍵詞，搜尋引擎便會
列出與特殊教育有關的網站出來，之後透過超鏈結的方式，我們
便可輕易的選擇進入我們想要去的網站，而當我們進入各個獨立
的網站之後，每一個網站中可能又會列出一些搜尋引擎沒有找到
的相關網站，我們便可再利用超鏈結，進入這些網站。

三、簡介我國特殊教育網路資源

　　我國的特殊教育網站，目前以「全國特殊教育資訊網路」和
「台灣省政府教育廳特殊教育網路中心」的資料最爲豐富和完
備，其他一些社會服務團體或是個人的網站，也都提供了不少的
特教資訊和資源。以下針對國內有關身心障礙和特殊教育的相關
網站舉例如下：

■政府特殊教育機構	
全國特殊教育資訊網路	http：//www.spc.ntnu.edu.tw/
「阿寶的天空」：省教育廳特殊教育網路中心	http：//192.192.59.7/

■特殊教育相關服務團體網站	
中華民國特殊教育學會	http：//searoc.aide.gov.tw/
中華民國自閉症基金會	http：//www.fact.org.tw/
中華民國過動兒協會	http：//www.ionet.net.tw/~adhd/
台北市學習障礙者家長協會	http：//web.cc.ntnu.edu.tw/~t14010/
中華民國職能治療學會	http：//www.dj.net.tw/~otweb/
中華民國精神醫學會	http：//www.tcpc.gov.tw/cps/cpsdemo.htm
淡江無障礙全球資訊網	http：//www.tkblind.tku.edu.tw/
領航員傷殘資訊網	http：//grumpy.ice.ntnu.edu.tw/~guest9/index.htm
領航員工作室	http：//ns.aide.gov.tw/
伊甸社會福利基金會	http：//www.eden.org.tw/
喜憨兒	http：//www.careus.org.tw/
心路文教基金會	http：//www.syinlu.org.tw/
台北縣友好潛能發展中心	http：//goodwill.aide.gov.tw/
北市師院特殊教育中心	http：//www.tmtc.edu.tw/~speccen/
高中職特教網路	http：//tsvs.aide.gov.tw/
認識學習障礙	http：//web.cc.ntnu.edu.tw/~s14162/
特殊教育科技小學	http：//tech.tmtc.edu.tw/

■特殊教育師資培育機構	
台灣師大特教系	http：//www.ntnu.edu.tw/spe/WWW/
彰化師大特教系	http：//www.ncue.edu.tw/ncue/department/special.html
高雄師大特教系	http：//140.127.40.7/~spe/
市立北師特教系	http：//www.tmtc.edu.tw/~spec/
國立北師特教系	http：//www.ntptc.edu.tw/edu/special.htm
新竹師院特教系	http：//www.nhctc.edu.tw/nhctc/school/sp/sp.htm
台中師院特教系	http：//www.ntctc.edu.tw/sp.htm
嘉義師院特教系	http：//www.ncytc.edu.tw/institute/special/special.htm
台南師院特教系	http：//www.ntntc.edu.tw/~gac640/
台東師院特教系	http：//www2.ntttc.edu.tw/dse/
花蓮師院特教系	http：//www.nhltc.edu.tw/nhltc/dep/spe.htm
中原大學特教系	http：//www.cycu.edu.tw/~special/
■個人網站	
王華沛的特教科技園地	http：//web.cc.ntnu.edu.tw/~e14008/
周二銘教授	http：//grumpy.ice.ntnu.edu.tw/~amchou/
林老師的特殊教育研究廣場	http：//www.unco.edu/fcc/members/yaobenjamin.htm
洪儷瑜教授	http：//web.cc.ntnu.edu.tw/~t14010/
浩呆的新天堂樂園	http：//w7.dj.net.tw/~howdie/
黃俊博的烘培雞	http：//web.cc.ntnu.edu.tw/~s14019/
黃富廷的特殊教育研究室	http：//140.116.2.10/~footingh/homepage/footing.htm
潘裕豐特殊教育網路工作坊	http：//web.cc.ntnu.edu.tw/~t14007/

上述網站中以教育部委託國立台灣師範大學建置的「全國特殊教育資訊網路」以及「台灣省政府教育廳國小暨特殊教育網路中心」設置的「阿寶的天空」內容最豐富。茲分別簡介其特色如下：

㈠全國特殊教育資訊網路

（http：//www.spc.ntnu.edu.tw/）

此網站提供十個相當豐富的資料庫，透過此網站，使用者可以知道特教的最新動態、活動訊息、專題討論等報導，也可利用其資料庫檢索系統，找到特教相關的圖書論文、中文期刊、專題研究、盲用圖書、教材教具、電腦輔助教學軟體、特教影片、特教評量工具、特教相關機構簡介、特教及身心障礙的專業人才資料、特教及殘障服務的法令規章、無障礙環境規範與指南、身心障礙相關輔具資料以及全國特殊班、師資統計資料等等。

㈡「阿寶的天空」

台灣省政府教育廳特殊教育網路中心（http：//192.192.59.7/）

此網站提供我國身心障礙教育的簡介、特殊教育的實施現況、特殊教育的相關法令、特教的教材教具、輔具、就業輔導、親職教育，以及特殊教育學校網站、社會服務團體、學會、個人網站、教育法令相關站台的連結，並依國內啓智、啓聰、啓明、啓仁教育來分類，各別地介紹其相關的教學示例、資訊等有用的資源。

四、結語

　　NII 固然能夠提供及時的資訊，但是大眾化產品無心的設計卻反而造成身心障礙人士在訊息存取（access）方面的障礙。一九九三年九月十五日，美國國會出版「NII 行動綱領」（The Information Infrastructure： Agenda for Action）中有一段話：「我們國家無法忍受國人對電訊或資訊的使用權利有所差別。本政府矢志，不分收入多寡、身心障礙程度、居住區域，提供全國人民容易使用且便宜獲得之現代化資訊的服務。」

　　美國身心障礙者福利法（American with Disability Act）宣示「身心障礙者享有與一般國民相同之公共福利與措施，乃是身心障礙者基本人權」之立場，推動 NII 計畫之相關人士，自始至終都有考慮到所有身心障礙國民享用 NII 的不可侵犯及違背的權利。

　　由於立法精神及國情的不同，我國在推動 NII 計畫之初，並未針對身心障礙國民之需求做特別的考量與調查。遲至民國八十五年三月十九日，當時的行政院政務委員夏漢民召開「如何利用 NII 協助身心障礙朋友」座談會中，首次對研究如何提供身心障礙同胞使用 NII 的需求，做出重要的政策指示。

　　NII 是未來國人生活不可缺少的一部分，身心障礙朋友若缺乏使用 NII 的管道、方法或輔具，勢必因此加大與一般人更多的差距，此實非號稱已臻現代化及福利國之國人所樂見到的。任何國民，包括身心障礙同胞，都有其實現理想與貢獻國家之抱負與能力。

　　造成身心障礙者無法與一般人分享資訊的障礙固然是個人身心特質的差異性，然而，爲彌補身心障礙者不利的條件，就資訊的提供者而言，仍然可以在訊息的發送過程中做必要考慮與調整，以適應個別的需求，進而達到無障礙的目標。

第六節　重障者輔具：環境控制與無障礙環境

　　身心障礙者由於身體感官的缺陷，對自身生活的環境及參與社區的活動都受到相當的限制。爲了幫助身心障礙者參與社區的生活，無論國內或國外都制定了一些相關法令，以增進身心障礙者環境控制及社區生活的能力。

　　近半個世紀以來，科技發展的確影響了身心障礙者的復健醫療、特殊教育訓練、職業訓練、就業服務及社區照顧等。科技的應用造就身心障礙者就讀大專院校的機會（王華沛，民86b），提昇身心障礙者的整體生活品質（林宏熾，民84），也讓身心障礙者增加了獨立生活的能力，使他們更能整合到社區中，因此引起了教師、治療師、訓練師、父母，甚至雇主們對科技受惠於殘障者投以最大的關注（李淑玲，民85；曹智超，民85）。

　　本節對環境控制及身心障礙者的社區生活有關之重要性、評量重點、目前已發展的裝置及輔具資料作一簡略敘述，最後對國內之發展作一檢討，並提供幾點建議。

一、環境控制及參與社區生活之重要性

所謂環境控制裝置（environment control unit）是指任何軟、硬體裝置，其目的在使個體得以自主地遙控各種生活環境中的電器或設備（Church & Glennen, 1992）。對於身心障礙者環境控制及參與社區生活之重要性，綜合一些實務工作者的經驗加以歸納（袁配芬，民 84；張瑞昆，民 86；黃惠聲，民 84；劉侃，民 84），簡要說明如下：

(一)節省照顧者的人力

通常身心障礙者的日常生活，不論是在食、衣、住、行各方面都需要有專人加以照顧，造成了只要有一名身心障礙者出現，就需消耗掉另一個人力。而且就照顧者而言，其辛苦的程度遠較其參加勞動更有過之而無不及，因此若能增加身心障礙者環境控制的能力，就能減少照顧者的人力，至少也能減少照顧者的辛勞程度。

(二)增加身心障礙者的自主能力

除了可以節省照顧身心障礙者的人力之外，對於身心障礙者自身而言，其自主能力也會跟著提昇，許多生活自理的事項，在不需他人的協助下，也可以自行處理，不但可以增加其自信心，對於提昇身心障礙者的自尊，也有很大的影響。

㈢擴大復健及醫療的效果

增加身心障礙者的環境控制能力之後，其身體活動的機會自然能夠增加，如此能夠降低身心障礙者肌肉張力、增加肌肉的力量，促進肢體動作及協調能力，增強心肺功能等等。在身心障礙者參與社區生活之後，更進一步增加其空間概念及問題解決能力，如此使復健及醫療效果能夠更為顯著。

㈣發展殘餘能力

無論肢體障礙、聽覺障礙、語言障礙或視覺障礙之身心障礙者，藉由行動輔具、擴大性溝通輔助系統或視覺輔具器具等，透過評量及配置使用之後，可以使他們原本殘存的能力發揮到最大使用的程度，同時也可避免身體機能的進一步退化。

㈤發展認知及問題解決的能力

增加身心障礙者環境控制的能力之後，他們就能夠藉著輔具的協助，增加對周遭事物主動探索的機會，這對於身心障礙者的認知能力能夠發展具有重要的幫助，在遇到需要解決的問題時，他們也必須主動加以解決，因此認知及問題解決的能力能夠得到較為充分的發展。

㈥促進與社區人士的互動

環境控制對身心障礙者進入社區生活方面，具有實質性的幫助，而且是使他們與社區更有效互動的一個重要關鍵(Traustadottir, 1991)。在身心障礙者參與社區生活之後，不僅擴大了他們生活的

範圍，增加他們的各種生活經驗，而且也能夠增加社區人士對於身心障礙者多一分的瞭解，更能夠得到社會性的支持，在此種良性循環之下，身心障礙者也得到更進一步的發展。

二、環境控制的評量及裝置

要使身心障礙者能夠有效的控制生活環境，進而參與社區生活，第一步是要對身心障礙者的障礙程度、發展狀況、周遭環境及擬達成的任務(task)能夠充分的評量，再根據評量結果，配合適當的裝置使用，使身心障礙者的殘餘能力發揮到最大的效果。

(一)環境控制的評量

1.個人特質的評量

(1)動作

包括肌力(strength)、耐力(endurance)、可動範圍(range of motion)的考量，必須使個人與環境得到最大的配合。

(2)認知

包括動機、智力、判斷力、注意力廣度、問題解決能力及注意力等的評量。

(3)溝通

根據個案目前使用的溝通方式及最佳溝通管道，加以考量擴大溝通性輔助裝置的需要性。

(4)感官

包括視覺、聽覺、觸覺及運動覺等評量，以發揮其優勢管道

的溝通與學習。

(5)障礙的性質

考量個案障礙的情形是進行性或退化性障礙，在實施醫療復健或配置裝置時，才能使個案在將來運用上達到最有效的境地。

2.環境(environment)的評量

(1)家庭

包括門口、地板、門檻、傢具、廚房配置(櫃檯、流理檯、桌子、各種器具等)、床的位置、壁櫥、小櫃子等、門把、樓梯、廁所等日常生活上必須使用的一切設備都必須一一加以評量，使個案在家庭生活能夠得到最有效的家庭環境控制。

(2)學校／工作地點

依據個人的需要改變學校、工作地點的環境，或增加個人所需裝置，譬如工作地點安置在一樓或改變工作桌、書桌以適應個人需要。

(3)社區

公園、戲院、購物中心、圖書館、市場、逛街路線、參與社區活動等等的行動路線及活動地點環境，做仔細的探查及規畫，使個案在其生活社區的障礙能夠減到最低。

3.任務(task)的評量

(1)完成任務的步驟

根據以下的步驟對任務加以評量，再決定處理的方式：

①任務的困難程度如何，如果是不可能完成或極困難完成的任務，則需考慮改變或取消任務。

②這個任務對殘障者的重要性影響很大，則需考量如何克服達成任務的困難。

③任務分析：在以上兩個因素評量之後，則需分析個人能夠從事那些活動，完成這些活動需要那些技巧，及是否有可能改變這些任務，使這些任務適合於個案，或是需提供可用的裝置幫助個案達成任務。

(2)能力需要

個案能力的評量需包括感覺動作、認知、心理及任務的要求加以審慎評估，充分瞭解目前各方面的能力狀況，才能針對個案作最有效的環境控制設計。

(3)任務的潛在改變

包括任務的困難程度是否可能改變，是否必須對任務重新加以選擇規畫，是否需要改變協助的裝置等，都需加以考量。

4.裝置(devices) 的評量

裝置的評量必須考慮以下幾方面，才能配合個案的需要，作最有效且最合乎經濟效益的配置：

(1)協助完成任務的能力

裝置的設計必須以能夠完成個案所欲達成的任務為依據，使個案能夠有效的控制生活環境。

(2)外觀

外觀必須配合個案本身的障礙特質及周遭生活的環境，儘量達到美觀實用的需求。

(3)價格和利益的等值性

一項裝置的適合度考量，不僅只在適合於個案障礙情況，在價格方面也是個案能否裝配的重要因素，一項裝置在扣除補助費用之後，仍然為個案經濟所無法負擔，就算適合度再佳，也是空中樓閣。

(4)現成的或訂製的

裝置是根據專門人員仔細評估之後才能加以設計配置的，若有現成的可用，可以省時省事，且可能較符合經濟效益；若是無現成可用，就必須配合醫師、治療師的評估訂製適合個案之裝置，切莫勉強使用不合個案個別狀況之裝置，否則可能造成更嚴重的傷害。

(5)個人、環境、任務、裝置的整體性考量

個人與環境、個人與任務、任務與裝置、環境—任務—裝置、個人與裝置等方面需作整體性考量，才能使個案對環境得到真正的控制。

(二)環境的控制裝置

1.裝置的取向

(1)低價

各種裝置在經過正確的評量之後，因於價格和利益的等值性考量，因此裝置的價格若是能夠價廉物美，就能夠減少身心障礙者經濟上的負擔。

(2)易製

目前各種環境控制輔助裝置，在市場上的價格大都偏高，如果這些裝置能夠經由照顧者或家人自行製作，此對身心障礙者是最有利的取得方式，同時若是需要作修改，也很容易就能辦到。

(3)容易獲得

除了低價及自行製作之外，裝置最好能夠容易取得，容易取得的輔助裝置在售後服務方面也比較容易獲得解決，而且如果需要重新訂製，也比較容易處理。

2.各種裝置及輔具介紹

目前各種環境控制的輔助裝置已經非常豐富，以下舉出一些裝置及輔具的資源系統提供參考。

(1) IBM 公司之動作缺陷殘障者資源指南(IBM, 1996)

這本資源指南介紹三百二十五種針對殘障者的需要而加以改變設計之個人電腦周邊設備，包括各種經過變更設計的鍵盤及輸入裝置、自動開關、聲音辨知、電子環境控制、替代性列印文件及改變文字呈現方式的設計，以及個人電腦聲音混成鍵盤輸入裝置等等。其中並包括了二百五十個提供這些產品的代理商及協會，這些單位並能提供有關產品的服務、法律保障、諮商、學校中的贊助人及各種研討會等相關資訊。

(2)聽障及中度殘障者的技術資源(Sall & Mar, 1992)

這份技術資源中包括了三部分，第一部分是二十種電腦軟體程式及發行地區，藉以幫助聾生及重度殘障學生的微電腦操作使用；第二部分是一系列的電腦周邊設備及適用於殘障者使用的裝置，幫助殘障者更易於使用電腦的硬體裝備；第三部分是提供一般性的操作技術、教室內使用的電腦技術、擴大性溝通裝置及技術、微電腦使用開關及環境控制等設備，使殘障學生在日常生活及環境控制方面能更為有效。

(3)輔具光碟資料庫第三版（勝利之家，民 87）

這是目前在國內做的比較完整的輔具光碟資料庫，共收錄了包括食、衣、住、行、如廁、盥洗、書寫及電腦輔具等五百二十多種輔助器具，六百多幅實務照片及七十九段錄影片，介紹各種身心障礙的輔具及裝置，內容並包括各輔具的廠商資料、參考價格、DIY 資料、展示該項輔具的資源中心資料等，同時並能模擬

訂單製作報表，作爲向代理商訂購的依據。

三、國內發展的檢討

　　就國外的發展經驗而言，無障礙環境的實現唯有透過立法才能竟其功，我國過去多次修訂殘障福利法，在公共設施的改善方面，實際上是乏善可陳（吳武典、張正芬、張訓誥、許澤銘、蔡崇建，民78）。最新版的身心障礙者保護法（民86）公布施行之後，雖然對於各公共建築物及設施大力宣導無障礙環境的設置，並訂有許多相關的行政命令，然而，到目前爲止，仍然看不出具體成效。例如道路、社區環境無障礙設施的施工品質不佳，殘障專用停車位被任意佔用。此外，殘障者生活輔具的補助標準太低，與許多昂貴的生活輔具及環境控制裝置相互比較之下，簡直是杯水車薪；在最近殘障福利預算準備刪減預算的報導中，更可窺見政府及一般人對身心殘障者的不重視。因此，要想身心障礙者能夠眞正與正常人一般進入社區的生活，必須從以下方面徹底改進：

　　㈠徹底執行特殊教育法、身心障礙者保護法及無障礙環境設施之相關法律規定（王華沛，民86c），眞正做到無障礙的社區生活環境。

　　㈡改變一般人的自私心態，使人行道、馬路、走廊等交通通道及設施能夠暢行無阻。

　　㈢增加生活輔具及環境控制裝置的補助標準，採個案審核的方式提高補助額度，確實幫助身心障礙者的需要。

㈣加強補助研發各種生活輔具及環境控制裝置，使輔具及裝置在種類上能夠增加，同時也能降低價格，並在質的方面也能夠加以提昇。

㈤加強訓練特殊輔助科技人才，使更多人從事特殊輔具科技之教育及發展。

特殊教育的終極關懷，在於為每一個人塑造一個「最少限制的環境」，以協助個體創造「最大的發展機會」。身體機能的缺陷不等於殘廢，無論生理或心理的障礙，我們相信，透過適當的醫療復健、特殊教育、職業訓練、就業服務及社區照顧等扶助，身心障礙者可以把障礙程度降到最低，並提高其生活及工作自立的可能性。因此，希望在不久的將來，透過環境的改造、輔具的應用，能夠看見身心障礙者更有效的進入社區，和社區的所有人共同參與社區的活動。

（本章與呂美娟、李寯和謝順榮共同撰寫）

5

未來趨勢

第一節 | 融合化的趨勢

　　雖然專家學者對融合程度的主張仍有不同的看法，但是融合教育的理念與作法已成為當前特殊兒童安置的主流。因此，越來越多的特殊兒童被安置在普通學校中，和普通兒童融合在一起。影響所及，不論級任教師和特殊教師在教學上必須融合，方法上更必須加以融合。

一、普通教學法與特殊教學法的融合

　　教學法要無普通與特殊之分。不過，當今教學的需要，教師必須針對學生的特性、人數、場合等而有所偏重。由於特殊學生和普通學生的融合，普通教師在對班級學生施教時，不得不顧及特殊學生的存在和需求，而對特殊學生施予特殊輔導時，也應顧及特殊學生和普通學生的互動需要。因此，普通教學法也應融入特殊教學法的部分，反之，特殊教學法也可採取普通教學法可用之處，相互融合，以利融合教學的實施。

二、各種方法的科際整合

　　由於各種障礙和重度障礙學生的特殊性，其教學問題已非教育學家所能完全處理，有賴醫護人員從醫學的角度來處理，心理學家從心理學方面來協助，社會工作人員從社會學或生態學的觀點來指導，其他如科學、藝術、休閒或運動等都應結合成一團隊，以科際整合的方式來處理特殊學生的教學問題。

三、教育與輔導的融合

　　許多特殊學生的教學問題，已非單純的只是教育問題，人格的發展與輔導已成為特殊學生教學上的重要事項，因此，在教學過程中常常必須結合輔導的理念，使知能和人格的發展同時達成。

| 第二節 | 科技化的趨勢 |

一、特殊教學法科技化的涵義及其必要性

　　在此科技日益進步的時代，科技對我們工作、生活等各方面的影響是無可避免的，在教育上，一般兒童的教學方法固然受其影響，爲特殊兒童所設計的教學方法也不例外。所謂特殊教法化的科技化，並不是要成爲一門科技，而是要運用科技的方法、成果以改進教學，提高教學效果。在文化教材快速增加，教材的選擇與編纂、教具的運用、教學方法的改進、教學成果的評量，都可藉助科技的發明。也惟有善加利用科技發明，才能有效處理日益複雜的特殊兒童的教學問題。

二、科技在特殊兒童教學上的應用

㈠增進學習功能

　　特殊兒童常因某種缺陷導致學習功能上的障礙，例如視障兒

童因視覺障礙而無法或難於用視覺來學習；聽障兒童因聽力喪失而無法從事聽覺方面的學習。過去，我們常用代償的方式來協助學習，科技發明之後，增進了視障兒童「視」的功能以及聽障兒童「聽」的功能。因此，他們也可以和正常兒童一樣享受五官學習的樂趣，例如「視讀機」(Opticon)的研發使視障兒童可以視讀。今日電腦科技的發展，有朝一日將更可改善特殊兒童的功能缺陷。

㈡充實學習內容

特殊兒童所需的教材，一方面必須有其特殊性，以符合特殊兒童的需要，一方面又須顧及相容性，以利和普通兒童共同生活於正常社會，所以教材的選擇較不容易。科技的發展則便於教材的收集、分類、儲存、選擇和編輯，尤其電腦科技的發展，使教學內容更活潑、更豐富、更實際、更有效。

㈢改善教學媒體

特殊兒童因生理上、感官上或智能上的障礙，常需藉助於各種教學媒體，以利學習。各種傳統的教學媒體已在特殊兒童教學上發生極大的效果，現代科技發達更提昇了教學媒體的品質與效用，尤其電腦科技發達之後，結合聲光影像的各種媒體更增加學習的趣味性。甚至過去無法教學的對象，都經由現代科技的應用媒體而變為可能。例如綜合溝通板的研發，使在家教育的養護性兒童得於進行學習。

㈣改進教學方法

現代科技應用於特殊兒童教學上，提昇了個別化的效果，教師得視特殊兒童的特性，運用科技媒體採取更符合其特殊需要的教學方法；其次也增加了互動性的機會，尤其自閉症兒童更需要藉助現代化科媒使產生較大的互動。又特殊兒童常需多種感官的學習方法，科技發展亦有助於多種感官的學習。

㈤方便特殊兒童

以往特殊兒童常因交通問題而輟學在家，雖有在家教育的安排也仍然無法滿足需求。科技發達之後，遠距教學成為可能，特殊兒童不必到校仍可經由電腦媒體及其他媒體進行學習。

第三節　專業化的趨勢

一、專業化是必然的

科技越發達，社會分工越細，對於過去無法處理的問題和現象，開始有了設法解決和處置的嘗試，因而有新興的行業逐漸發展出來，此新興的行業往往較原來的行業更專業化，這是必然的

趨勢。

二、特殊教學的專業化

　　特殊教育發展之初，教育工作者常常在醫師的指導下以普通兒童的教學方式來教導特殊兒童，其效果可想而知。特殊教學法發展之後，特殊教師逐漸有能力處理特殊兒童的複雜問題，他們所採取的特殊教法已非普通教師之專長，因而發展其專業化。由於特殊兒童的教學已具有社會公認的功能，有其特殊的專門知識領域，特殊教師必須接受專門訓練才能活用特殊教學方法，且需不斷在職進修，其專業組織和專業服務鵠的已逐漸建立，所以未來的特殊教師將成爲教學團隊的主體，配合其他專業及半專業或非專業人員，以特殊教學方法肩負起特殊兒童教學的工作，影響所及，不僅特殊教學人員專業化，參與教學團隊的非專業人員也將逐漸走向專業化的趨勢。易言之，不是人人都可以成爲教學助理。

第四節 個別化的趨勢

一、個別化的特殊教學法

　　自從特殊兒童的個別差異被深切體認之後，個別化已成為特殊兒童教學的主要策略。尤其自美國 94-142 公法公布後，IEP 已成為特殊兒童教學的法定要求，其定義為在 IEP 會議中由地方教育機構或中間教育單位、教師、身心障礙兒童的家長或監護等人員為身心障礙兒童所設計的書面文件，包括學生目前的教育成就水準、年度教學目標、特定的教育服務、期限及評量有關事宜等。影響所及，IEP 在美國特教服務中已全面實施。我國自特殊教育法修正公布後，IEP 也納入法中，目前已全面推展，雖尚有若干困難待克服，但是已逐漸實施中。

二、新的挑戰

　　IEP 原為身心障礙兒童所提出，實施以來已有逐漸擴大的趨勢。首先是資優兒童教育部分採取 IEP 的策略；IEP 也逐漸進入

家長，而有 IFSP（個別化家長服務計畫）；結合輔導工作的 IGP
（個別化輔導計畫）也逐漸提供特殊需要學生必要的輔導服務；
甚至在職業訓練方面也採取其精神而有 IVTP（個別化職業訓練計
畫）的出現。凡此種種說明「個別化」的理念已深入特殊需要兒
童的服務方案中，將來更可能有所謂個別化綜合服務計畫的方案
產出，這將是特殊教學法的一種新的趨勢，也是一種新的挑戰。

第五節　全人化的趨勢

一、特殊兒童也是一位兒童

　　由於特殊兒童的缺陷較易被人所感知，所以常以其特殊性來
看待特殊兒童，例如吾人常從視覺缺陷來看視障兒童，從聽覺缺
陷來看聽障兒童，從智能障礙來看智能不足兒童，從語言缺陷來
看語言障礙兒童，從肢體缺陷來看肢障兒童等等。其實他們都和
普通兒童有較多相似之處，其缺陷只是特殊的一小部分而已，如
果吾人能夠先不去看他的缺陷，則他們之間幾乎沒有兩樣。其實
若從特殊性言，任何兒童也都有其特殊的地方，在發展過程中需
要特殊照顧。特殊兒童因其缺陷而需要特殊照顧之處固然常較固
定，至於其他部分也和其他普通兒童一樣因時、因地而有差異，

因此，特殊教育常針對其特殊需要實施教學而非針對其特殊缺陷。當然，有時特殊缺陷和特殊需要相重疊，但並非完全相同。

二、全人化的特殊教學法

由於特殊兒童特殊需要的認知和輔導，把特殊兒童做全人化的關照是必要的。過去因重視特殊缺陷，所以比較強調教學的層面，易言之，針對其缺陷進行補救或治療的工作，其結果造成特殊兒童無法融入一般社會。今後在特殊兒童全人化輔導的概念下，除一般教學的教導外，更重視人格發展的輔導，使特殊兒童不因特殊缺陷而形成偏差心理，在全人化的輔導下能夠不侷限於缺陷而能敞開心胸擁抱社會，親近家人、朋友，樂於貢獻而非只求他人的憐憫和給予，此種全人格化的教學與報導，才能達到身心的健全發展，也才是特殊教育的目標。

參考書目

毛連塭（民 77）：影響個別化教育方案的幾個重要理念。輯於**個別化教育方案指導手冊**，3～6 頁。教育部社會教育司發行，國立台灣教育學院特殊教育中心編印。

王天苗（民 80）：美國障礙者法案。**特殊教育季刊**，38 期，23～24 頁。

王美芬（民 81）：我國五、六年級學生有關月亮錯誤概念的診斷及補救教學策略的應用。**台北市立師院學報**，23 期，357～380 頁。

王美芬（民 82）：幼兒對於生命現象的解釋用語。**第九屆科學教育年令論文彙編**。

王美芬、賴阿福（民 81）：國小一、二、三年級學生「生物構造配合功能」的概念發展研究。**中華民國第八屆科學教育學術研討會論文彙編**，330～355 頁。

王華沛（民 86a）：肢體障礙者就業就學之科技支援。引言報告發表於國科會主辦「陪你踏出第一步：身心障礙者就學、就業之科技支援」研討會（86.12.27）。**Available：** http：//www.nsc.gov.tw/disabled/王華沛.html

王華沛（民 86b）：運用輔具幫助大專身心障礙學生。載於林寶貴、楊瑛、楊中琳編：**大專院校資源教室輔導手冊**，133～156 頁。台北市國立台灣師範大學特殊教育中心。

王華沛（民 86c）：論特殊教育科技之立法。載於中華民國特殊

教育學會主編：**特殊教育法的落實與展望**，185～197頁。台北：中華民國特殊教育學會。

王澄霞、洪志明（民77）：化學實驗技能學習成就評量工具之開發。**科學學術研討會彙論**，337～356頁。

王龍錫（民81）：國小學童光與視覺之概念研究。**國小自然科學教育學術研討會論文**。屏東師院。

台灣省國民學校教師研習會（民66）：小學科學教育的心理學基礎。載於**國民小學自然科學研習教師手冊**。板橋台灣省國民學校教師研究會。

江新合（民81）：我國學生自然科發展與診斷教學之研究。**國科會研究專案報告**。高雄師大。

吳武典、陳榮華、張訓誥、許澤銘、蔡崇建、張正芬（民78）：我國殘障福利法執行之現況與檢討。**特殊教育研究學刊**，5期，1～30頁。國立台灣師範大學特教中心、特殊教育研究所。

李淑玲（民85）：英國科技運用於殘障者的概況。**特殊教育季刊**，60期，26～29頁。

李詠吟（民81）：**教學原理**。台北：源流出版公司。

李禎祥（民84）：多媒體電腦科技在聽障學生的教學應用。**特教園丁**，11 (1)，14～17頁。

技電企業，音中仙中文語音輸入系統，「電腦軟體」。

周二銘、黃慶鑽、黃瑞瑛、劉建仁（民85）：**重度脊髓損傷者居家電腦職訓研究**。行政院勞工委員會職業訓練局。

周台傑（民82）：學習障礙學生的認知缺陷及補救教學方式。輯於周台傑主編，**特殊兒童教學原理**，183～217頁。國立台灣

教育學院特殊教育中心編印。

林宏熾（民84）：淺談「中度障礙兒童」的電腦輔助教學。**特教園丁**，11 (1)，9～13頁。

林清山（民65）：科學教育心理學基礎。載於科學教育，2期。師大科教中心。

林寶山（民80）：**教學論——理論與方法**。台北：五南圖書出版公司。

林顯輝（民82）：國小兒童水循環概念之研究。**國科會專案研究報告**。屏東師院。

邱上眞、謝兆樞（民國78）：**國中生物科概念「構圖技巧」評量研究**。彰化：國立彰化師範大學特殊教育學系。

施清添（民84）：殘障用摩斯碼溝通輔助系統。國立成功大學電機工程研究所碩士論文（未出版）。

袁配芬（民84）：應用語言溝通器教學的經驗。**輔具之友通訊**，創刊號，11～13頁。

高愛德、連淑華譯（民87）：**腦性麻痺物理治療原則和方法**。屏東：基督教勝利之家。

高廣孚（民77）：**教學原理**。台北：五南圖書出版公司。

高豫（民84a）：電腦在特殊兒童之應用。**教學科技與媒體**，24，16～24頁。

高豫（民84b）：電腦繪圖系統在特殊教育之應用。**特教園丁**，11 (1)，1～8頁。

國立台灣師範大學特殊教育中心（民85）：**全國特殊教育資訊網路使用手冊**，著者發行。

張春興（民71）：**教育心理學**。台北：東華書局。

張春興（民 75）：**心理學**。台北：東華書局。

張瑞昆（民 86）：病患使用—生活輔具之概況。**資源中心通訊**，4 期，15～16 頁。

教育部（民 83）：**特殊教育法令彙編**。國立台灣師範大學編印。

教育部（民 84）：**中華民國身心障礙教育報告書**。著者發行。

曹智超（民 85）：談早期療育—社會觀。**資源中心通訊**，2 期，2～5 頁。

許聞廉（民 86）Open Chinese 開放式中文全功能輸入系統，[online] available: http: //www.iis.sinica.edu.tw/LPDA/OpenChinese/index.html

郭重吉（民 78）：利用晤談方式探查國中學生對重要物理概念及另有架構。**國科會專題研究報告**。彰化師大。

郭鴻銘（民 66）：科學素養之涵義：科學知識的性質。**科學教育**，1 輯。

陳政見（民 82）：電腦在特殊教育上的應用。輯於周台傑主編，**特殊兒童教學原理**，183～217 頁。國立台灣教育學院特殊教育中心編印。

陳漢瑛（民國 82）：護專學生酸與鹼錯誤概念之研究：概念構圖法之應用。**教育部技術與職業教育研討會報告**。台北市國立台北護專。

陳騰祥（民 60）編序教學的理論與實際。**視聽教育雙月刊**，13 卷，3 期，1715～1718 頁。

傅惠珍（民 81）：殘障者休閒權益之保障。**特殊教育季刊**，44 期，28～33 頁。

勝利之家（民 87）：**勝利之家輔具資料庫—光碟第三版**。屏東：

基督教勝利之家輔具資源中心。

黃惠聲（民84）：輔具可以改變世界。**輔具之友通訊**，創刊號，6～7頁。

黃萬居（民國81a）：師範學院學生的概念構圖和化學成就、科學過程技能邏輯思考能力和性別相關之研究。**臺北市立師範學院學報**，22期，345～356頁。

黃萬居（民國81b）：概念構圖應用在我國國小學生學習自然科學之研究。**教育部專題研究成果報告**。台北市立師範學院。

黃萬居（民83）：國小學生酸鹼概念發展之研究。**國科會研究專案報告**。台北市立師院。

黃達三（民81）：國小學生生命概念發展及另有構念的研究。**國小自然科學教育學術研討會**。屏東師院。

黃寶鈿、黃湘武（民78）：學生鏡子影像形成之研究。**認知與學習研討會**。

葛湘玟（民84）殘障人士與電腦輔助輸入設備之應用。**教學科技與媒體**，24期，32～36頁。

熊昭弟（民84）：**學童的生物觀**。台北：心理出版社。

趙金祈（民64）：談科學的特性與科教改革運動。**師友**，97期。

劉侃（民84）：電腦發展對殘障者的幫助。**輔具之友通訊**，創刊號，14～15頁。

歐陽鐘仁（民76）：**科學教育概論**。台北：五南圖書出版公司。

蔡金龍、陳思珍（民84）：**自然科學教材教法研習資料（84學年度）**。板橋市台灣省政府教育廳國民教育巡迴輔導團。

盧明（民84）輔助性科技在特殊幼兒教育中之應用。**教學科技與媒體**，24期，12～15頁。

盧雪梅（80）：**教學理論**。台北：心理出版社。

錢濤（民62）：編序教學法研究。**教育輔導月刊**，23卷，11期，
　　10～13頁。

鐘樹椽（民84）落實電腦於特殊兒童學習相關因素之探討。**教學
　　科技媒體**，24期，3～11頁。

Abayomi, B. I.(1988). The effects of concept mapping and cognitive
style on science achievement. *Dissertation Abstracts
International*, 49(6), ED 1420 A. (University Microfilms No. DA
8814330)

Ainsworth, S. (1948). *Speech Correction Methods*. Englewood Cliff,
New Jersey: Printice Hall.

American Speech-Language-Hearing Association: ASLH （1989）.
Competencies for speech-language pathologists providing servi-
ces in augmentative communication. *Asha*, 31, 107-110.

Arnaudin, M. W., Mintzes, J. J., Dunn, C. S. & Shafer, T. H.(1984).
Concept mapping in college science teaching. *Journal of College
Science Teaching*, (November), 117-121.

Ault, C. (1985). Concept mapping as a strategy in earth science. *Jour-
nal of College Science Teaching*, 15, 38-44.

Ausubel, D. P., Novak, J. D. & Hanesian, H. (1978). *Educational Psy-
chology: A Cognitive View* (2nd Ed.). New York: Holt, Rhinehart
and Winston, Inc.

Bereitein, C. & Englemann, S. (1966). *Teaching Disadvantaged Chil-
dren in the Preschool*. Englewood Cliff, New Jersey : Printice-
Hall.

Berry, M. F. & Eisenson, J. (1956). *Speech Disorders*. New York: Appleton-Century-Crofts.

Beukelman, D. & Mirenda, P. (1992). *Augmentative and Alternative Communication: Management of Severe Communication Disorders in Children and Adults*. Baltimore: Brookes.

Blanton, S. (1966). A survey of speech defects. *Journal of Educational Psychology*, 7, 581-592.

Bloodstein, O. (1960). The development of stuttering : Changes in nine basic features. *Journal of Speech & Hearing Disorders*, 25, 219-237.

Bodolus, J. E. (1986). The use of a concept mapping strategy to facilitate meaningful learning for ninth grade students in science. *Dissertation Abstracts International*, 47(9), ED 3387A. (University Micorfilms No. DA 862730)

Braund, M. (1991). Children's ideas in classifying animals. *Journal of Biological Education,* 25 (2), 103-110.

Bruner, J. S. (1960). *The Process of Education*. Cambridge, MA: Harvard Universitiy Press.

Bruner, J. S. (1966). *Toward a Theory of Instruction*. Cambridge, MA: Harvard Universitiy Press.

Brutten, G. J. & Shoemaker, D. J. (1967). *The Modification of Stuttering*. Englewood Cliffs, New Jersey: Printice-Hall.

Carin, A. A. & Sund, R. B. (1985). *Teaching Modern Science*. Ohio: Charles E. Merrill Publishing Company.

Carrell, J. A. (1936). A comparative study of speech-defective children, *Archives of Speech*, 1, 179-203.

Chanpagne, A. B. & Klopfer, L. E. (1984). Research in science education: The cognitive psychology perspective. In D. Holdzkom & P. B. Lutz (eds), *Research Within Reseach: Science Education*. National Science Teachers Association.

Chomsky, N. A. (1957). *Syntactic Structures*. The Hague: Mouton.

Church, C. & Glennen, S. (1992). *The Handbook of Assistive Technology*. San Diego, CA: Singular.

Cliburn, J. W. Jr. (1990). Concept maps to promote meaningful learning. *Journal of College Science Teaching*, 19(4), 212-217.

Colette, A. T. & Chiappetta, E. L. (1989). *Science Instruction in the Middle and Secondary Schools*. Columbus, Ohio: Charles E. Merrill Publishing Company.

Cook, A. M. & Hussey, S. M. (1995). *Assistive Technologies: Principles and Practice.* Baltimore: Mosby.

Cracolice, M. S. (1995). An investigation of computer-assisted instruction and semiprogrammed instruction as a replacement for traditional recitation/discussion in general chemistry and thier relationships to student cognitive characteristics. *DAI-A 55/08*, Feb., 2335

Drive, R. & Erickson, G. (1983). Theories-in-action: some theoretical and empircal issues in the study of students' conceptual framework in science. *Study in science Education,* 10, 37-60.

Edgar, E. & Bukkubgsket (1974). When N=1. *The Psychological Record*, 24, 147-160.

Edmonds, H. L. S. (1994). A programmed instructional module for cardiac patients taking nitroglycerin. *DAI-A 54/09*, Mar., 3336

Edney, C. W. (1956). The public school remedial speech program. In W. Johnson, et al., *Speech Handicapped School Children*. New York : Harper & Row.

Eisenson, J. (1972). *Aphasia in Children.* New York : Harper & Row.

Elkind, J. (1998). Computer reading machines for poor readers. *Perspective*, 24(2), 9-14.

Fairbanks, G. F. (1960). *Voice & Articulation Drillbook, (2nd ed.).* New York :Harper & Row.

Fein J. (1996). A history of legislative support for assistive technology. *Journal of Special Education Technology*, 12(1), 1-3.

Fernald, P. S. & Jordan, E. A. (1991). Programmed instruction versus standard text in instroductory psychology. *Teaching of Psychology*, 18(4), 205-211

Frisina, D. R. (1967). Hearing disorders. In N. G. Haxign & R. L. Schiefelbusch(eds.), *Methods in Special Education*. New York: McGrow-Hill.

Gagné, R. M. (1965). *The Conditons of Learning.* Holt, Rinehart and Winston.

Gagné, R. M. (1968). *Learning Research and School Subjects*. F. E. Peacock.

Gagné, R. M. (1972). *Domains of Learning Interchange*, 3(1), 1-8.

Gagné, R. M. (1975). *Essentials of Learning for Instruction*. Holt, Rindhart and Winston.

Gagné, R. M. (1977). *The Conditions of Learning.* New York: Holt, Rinehart & Winston.

Glynn, Shawn (1991). Explaining science concepts: A teaching-with-analogies model. *The Psychology of Learning Science.* New Jersey: Lawrence Eblbaum.

Good, G. & Yasumura, K. (1992). Physically handicapped children adrift in the mainstream: A call for a transdisciplinary physical management curriculum. *International Journal of Rehabilitation Research,* 15, 345-348 .

Gunter, M. A., et al. (1990). *Instruction: A Models Approach.* Boston, Mass.: Allyn and Bacon, Inc.

Harrymann, S. E. & Warren, L. R. (1992). Positioning and power mobility. In G. Church & S. Glennen (eds.), *The Handbook of Assistive Technology*, 55-92. San Diego, CA: Singular.

Heinze-Fry, J. A. (1987). Evaluation of concept mapping as a tool for meaningful eduation of college biology students. *Dissertation Abstracts International*, 48(1), ED 95A. (University Microfilms NO. DA8708898)

Helsel-Dewert M. & Van den Meiracker, M. (1987). The intelligibility of synthetic speech to learning handicapped children. *Journal of Special Education Technology*, 9(1), 38-44.

Hildreth, G. (1946). Speech defects & reading disability. *Elementary School Journal XLVI*, 326-332.

Hodson, D. (1988). Toward a philosophically more valid science curriculum. *Science Education*, 72, 19-40.

Hull, F & Hull, M. (1973). Children with oral communication disorders. In L. Dunn (ed.), *Exceptional Children in the Schools*. Holt, Rinehart, & Winston.

IBM: National Support Center for Persons with Disabilities. (1996). *Resource Guide for Persons with Mobility Impairments*. (ERIC Document Reproduction Service No. ED 315 988)

Irwin, R. B. (1965). *Speech & Hearing Therapy*. Pittsburgh, Pa : stanwix House.

Johnson, D. J. and Myklebust, H. (1967). *Learning Disabilities—Educational Principles and Practices*. New York: Grune and Stratton.

Johnson, J. M., Baumgart, D., Helmstetter, E. & Curry, C. A. (1996). *Augmentative Basic Communication in Natural Contexts*. Baltimore: Bookes.

Johnson, W., Brown, S. F., Curtis, J. F., Edney, C. W. & Keaster, J. (1967). *Speech Handicapped School Children (3rd ed.)*. New York: Harper & Row.

Jones, B. L. & Lynch, P. P. (1987). Children's conceptions of the earth, sun and moon. *International Journal in Science Education, 9* (1), 43-53.

Kaplan, A. (1977). *In Pursuit of Wisdom: The Scope of Philosophy*. London: Collier. Macmillan Publishers.

Lazzaro, J. J. (1996). *Adapting PCs for Disabilities*. New York: Addison-Wesley.

Lehman, James D., Carter, Charlotte, & Kahle, Jane Butler(1985). Concept mapping, vee mapping, and achievement: Result of a field study with black high school students. *Journal of Research in Science Teaching*, 22(7), 663-673.

Levittm, S. (1955). *Treatment of Cerebreal Palsy and Motor Delay*. Oxford: Blackwell Science.

Lewis, R. B. (1993). *Special Education Technology Classroom Applications*. Pacific Grove, CA: Brooks/Cole.

Lindsey, J. D. (ed.). (1993). *Computers and Exceptional Individuals* (2nd Ed.). Austin, TX: Pro-ed.

Mathews, J. (1971). Communication disorders in the mentally retarded. In L. E. Travis, (ed.), *Handbook of Speech Pathology &Audiology*. New York :Applecton-Century-Crofts.

McConnell, F. (1973). Children with hearing disabilities. In L. Dunn. (ed.), *Exceptional Children in the Schools*. Holt, Rinehart, & Winston.

McDonald, E. T. (1964). *Articulation Testing & Treatment: A Sensory Motor Approach*. Pittsburgh, Pa : Stanwix House.

Mclean, J. (1975). The function of language. Class handout.

Morley, M. E. (1967). *Cleft Palate & Speech* (6th ed.). Baltimore: Williams &Wilkins.

Novak, J. D. (1977). An alternative to piagetian psychology for science and mathematics education. *Science Education*, 61, 453-447.

Novak, J. D. & Gowin, D. B. (1984). *Learning How to Learn*. New York: Cambridge University Press.

Nussbaum, J. (1989). Classroom conceptual change: Philosophical perspectives. *Int. J. Sci. Educ,* 11, 530-540.

Nussbaum, J. & Novak, J. (1976). An assessment of children's concepts of the earth outilizing structural interviews. *Science Education*, 60(4), 535-550.

Office of Technology Assessment (1995). *Teachers & Technology: Making the Connection*. Washington, DC: U.S. Government Printing Office.

Okebukola, P. A. (1990). Attaining meaningful learning of concepts in genetics and ecology: an examination of the potency of the concept-mapping technique. *Journal of Research in Science Teaching*, 27(5), 493-504.

Oleron, P. (1950). A study of the intelligence of the deaf. *American Annals of the Deaf*, 47, 179-195.

Olin, W. H. (1963). Incidence of cleft lips & cleft palates in Iowa. *Cleft Palate Bulletin*, 13.

Osborne, R. J. & Wittrock, M. C. (1983). Learning Science: A generativa process. *Science Education*, 67 (4), 489-508.

Pankratius, W. J. (1990). Building an organized knowledge base: Concept mapping and achievement in secondary school physics. *Journal of Research in Science Teaching*, 27(4), 315-333.

Parette, H.P. & Hourcade, J.J. (1986). Management strategies for orthopedically handicapped students. *Teaching Exceptional Children*, 18(4), 282-286.

Phenix, P. H. (1956). Key concepts and the crisis in learning. *Teachers College Record*, 158(3) 137-143.

Pollard, R. J. (1992). Using instructional strategies for conceptual change. Paper present at annual meeting of National Association of Research in Science Teaching.

Posner, G. T., Strike, K. A., Hewson, P. W. & Gertzog, W. A. (1982). Accommodation of scientific conception: Toward a theory of conceptual change. *Science Education*, 66 (2), 211-227.

Reichle, J. York, J., & Sigafoos, J. (1991). *Implementing Augmentative and Alternative Communication: Strategies for Learners with Severe Disabilities*. Baltimore: Bookes.

Reif, F. (1987). Instructional design, cognition, and technology: Application to the teaching of scientific concepts. *Journal of Research in Science Teaching, 24* (4), 309-324.

Rieke, J. A., Lynch, L. L. & Soltman, S. L. (1977). *Teaching Strategies for Language Development*. New York : Grune & Stratton.

Sall, N. & Mar, H. H. (1992). *Technological Resources for Students with Deaf-Blindness and Severe Disabilities*. (ERIC Document Reproduction Service No. ED 360 794)

Schiefelbusch, R. L. (1965). Children with speech & language impairments. In S. Kirk & B. Keiner (eds), *Behavial Researh on Exceptional Children*, 259-290. Washington :The Council for Exceptional Children.

Schiefelbusch, R. L. & Hoyd, L. (1974). *Language Perspectives Acquisition, Retardation, & Intervention*, University Park Press.

Schlanger, B. & Gottselban, R. (1957). Analysis of speech defects among institutionalized mentally retarded. *Journal of Speech and Hearing Disorders*, 22, 98-103.

Seaman, T.(1990). *On the High Road to Achievement: Cooperation Concept Mapping*. Virginia U.S. (ERIC NO. ED335140)

Selbert, E. M. (1990). *Discovering Science in Elementary Science*. Addison-Wisley publishing Co.

Shiah, R., Mastropieri, M. A. & Scruggs, T. E.(1995). Computer-assisted instruction and students with learning disabilities: Does research support the rhetoric? *Advances in Learning and Behavioral Disabilities*, 9, 161-192.

Showalter, V. M. (1974). *A Model for the Struction of Science*. AERA paper.

Sidman, M. (1960). *Tactics of Scientific Research*. New York: Basic Books.

Skinner, B. F. (1968). *The Technology of Teaching*. New York: Affred A. Knopf.

Smith, J. O. & Lovitt, T. C. (1968). Speech, language, & communication disorders. In G. G. Johnson & H. O. Blank (eds.), *Exceptional Children Research Review*, 226-261. Washington : The Council for Exceptional Children.

Sommers, P. K. (1969). Case finding, case selecting & case load. In R. Van Hattum (ed.), *Clinical Speech in the Schools*. Springfield, Illinois : Charles c Thomas.

Spaulding, D. T.(1989). *Concept Mapping and Achievement in High School Biology and Chemistry*. Unpublished Doctoral dissertation, Florida Institute of Technology, Melbourne, FL.

Spradlin, J. E. (1963). Assessment of speech & language of the retarded children. *Journal of Speech & Hearing Disorders*.

Sprandlin, J. E. (1963). Language and communication of mental defects. In N. R. Ellis (ed.), *Handbook of Mental Deficiency*. New York : McGraw-Hill.

Stepans, J., Dyche, S. & Beiswenger, R, (1988). The effect of two instructional models in bringing of science concepts by prospective elementary teachers. *Science Education,* 72 (2), 185-195.

Stewart, J., Van Kirk, J., & Rowell, R. (1979). Concept map: A tool for use in biology teaching. *The American Biology Teacher*, 41(3), 171-175.

Stice, C. F. & Alvarez, M.C.(1986). *Hierarchical Concept Mapping: Young Children Learning How to Learn (A Viable Heuristic for the Primary Grades)*. Tennessee State Univ. Nashville. (ERIC NO. ED274946 CS008538)

Stice, C. F. & Alvarez, M. C.(1986) Hierarchical concept mapping in the early graeds. *Childhood Education*, 64 (2), 86-96.

Traustadottir, (1991). *Supports for Community Living: A Case Study*. (ERIC Document Reproduction Service No. ED 343 352)

Trefler, E.(1988). Positioning: Concepts and technology. *Exceptional Parent*,18(5), 28-33.

Van Riper, C. & Irwin, J. V. (1958). *Voice & Articulation U. T.* Prentice-Hall.

Van Riper, C. (1972). *Speech Correction : Principle and Methods*. Englewood Cliffs, S. J. : Prentice-Hall.

Weisenberg, T. & McBride, K. (1935). Aphasia. N. Y. Commonwealth

Fund, Oxford University Press.

William, C.M. & Kathleen, A.B. (1995). Assessment services: Person, device, family, and environment. In C.M. William & P. L.Joseph (eds.), *The American Occupational Therapy Association Inc. Issues*, 299-317. Assistive Technology for Persons With Disabilities. MD: Bethesda.

Williamson, A. B. (1944). Diagnosis and trestment of eighty-four cases of nasality. *Quarterly Journal of Speech*, 30, 471-479.

Wise, B. W. (1998). Computers and research in reading disabilities. *Perspective*, 24(2), 4-6.

永然法律事務所聲明啟事

　　本法律事務所受心理出版社之委任爲常年法律顧問，就其所出版之系列著作物，代表聲明均係受合法權益之保障，他人若未經該出版社之同意，逕以不法行爲侵害著作權者，本所當依法追究，俾維護其權益，特此聲明。

永然法律事務所　　

李永然律師　　

特教共同 2

特殊兒童教學法

作　　　者：毛連塭
執 行 編 輯：陳怡芬
副 總 編 輯：張毓如
總 編 輯：吳道愉
發 行 人：邱維城
出 版 者：心理出版社股份有限公司
社　　　址：台北市和平東路二段 163 號 4 樓
總　　　機：(02) 27069505
傳　　　真：(02) 23254014
郵　　　撥：19293172
　E-mail ：psychoco@ms15.hinet.net
網　　　址：www.psy.com.tw
駐 美 代 表：Lisa Wu
　Tel ：973 546-5845　Fax：973 546-7651
登 記 證：局版北市業字第 1372 號
印 刷 者：玖進印刷有限公司
初版一刷：1999 年 7 月
初版二刷：2002 年 9 月

定價：新台幣 400 元

ISBN 957-702-326-6

國家圖書館出版品預行編目資料

特殊兒童教學法 / 毛連塭著. -- 初版. - 臺
北市：心理，　1999[民 88］
　　面；　公分. - （特殊教育；47）
參考書目：面
ISBN 957-702-326-6 (平裝)

1. 特殊教育 — 教學法

529.6　　　　　　　　　　　　88009477

讀者意見回函卡

No._____   填寫日期： 年 月 日

感謝您購買本公司出版品。為提升我們的服務品質，請惠填以下資料寄回本社【或傳真(02)2325-4014】提供我們出書、修訂及辦活動之參考。您將不定期收到本公司最新出版及活動訊息。謝謝您！

姓名：_____ 性別：1□男 2□女
職業：1□教師 2□學生 3□上班族 4□家庭主婦 5□自由業 6□其他_____
學歷：1□博士 2□碩士 3□大學 4□專科 5□高中 6□國中 7□國中以下

服務單位：_____ 部門：_____ 職稱：_____
服務地址：_____ 電話：_____ 傳真：_____
住家地址：_____ 電話：_____ 傳真：_____
電子郵件地址：_____

書名：_____

一、您認為本書的優點：（可複選）
　❶□內容 ❷□文筆 ❸□校對 ❹□編排 ❺□封面 ❻□其他_____

二、您認為本書需再加強的地方：（可複選）
　❶□內容 ❷□文筆 ❸□校對 ❹□編排 ❺□封面 ❻□其他_____

三、您購買本書的消息來源：（請單選）
　❶□本公司 ❷□逛書局⇨_____書局 ❸□老師或親友介紹
　❹□書展⇨____書展 ❺□心理心雜誌 ❻□書評 ❼□其他_____

四、您希望我們舉辦何種活動：（可複選）
　❶□作者演講 ❷□研習會 ❸□研討會 ❹□書展 ❺□其他_____

五、您購買本書的原因：（可複選）
　❶□對主題感興趣 ❷□上課教材⇨課程名稱_____
　❸□舉辦活動 ❹□其他_____ （請翻頁繼續）

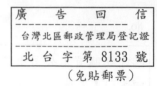

廣 告 回 信
台灣北區郵政管理局登記證
北 台 字 第 8133 號

（免貼郵票）

 心理出版社 股份有限公司

台北市 106 和平東路二段 163 號 4 樓

TEL:(02)2706-9505
FAX:(02)2325-4014
EMAIL:psychoco@ms15.hinet.net

沿線對折訂好後寄回

六、您希望我們多出版何種類型的書籍

❶□心理❷□輔導❸□教育❹□社工❺□測驗❻□其他

七、如果您是老師，是否有撰寫教科書的計劃：□有□無

書名/課程：＿＿＿＿＿＿＿＿＿＿＿＿＿＿＿＿＿＿＿＿＿

八、您教授/修習的課程：

上學期：＿＿＿＿＿＿＿＿＿＿＿＿＿＿＿＿＿＿＿＿＿

下學期：＿＿＿＿＿＿＿＿＿＿＿＿＿＿＿＿＿＿＿＿＿

進修班：＿＿＿＿＿＿＿＿＿＿＿＿＿＿＿＿＿＿＿＿＿

暑　假：＿＿＿＿＿＿＿＿＿＿＿＿＿＿＿＿＿＿＿＿＿

寒　假：＿＿＿＿＿＿＿＿＿＿＿＿＿＿＿＿＿＿＿＿＿

學分班：＿＿＿＿＿＿＿＿＿＿＿＿＿＿＿＿＿＿＿＿＿

九、您的其他意見

謝謝您的指教！ 61002